高速公路
深厚软基桩网复合地基加固
理论与实践

张 鸿　旷小林　张理平　杨小明　编著

北 京
冶 金 工 业 出 版 社
2015

内 容 提 要

桩网结构复合地基理论研究远落后于工程实践，工作机理也尚不十分清楚，既没有现成的设计理论和设计方法，又没有成熟的施工工艺和质量控制措施。为此，本书在前人研究工作的基础上，紧密结合工程实践，通过现场试验、理论分析和数值模拟，深入系统地研究了桩网结构复合地基加固深厚软基的承载工作机理和沉降特性，介绍了桩网结构复合地基施工工艺和关键技术，对其质量的检测和评价进行了论述，提出了桩网结构复合地基加固深厚软基的适用范围和设计方法。本书是在深厚软基处理领域中进行理论和实践相结合的研究成果总结，不仅对桩网结构复合地基设计和施工有指导意义，更有助于桩网结构复合地基进一步的推广应用。

本书可供工程技术人员及管理人员阅读，还可以供高等学校土木工程类专业师生及相关科研人员参考。

图书在版编目(CIP)数据

高速公路深厚软基桩网复合地基加固理论与实践/张鸿等编著.—北京：冶金工业出版社，2015.11

ISBN 978-7-5024-7102-6

Ⅰ.①高… Ⅱ.①张… Ⅲ.①高速公路—软土地基—地基处理 Ⅳ.①U416.1

中国版本图书馆CIP数据核字(2015)第272337号

出 版 人 谭学余
地　　址 北京市东城区嵩祝院北巷39号 邮编 100009 电话 (010)64027926
网　　址 www.cnmip.com.cn 电子信箱 yjcbs@cnmip.com.cn
责任编辑 杨秋奎 美术编辑 杨 帆 版式设计 孙跃红
责任校对 郑 娟 责任印制 牛晓波
ISBN 978-7-5024-7102-6
冶金工业出版社出版发行；各地新华书店经销；三河市双峰印刷装订有限公司印刷
2015年11月第1版，2015年11月第1次印刷
169mm×239mm；10.25印张；200千字；154页
35.00元

冶金工业出版社 投稿电话 (010)64027932 投稿信箱 tougao@cnmip.com.cn
冶金工业出版社营销中心 电话 (010)64044283 传真 (010)64027893
冶金书店 地址 北京市东四西大街46号(100010) 电话 (010)65289081(兼传真)
冶金工业出版社天猫旗舰店 yjgycbs.tmall.com

前　言

随着我国经济的快速发展，高速公路迎来了建设的高潮。受地形、规划以及建设成本的限制，高速公路将不可避免地穿越河湖密布、水系发育的深厚软土区域，这些区域软土埋藏浅而深厚，在上部荷载作用下易产生地基失稳或沉降变形过大等问题，是高速公路建设的难点和重点。

近十几年来，工程界和学术界在公路软土地基处理方面开展了大量的研究，逐步改进和大力发展地基处理技术，取得了丰硕的理论研究成果和丰富的工程实践经验，但影响高速公路正常运行的工程质量问题依然存在，如路面不平整、坎坷起伏、路面开裂，特别是桥头跳车现象，除现场施工质量和超载运输等因素外，地基工后沉降和差异沉降过大是主要因素之一。因此，高速公路建设仍将面临深厚软基问题，控制地基工后沉降和差异沉降仍将是工程学术界十分重视和亟待解决的难题，也是发展软土地基处理技术的着眼点和目标。

较传统的复合地基形式而言，桩网结构复合地基是一种新型的地基处理理论和方法，它将单一的水平向增强体和竖向增强体进行组合，通过变形协调充分发挥桩、网、土各自的作用，共同承担上部荷载，有效控制工后沉降，从而达到综合加固软基的目的。近年来，桩网结构复合地基在高速公路和高速铁路工程中应用虽日益增多，但其理论研究远落后于工程实践，桩网结构复合地基的工作机理目前国内外尚不十分清楚，既没有现成的设计理论和设计方法，又没有成熟的施工工艺和控制措施，处于边实践应用边摸索总结的状态，但是，其有限的应用却显示出非常良好的技术经济效益。因此，开展桩网结构复合地基承载机理及设计方法研究既有重要的理论意义，又有工程实用价值。

基于上述背景下，作者在江西省交通运输厅重点科技计划项目（项目编号：2010C00013，2013C0010，2013C0013）和江西省教育厅科技计划项目（项目编号：GJJ 13754）的资助下，通过现场试验、理论分析、数值模拟等研究手段，对桩网结构复合地基加固深厚软基的承载机理、沉降计算方法、地基变形规律、设计参数、施工工艺和关键技术、质量检测与评价等方面进行了系统深入的研究，提出了桩网结构复合地基加固深厚软基的适用范围和设计方法，并将研究成果在江西德兴至南昌高速公路和九江绕城高速公路等软基加固项目进行了成功应用。为了将该研究成果更好地进行推广应用，作者将其进行了归纳总结，编成此书。本书是作者对高速公路深厚软基桩网结构复合地基加固技术理论研究和实践的总结。本书可供工程一线的技术人员及有兴趣的管理人员阅读，还可以供高等学校土木工程类专业师生及相关科研人员参考。

此书的出版得到了江西省高速公路投资集团有限公司九江绕城高速公路项目建设办公室大力支持和南昌工程学院科研成果专项经费的资助，在此表示感谢。在本书撰写过程中，作者查阅了大量的技术文献，参考了国内外许多专家学者的研究成果和资料，在此表示诚挚的感谢。

由于作者水平所限，书中难免存在不妥之处，恳请专家和读者批评指正，不吝赐教。

作　者

2015 年 9 月

目　录

1　绪论 ……………………………………………………………………… 1

1.1　研究背景及意义 ……………………………………………………… 1

1.1.1　高速公路建设与深厚软基问题 …………………………………… 1

1.1.2　深厚软基处理的特殊性 …………………………………………… 2

1.2　CFG 桩网复合结构概况及其研究现状 ……………………………… 3

1.2.1　桩网复合结构的应用状况 ………………………………………… 3

1.2.2　桩网结构处理软基工作机理研究现状 …………………………… 4

1.2.3　桩网复合地基沉降计算方法研究现状 …………………………… 10

1.3　本书的主要内容 ……………………………………………………… 18

2　桩网复合结构地基承载机理 ……………………………………… 20

2.1　土工格栅受力计算方法的研究 ……………………………………… 20

2.1.1　国外相关规范计算方法 …………………………………………… 20

2.1.2　各国规范分析比较 ………………………………………………… 24

2.2　土工格栅下桩间土应力计算 ………………………………………… 25

2.2.1　土工格栅挠度方程 ………………………………………………… 25

2.2.2　桩网复合结构的桩荷载分担比 …………………………………… 29

2.3　桩网结构设计参数对桩荷载分担比的影响 ………………………… 30

2.3.1　桩间距及填土高度对桩荷载分担比的影响 ……………………… 30

2.3.2　土工格栅抗拉强度对桩荷载分担比的影响 ……………………… 32

2.3.3　地基刚度对桩荷载分担比的影响 ………………………………… 33

2.4　小结 …………………………………………………………………… 34

3　桩网复合结构地基工后沉降计算方法 …………………………… 35

3.1　桩网复合结构地基沉降组成 ………………………………………… 35

3.1.1　路基填土压密下沉 ………………………………………………… 35

3.1.2　行车引起的基床累积下沉 ………………………………………… 36

3.1.3　地基引起的沉降 …………………………………………………… 36

3.2　桩网复合结构地基沉降计算方法 …………………………………… 36

3.2.1 桩网复合结构地基沉降计算思路 …… 36
3.2.2 理论假设 …… 36
3.2.3 基本方程及其解答 …… 39
3.2.4 无桩帽的桩网复合结构地基沉降计算方法 …… 42
3.2.5 带桩帽的桩网复合结构地基沉降计算方法 …… 43
3.3 桩网复合结构设计参数分析 …… 43
3.3.1 桩长分析 …… 44
3.3.2 桩间距分析 …… 44
3.3.3 桩帽对地基沉降的影响 …… 44
3.3.4 土工格栅分析 …… 45
3.4 小结 …… 45

4 深厚软土地基桩网复合结构现场试验研究 …… 47
4.1 德昌高速公路试验段软土工程特性 …… 47
4.1.1 项目概况 …… 47
4.1.2 软土工程试验 …… 47
4.1.3 岩土分层及地质特征 …… 49
4.1.4 软土工程物理力学特性 …… 50
4.2 CFG 桩与粉喷桩复合地基现场监测方案 …… 50
4.2.1 试验段的选择 …… 50
4.2.2 粉喷桩与 CFG 桩试验设计参数确定 …… 50
4.2.3 监测断面及仪器布设 …… 51
4.2.4 监测频率 …… 52
4.2.5 软基监测控制标准 …… 52
4.3 试验监测仪器埋设 …… 52
4.3.1 测点埋设 …… 52
4.3.2 各种观测点的埋设 …… 53
4.4 地表沉降变形监测与结果分析 …… 53
4.5 软基分层沉降监测与结果分析 …… 59
4.6 地基深层测斜监测与结果分析 …… 61
4.7 孔隙水压力监测与结果分析 …… 65
4.8 桩土应力监测与结果分析 …… 71
4.9 土工格栅伸长率的监测 …… 75
4.10 本章小结 …… 78

5 桩网复合结构地基沉降特性数值分析 …… 80
5.1 $FLAC^{3D}$数值计算原理 …… 80
5.2 桩网复合结构单元模拟 …… 82
5.2.1 土工格栅 …… 82
5.2.2 桩单元 …… 84
5.2.3 接触单元 …… 84
5.3 CFG 桩网复合结构地基模型建立 …… 86
5.3.1 计算模型及参数确定 …… 86
5.3.2 CFG 桩不同桩间距下的软基沉降 …… 87
5.3.3 粉喷桩不同桩间距下的软基沉降 …… 89
5.4 桩网复合结构地基设计参数影响分析 …… 91
5.4.1 不同桩长对地基变形的影响 …… 91
5.4.2 不同桩间距对地基变形的影响 …… 92
5.4.3 不同垫层厚度对地基变形的影响 …… 93
5.4.4 不同土工格栅层数对地基变形的影响 …… 95
5.5 本章小结 …… 96

6 CFG 桩施工工艺与关键技术 …… 98
6.1 CFG 桩施工技术发展概况 …… 98
6.2 CFG 桩施工工艺 …… 99
6.2.1 振动沉管 CFG 桩施工工艺 …… 99
6.2.2 长螺旋钻管内泵压 CFG 桩施工工艺 …… 101
6.2.3 施工工艺比较分析 …… 103
6.3 德昌高速公路软基 CFG 桩施工介绍 …… 104
6.3.1 CFG 桩成桩方法确定 …… 104
6.3.2 桩体材料及配合比 …… 105
6.3.3 CFG 桩施工步骤 …… 106
6.3.4 振动沉管工艺特点分析 …… 106
6.4 本章小结 …… 106

7 CFG 桩成桩质量检测与分析 …… 108
7.1 检测的目的与内容 …… 108
7.2 试块抗压强度试验 …… 108
7.3 现场钻孔取芯检验 …… 108
7.4 低应变无损检测 …… 109

7.4.1 基本原理 …… 109
7.4.2 检测方法与步骤 …… 110
7.4.3 检测结果处理与分析 …… 110
7.4.4 检测结果评价 …… 111
7.5 本章小结 …… 112

8 CFG 桩与粉喷桩承载力特性现场试验 …… 113
8.1 试验场地概况 …… 113
8.2 试验目的与内容 …… 113
8.2.1 试验目的 …… 113
8.2.2 试验内容 …… 114
8.3 天然地基承载力测试与结果分析 …… 114
8.3.1 天然地基承载力现场测试 …… 114
8.3.2 测试结果分析 …… 117
8.4 CFG 桩与粉喷桩单桩承载力试验与结果分析 …… 117
8.4.1 试验现场布置 …… 117
8.4.2 试验方法 …… 117
8.4.3 加载与最大加载量 …… 119
8.4.4 沉降观测及终止条件 …… 119
8.4.5 卸载观测 …… 123
8.4.6 承载力特征值的确定 …… 123
8.5 CFG 桩与粉喷桩单桩复合地基静载荷试验与结果分析 …… 125
8.5.1 加载与最大加载量 …… 125
8.5.2 沉降观测及终止条件 …… 126
8.5.3 单桩复合地基承载力特征值的确定 …… 129
8.6 CFG 桩刚性承载板下桩土应力测试 …… 132
8.6.1 试验方案与仪器埋设 …… 132
8.6.2 测试结果分析 …… 133
8.7 本章小结 …… 135

9 工程物探检测 CFG 桩加固软基效果 …… 137
9.1 高密度电法发展简介 …… 137
9.2 高密度电法的基本原理 …… 138
9.3 软基加固效果检测应用 …… 139
9.3.1 物探方法的选取 …… 140

9.3.2 勘探测线布置 …… 140
9.3.3 高密度电法仪器及工作参数 …… 140
9.3.4 数据处理与解释原理 …… 140
9.3.5 测试结果分析 …… 143
9.4 本章小结 …… 148

参考文献 …… 150

1 绪　论

1.1 研究背景及意义

1.1.1 高速公路建设与深厚软基问题

公路是国民经济持续发展的基础，是衡量一个国家经济实力和现代化水平的重要标志。改革开放以来，我国公路建设特别是高速公路建设得到前所未有的迅猛发展。2004 年年底国务院审议通过的《国家高速公路网规划》标志着我国高速公路的发展进入一个新阶段。《国家高速公路网规划》确定的国家高速公路网采用放射线与纵横网格相结合的布局形态，构成由中心城市向外放射以及横连东西、纵贯南北的公路交通大通道，包括 7 条首都放射线、9 条南北纵向线和 18 条东西横向线（简称为“7918 网”），总规模大约为 85000km。高速公路将覆盖全国 20 万人以上人口的中等城市[1]。

我国中部地区经济发展正在迅速崛起，高速公路建设发展规模日益扩大。以江西省为例，目前江西省高速公路通车里程达到了 4000km，到 2015 年年底将达到 5000km。国家级项目——环鄱阳湖经济区建设，使得该地区高速公路建设日益增加，独特的地理位置和地质环境造成鄱阳湖地区软土分布极为广泛，主要为第四纪全新世 Q4 形成的淤泥、淤泥质亚黏土、淤泥质黏土，其成因主要为三角洲相或海相沉积。受地形、规划以及建设成本的限制，高速公路将不可避免地穿越河湖密布、水系发育的深厚软土区域，这些区域软土埋藏浅而深厚，具有高含水率、高压缩性、大孔隙比、低强度和低渗透性等特点，在上部荷载作用下易产生地基失稳或沉降变形过大等问题，是高速公路建设的难点和重点。

为确保高速公路行车的安全、快速和舒适，工程建设对深厚软基处理要求严格，既要保证地基稳定，还要严格控制地基工后沉降满足规范要求，以保证建成使用后公路平整顺滑。尽管工程界和学术界十几年来在公路软土地基处理方面开展了大量的研究，逐步改进和大力发展地基处理技术，取得了丰硕的理论研究成果和丰富的工程实践经验，但影响公路正常运行的工程质量问题依然存在，如路面不平整、坎坷起伏、路面开裂，特别是桥头跳车现象，排除源自现场施工质量和超载运输等原因外，地基工后沉降和差异沉降过大是主要原因之一，严重影响高速公路的正常使用。

因此，高速公路建设仍将面临深厚软基问题，控制地基工后沉降和差异沉降仍将是工程界和学术界十分重视和亟待解决的难题，也是发展软土地基处理技术的着眼点和目标。

1.1.2 深厚软基处理的特殊性

随着社会经济的飞速发展，高速公路、铁路建设迅速发展，房屋建筑高度不断增加，以及江、河、湖、海的防波堤、防洪堤和机场、码头、水库等设施的大量兴建，工程建设对地基承载力的要求越来越高，地基变形的控制越来越严。如高速公路路桥结合处工后沉降要求小于10cm，高速铁路工后沉降要求小于5cm，机场跑道工后沉降要求小于5cm等，因此，必须采用一定措施对软土地基进行处理，以满足建筑、构筑物对地基稳定和变形的要求。对于软土地基加固处理方法的选择、如何快速有效地提高软土的承载力，关系到整个工程的质量、进度和投资，是降低工程造价的重要途径之一。

为了提高软土地基的承载力，减少工后沉降量，必须对软土地基进行加固处理。软土地基加固的目的主要有：一是降低软土层的压缩性，尽量减少在设计载荷作用下的沉降量；二是提高软土层的抗剪强度，使其尽可能满足地基承载力的要求。目前，快速有效经济的软土地基处理方法是工程中所急需的。

地基处理方法可以分为两类：一类是对天然地基土体进行土质改良，如预压（排水固结）法、强夯法、原位压实法、换填法等。另一类是形成复合地基，它可以由人工增强体与天然地基土体形成，如水泥土复合地基；也可以由插入（包括置换）的材料与天然地基土体形成，如低强度桩复合地基法、树根桩复合地基；也可以由插入的材料与得到的改良（挤密）的天然土体形成，如振冲挤密碎石桩复合地基，还可设置水平向增强体（铺设加筋材料）形成复合地基[2]。

要选择符合要求且最经济的地基处理方法，必须深入研究地基处理的依据和处理目的，并考虑地基性状、路堤沉降控制标准、对环境的影响等因素。在工程中按不同的地质条件、外荷条件，因地制宜采用软基处理方法，才可取得良好的质量、经济效果和加快工期。目前公路、铁路软土地基加固主要采用堆载预压法、排水固结法、真空联合堆载预压法、粉喷桩和水泥搅拌桩加固法、CFG桩加固法等。

对路基工程采用堆载预压法是最经济的处理方案，加固效果好，消除工后沉降作用明显。但由于达到高速公路、铁路工后沉降标准所需的工期较长，无法满足高速公路、铁路设计需要。排水固结辅以等载或超载预压法对高含水量、高压缩性、低强度软土是经济合理的有效加固措施，可取得良好效果。真空联合堆载预压法是在真空预压法和堆载预压法基础上发展起来的软基加固方法，该方法具有真空预压和堆载预压的双重效果。通过抽真空形成负压，当真空度达80kPa以上，相当于一次性施加4～5m高度的填土荷载，消除软土地基工后沉降明显。但这两种方法固结时间较长，根据固结理论，黏性土固结所需的时间和排水距离的平方成正比，土层越厚，固结延续的时间越长。对于深厚层软土，不易满足公路、铁路建设工期[3~5]。粉喷桩和水泥搅拌桩具有减少桩身范围沉降量、减少侧向变形和加快工期等优点。影响粉喷桩和水泥搅拌桩用于处理深厚层软土的一个主要因素是有效桩长问题。虽然深层搅拌桩的加固深度可达15m以上，但深层部位的搅拌桩施工质量难以保证。因此，对于深度超过12m的软土，采用深层搅拌桩处理有待进一步研究[6]。CFG桩复合地基桩体强度与素混凝土相当，通过在基础与加固区之间设置由散体材料构成的褥垫层来分配桩土荷载，保证桩土协同工作，形成复合地基，减小沉降[7]。

1.2 CFG 桩网复合结构概况及其研究现状

桩网复合结构是由桩（预应力管桩等刚性桩、CFG桩）、桩帽、网（土工格栅、土工格室等）以及桩间土构成的复合系统，如图1－1所示。桩作为竖向加强体，可以提高地基的承载力，从而减小沉降，同时利用桩帽和网均化上部荷载，充分利用桩间土的承载力，从而控制桩土差异沉降[8]。

关于桩网复合结构在软土路基中的应用，国内外都做过很多研究，研究的内容主要涉及桩的土拱作用，土工格栅对地基沉降的影响，以及桩网复合结构处理效果。近些年，随着桩网复合地基理论的进一步完善和地基沉降控制标准的提高，软土地基越来越多地采用桩网复合结构。

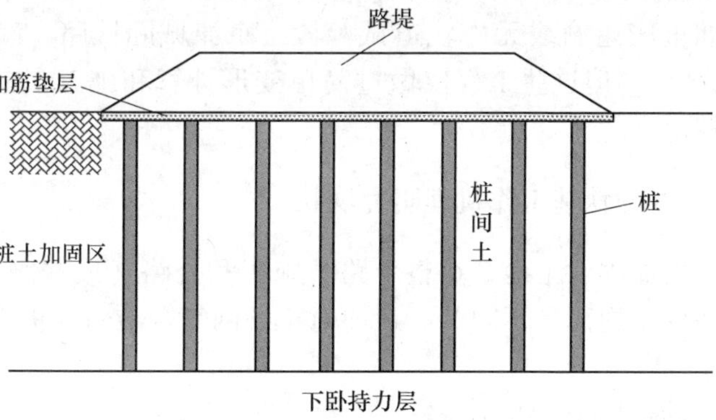

图1－1　桩网复合结构示意图

1.2.1 桩网复合结构的应用状况

20世纪70年代，国外开始采用桩网复合结构加固公路路堤、堤坝等工程，并做了一些研究。起初主要应用在堤岸改造工程。随着技术的进步，近些年桩网复合结构已经被成功地应用于几个不同的领域：高速公路和铁路路基、低路堤的改造工程、现有道路加宽、MSE 墙以及不可控制填土的建筑。国外桩网复合地基最早出现在日本，应用在堤岸改造工程中，随着成桩技术提高和对桩网复合结构的研究，一些国家开始采用桩网复合结构处理软土地基，并且桩基也不再局限在混凝土桩和碎石桩，逐渐向预制桩发展，土工织物也从单纯的应用土工膜向土工格栅发展[9~15]。国外桩网复合结构的应用状况见表 1－1。

表 1－1 国外桩网结构工程

年 份	国 家	工 程	土体类型	桩 型	合成材料类型
1983	英国	路桥过渡段	软黏土	混凝土桩	土工膜
1983	美国	铁路	泥炭层	碎石桩	土工织物
1990	英国	铁路	软土	预制桩	土工织物
1993	日本	公路	泥炭层	混凝土桩	格栅
1993	瑞典	公路	黏土	木桩	土工织物
1997	美国	路桥过渡段	淤泥	碎石桩	土工织物
2000	奥地利	铁路	软土	预制桩	格栅
2002	泰国	铁路	软土	水泥土桩	格栅

近年来，国内桩网复合结构在公路的路桥过渡段病害整治、高速公路拓宽工程以及新建高等级公路等方面都获得了广泛的运用；如深圳市固戍开发区市政道路工程、东莞市东部城市快速路、潭邵高速公路工程、南京至合肥高速公路工程、沪宁高速公路拓宽工程[16~19]。在铁路方面，桩网复合结构主要应用于软土地基的处理，如重庆遂渝线无砟轨道试验段、京津城际铁路、武广客运专线铁路、温福铁路[20~24]。但这些工程仅做过简单变形计算和施工工艺的研究，未形成完整的设计理论。

1.2.2 桩网结构处理软基工作机理研究现状

桩网复合结构加固软土地基在整个路基施工和公路（或铁路）运营过程中，地基应力分布和变化规律是不同的。目前对于桩网复合结构的机理研究主要集中于如下问题。

1.2.2.1 桩的土拱作用

国外对于土拱效应的研究起始于 1884 年，英国科学家罗伯特首次发现了“粮仓效应”：粮仓底面所承受的压力在粮食堆积到一定高度后达到最大值并保持不变，这就是通常所说的拱效应[25]。1943 年，太沙基通过著名的活动门实验证实了在土力学领域内也存在同样的拱效应，并把这种荷载从屈服土体转移到临近未屈服部分或约束边界的应力转移现象，成为土拱效应，得出了土拱效应存在的两个条件：（1）产生不均匀位移或相对位移；（2）存在可充当“拱脚”的结构或约束。同时指出，形成土拱的材料必须具备一定的强度。有文献指出，颗粒体系与流体和均匀固体承受荷载后的应力分布有很大的不同，当颗粒体系受纵向作用（如重力）时，应力会偏转而倾于横向分布，并集中于体系中的约束处，从而形成以主应力轨迹线为拱轴线、约束处为拱脚的拱[26]，如图 1－2 所示。虽然目前还没有直接探测到拱体的存在，但大量的模型试验、理论分析以及数值模拟都间接验证了土拱效应的客观存在性。

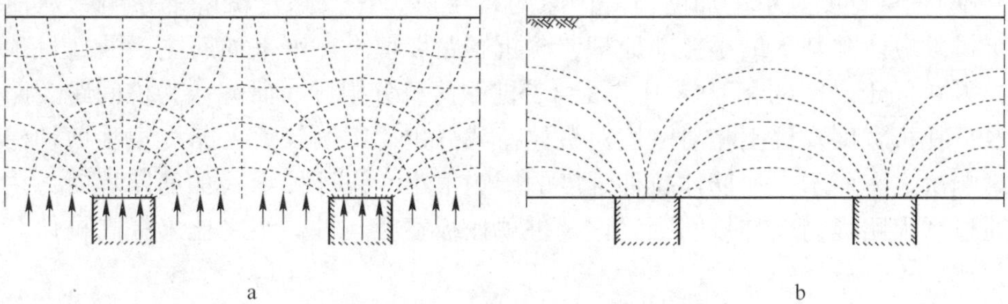

图 1－2　土拱主应力轨迹线
a—应力轨迹线；b—理想化的主应力轨迹分布

在试验方面，Low 等[27]曾经用模型试验研究了砂填料在桩梁（桩顶用梁连接）上部的平面土拱效应，分析土工织物所起的作用，认为桩和土工格栅可以有效减小路基表面沉降的不均匀性，为理论研究桩网复合地基性状提供了试验基础。Hewlett[28]通过模型试验，分析了砂填料在正方形布置下，路堤中的空间土拱效应，提出了土拱效应的分析方法，但未考虑桩托板的作用以及水平加筋体对土拱效应的影响。Vanell 等[29]研究了桩的土拱作用，认为桩承担的 1/4 荷载传递到桩之间的土工格栅上，如图 1－3 所示。Lawrence[30]对散体颗粒的应力传递结构进行了基础性的研究，认为散体颗粒体系可以产生土拱效应。

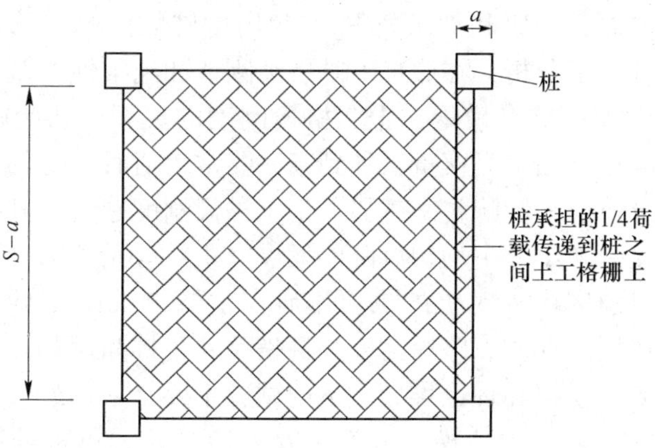

图 1－3　Russel 和 Her Point 格栅传递荷载假设

在国内，夏元友等[31]利用设置试验段进行现场试验，对采集到的地基孔隙水压力和桩土相对位移数据进行分析处理，从应力和变形两方面验证了刚性桩竖向土拱的存在性。试验数据分析反映，一定的荷载对应一定的土拱力学平衡结构；在现场试验条件下土拱形成后，荷载每增加约20kPa，土拱破坏一次，而后重新形成；粗骨料填土材料形成的土拱稳定性较好，加桩帽形式的土拱效应更为显著。曹卫平等[32]通过试验，研究了桩上相对位移、路堤高度/桩梁净间距、路堤高度/桩梁宽度及水平加筋体等因素对桩土应力比及路堤沉降的影响，从而反映土拱效应。并基于最小势能原理，分析了路堤填土、水平加筋体、桩（桩顶托板）及桩间土之间的相互作用，得到了桩体荷载分担比。研究认为桩间距、路堤高度、托板宽度及桩土相对刚度对桩体荷载分担比影响较大，路堤填土剪切模量的影响次之，而水平加筋体拉伸强度的影响很小。设计桩承式加筋路堤时，主要应通过增大路堤高度与桩间距之比及桩顶托板宽度与桩间距之比来提高桩体荷载分担比。

在理论分析方面，陈云敏等[33]基于单桩等效处理范围内路堤土体受力平衡，改进了传统的Hewlett极限状态空间土拱效应分析方法，求得了桩体荷载分担比计算的解析表达式，并研究了桩间距、桩帽大小和填料内摩擦角对桩体荷载分担比的影响，得到了桩顶和桩间土所受平均应力。周德培等[34]和张建勋等[35]将土拱效应应用于抗滑桩上，以确定其尺寸、间距等参数。许峰等[36]提出了一种综合考虑路堤填料中的土拱效应和桩土荷载传递性状的解析法。该解析法将桩承式路堤各组成部分看作一个整体，以桩、土和路堤三者之间的静力平衡为基础，建立了桩和土体位移的基本微分方程，通过考虑应力和变形的协调条件，获得了桩身轴力、桩间土应力、桩侧摩阻力、桩和土体沉降等的解析解，研究认为影响荷载分担比大小和路堤沉降的因素很多，而桩帽、桩侧土的侧摩阻力和桩端阻力的影响较为显著。

在数值模拟方面，费康和刘汉龙等[37]利用单桩数值模拟的方法，对现浇薄壁管桩的拱效应进行了分析，在假定下卧层纯刚性和纯柔性的基础上，分析土拱效应系数与填土高度、桩身模量、土工格栅刚度的关系，认为随着桩身模量增加，拱效应系数减小。当桩身模量增加到某一非常大值时，桩的变形与土变形相比已非常小，对拱效应的影响越来越弱。土工格栅刚度越大，其拉膜效应或刚性垫层作用就越明显，减小了不均匀沉降的发展，拱效应系数随之增大。

总体上说，目前国内外对桩的拱作用研究主要集中在证明土拱效应的存在性、土拱效应与垫层的性质、路堤高度、桩帽尺寸、桩间距相互关系上，主要方法是室内试验、数值模拟和理论推导，室内试验主要是采用砂，这与实际情况的路堤填土有较大的出入，数值模拟方面主要采用单桩和单桩处理范围为分析对象，而理论推导的解析公式中，对土拱现象与地基土性质、桩的刚度相互关系尚无研究，因此，在这方面有待进一步深入研究。

1.2.2.2 垫层隔膜效应

铺设垫层作为一种可以均化荷载，提高地基承载力，减小沉降的方法，广泛应用于实际工程中。对于桩承式加筋路堤中水平加筋体的受力机理，国内外学者通过试验、数值模拟和理论推导等方法进行了研究。

在试验方面，B. K. Low 和 A. Zanzinger 通过模型试验和理论分析，认为桩帽和土工格栅可以有效消除路基面沉降的不均匀性[38]；H. Brand 研究了低路堤情况下，软土路基使用桩网复合结构的效果，并通过现场测试数据研究了结构敏感部位沉降量与时间关系以及动荷载下土工格栅应变与时间的关系[39]。马学宁等[40]通过模型试验对土工格栅加筋砂垫层 + 碎石桩复合地基处理软弱地基进行了研究，在大量试验数据的基础上，对其承载机理和抗变形能力进行了较为详尽的理论分析，试验结果表明，土工格栅砂垫层 + 碎石桩复合地基能大幅度提高软弱地基的承载能力，且桩顶布置的土工格栅加筋垫层能够有效地分散荷载，减少地基沉降量。陈艳平等[41]根据相似理论设计和完成了 3 组具有可比性的模型试验，试验结果分析表明：在土工格室碎石垫层 - 碎石桩复合地基这一水平向和竖向多元复合地基共同作用的加固体系中，结合了土工格室碎石垫层的水平向增强体作用和碎石桩的竖向增强体作用；土工格室碎石垫层和碎石桩复合地基相互作用，共同工作构成的荷载传递和支撑体系是其提高承载力，减少沉降和差异沉降的主要机理。

在数值模拟方面，Han[42]采用了轴对称有限元程序按单桩模型分析了土工格栅对路堤变形的影响，但是 Han 的分析没有考虑桩顶托板的作用，对桩端存在下卧软弱土层的情况也没有进行分析。Jones[43]假定水平加筋体中的拉力由桩间土沉降和路堤边缘土体侧向位移引起，推导了水平加筋体中拉力的计算公式。贾宁等[44]将单桩等效处理范围简化为圆柱体，假定桩间土上部的格栅受上覆土压力作用后变形为二次抛物面，考虑路堤中的土拱效应，得到了格栅受力分析的解析方法。李宁等[45]利用数值模拟的方法，系统研究了 4 种模量的代表性群桩复合地基（极柔性桩、一般柔性桩、半刚性桩、刚性桩）施加褥垫层后的承载性状，分析了褥垫层在复合地基中的加固机理与作用。认为褥垫层可以显著地降低桩上荷载的集中程度，提高土体承载能力的发挥，并且可以削弱群桩的“边角效应”，提高整个地基承载性能。褥垫层对复合地基桩身应力、桩侧摩阻力、桩间土中应力等的影响一般均在浅层。另外，随着桩体刚度的增大，褥垫层的上述作用增强。对中等柔度的桩体复合地基，在保证土体强度的前提下，也可以考虑利用褥垫层以进一步提高对桩间土承载能力的合理利用。从褥垫层调整桩土应力比这一方面来看，褥垫层厚度在 0.2 ~ 0.5m 比较合适。与褥垫层模量比起来，褥垫层厚度对桩体最大应力值和最大应力点的位置影响都较小。

在理论方面，饶为国等[46]在 Jones 的基础上，获得了桩土应力比计算公式，同时将水平加筋体视为薄板，采用薄板理论求得了水平加筋体的变形和拉力。但是 Jones 和饶为国的工作都没有考虑路堤 - 水平加筋体 - 桩 - 土四者之间的共同作用，忽略了路堤的土拱效应。晏莉等[47]介绍了桩承土工合成材料加筋垫层法的设计和使用情况，认为桩承土工合成材料加筋垫层法主要适用于软土地基下有承载力较大的坚硬土层或岩层，上部路基填土较高，工期紧张，对总沉降和不均匀沉降有比较严格要求的情况。何结兵等[48]根据太沙基理论，详细讨论了 CFG 桩复合地基褥垫层作用机理，并推导出 CFG 桩复合地基最佳桩间距、合理褥垫层厚度、桩土应力比、实际置换率的解析表达式。

总体来说，垫层和土工格栅对于降低桩间土荷载作用已经得到众多学者的认可，但对于桩的土拱作用和土工格栅共同作用研究较少。

1.2.2.3 地基应力分布规律

地基应力分布规律研究的重点是桩土应力传递规律。在目前的研究成果中，普遍认为桩基存在侧摩阻力，桩土应力传递导致桩土相对位移，并以此假设为基础，推导桩土应力传递的函数，从而解决地基中应力分布问题。

Chow 等[49]利用双层半无限弹性体的 Mindlin 解解决了双层地基中的桩基础的计算问题。金波等[50]利用矩阵位移法和传递矩阵方法解决了多层地基中的单桩计算问题。高绍武等[51]利用积分方程求解了考虑固结和流变的层状饱和土地基中的垂直受荷单桩问题。高绍武等[52]利用 Biot 固结理论和积分方程方法研究了表面有堆载的层状地基中单桩负摩擦问题。根据层状饱和土的圆形荷载基本解得出了单桩在圆形均布荷载作用下在时间域内的第二类 Fredholm 积分方程组。运用 Laplace 变换对上述积分方程组进行简化。再结合传递和刚度矩阵传递到各个层中去，对变换域内的积分方程采用 Schapery 逆变换方法得到时域内单桩的近似积分方程。求解积分方程组并进行相应的数值逆变换，就可得出层状地基中的单桩在表面圆形均布荷载作用下的位移、轴力、孔压和桩侧摩阻力随时间的变化情况。计算结果认为，桩侧剪力和孔压分层明显。陆建飞等[53]利用半空间内部和表面作用圆形载荷时的 Biot 固结基本解，得出了黏弹性饱和土中群桩在时间域内的第二类 Fredholm 积分方程。通过 Laplace 变换方法对上述积分方程进行简化，对所得的积分方程进行数值求解并进行相应的逆变换即可得群桩的轴力、位移以及桩侧摩阻力随时间的变化情况。袁灯平等[54]考虑了桩土的相互作用，利用太沙基固结理论建立了桩侧表面负摩阻力非线性解析模型，在此基础上分析了软土地区桩表面负摩阻力的影响因素。结果表明，桩体特性、土体特性、桩土界面强度、堆载及土体结构性等对桩基负摩阻力均有不同程度的影响。杨爱文等[55]以灌注桩桩土相互作用的原位试验为基础，结合东营地区具体土层结构、性质特点，采用有限单元法对软土地区的混凝土灌注桩桩土相互作用进行仿真模拟，研究桩土相互作用、荷载的传递规律、桩土相对位移与桩侧摩阻力的关系，认为侧摩阻力随着荷载的增大而增大，然后达到最大，以后随荷载的增大趋于稳定或减小，且各土层的最大侧摩阻力发挥不同步。侧摩阻力随着相对位移的增大开始增大，然后达到最大，以后随相对位移的增大趋于稳定或减小。雷金波[56]等根据控沉疏桩理论，探讨了带帽 PTC 型刚性桩在高速公路深厚软土地基处理中的适应性。为了掌握带帽 PTC 管桩复合地基的作用机理，分析了其承载能力、荷载传递、桩侧土压力、桩侧摩阻力、桩土荷载分担比及桩－土应力比等力学性状，并进行了带帽和无帽单桩复合地基现场足尺试验，对试验结果进行了深入的分析和研究。

总体来说，在应力传递方面，目前学者大致采用在假设桩土相互作用函数和地基土的本构的情况下，建立单桩或群桩的应力方程，或通过数值方法，进行计算与分析。

1.2.2.4 沉降变形规律

目前研究沉降变形规律主要通过试验、数值模拟和理论推导方法进行研究。

在试验方面，王炳龙等[57]通过某铁路试验段研究地基沉降规律、控制软土路基工后沉降的效果，认为 CFG 桩网复合结构可以减小软土路基工后沉降，并在此基础上，提出了 CFG 桩网复合结构沉降的计算方法。

何良德等[58]结合苏沪高速公路疏桩复合地基处理工程，进行了自由带帽 PTC 管桩和双带帽 PTC 管桩复合地基的现场足尺试验研究。根据试验结果，研究了桩身－桩帽－桩间土的相互作用机理和承载特性，分析了桩帽、桩间土和桩端承载的滞后效应，以及桩帽、桩间土对桩身的消减作用。

白顺果等[59]通过循环荷载作用下水泥土桩复合地基的室内模型试验，考虑复合地基的垫层、加固层以及下卧层的相互作用，研究了循环荷载作用下水泥土桩复合地基的竖向永久变形发展情况，考虑了复合地基的固结状态、循环应力比的大小及加荷频率对竖向永久变形的影响，得到了水泥土桩复合地基的临界循环应力比和竖向永久变形随加荷周数、加荷频率和固结状态而变化的规律，对于控制复合地基的工后沉降具有参考价值。

在理论方面，饶为国等[60]以薄板模拟土工格栅及垫层，基于薄板变形理论和 Winkler 弹性地基模型，分析了桩间土的沉降。

在数值模拟方面，陈仁朋等[61]利用弹塑性有限元方法研究了桩承式加筋路堤应用中的几个关键问题，包括桩承式路堤的沉降组成和分布规律、适用条件、荷载分担比的影响因素。具体研究了未打穿软土层情况下不同路堤高度时的路堤沉降规律，在打穿和未打穿 2 种情况下荷载分担比随桩托板尺寸、桩间距、路堤高度等因素的变化规律及土工格栅的作用。

芮瑞等[62]利用三维流固耦合数值分析了桩网复合地基和桩承式路堤沉降规

律，认为采用桩－网复合地基形式，桩体上刺入量大，桩顶平面呈现“钉板”状，桩承式路堤出现“蘑菇”状突起，相比桩－网复合地基形式，其桩土相对位移量明显减小。从数值计算结果上看，桩承式路堤最大表面沉降减少了约1/3，而桩土相对位移减少约2/3。桩承式路堤更为有利于减小地基变形。对于工程地质条件较差的软土路段，宜采用桩承式路堤处理方式。同时相对于桩－网复合地基处理方式，可以适当减小褥垫层厚度和刚度。根据上述研究结果表明，桩网复合结构可以有效地减小地基沉降和桩土差异沉降。

1.2.3 桩网复合地基沉降计算方法研究现状

目前我国对于桩网复合结构地基沉降还没有成熟的计算方法，尤其是能够反映桩网复合结构作用机理的桩网复合结构地基沉降计算方法。桩网复合结构在实际工程中的沉降计算主要根据复合地基计算理论和桩基础计算理论进行计算，但对于桩网复合结构地基沉降计算来说，两种计算理论都存在一定的不足。复合地基计算理论的最大不足在于：理论假设是桩土共同沉降，沉降量相等，这与桩网复合地基的沉降规律不同。桩基础计算理论最大不足在于：不考虑桩间土的影响，无法反映桩网复合结构中桩和桩间土共同作用，承担上覆荷载的效果。因而有必要在分析各种沉降计算方法的基础上，结合桩网复合结构作用机理，建立桩网复合结构地基沉降计算方法。

1.2.3.1 复合地基沉降计算方法

在复合地基沉降计算方法中，通常把荷载引起的总沉降视为加固区压缩量和下卧层沉降两部分之和，设复合地基加固区压缩量为 S_1，复合地基的下卧层压缩量为 S_2，复合地基总沉降量可表示为两部分之和，即：

$$S = S_1 + S_2 \tag{1-1}$$

A 复合地基加固区压缩量的计算方法

复合地基沉降计算方法归纳为复合模量法、应力修正法、桩身压缩量法及CFG桩沉降计算法，可根据复合地基类别采用上述方法计算复合地基加固区的压缩量。

(1) 复合模量法（E_{sp} 法）。将复合地基加固区中增强体和土体两部分视为一复合土体，采用复合压缩模量 E_{sp} 来评价复合土体的压缩性。采用分层总和法计算 S_1，其表达式为：

$$S_1 = \sum_{i=1}^{n} \frac{\Delta p_i}{E_{spi}} H_i \tag{1-2}$$

式中 Δp_i ——第 i 层复合土上附加应力增量；

H_i ——第 i 层复合土的厚度；

E_{spi} ——可通过面积加权法计算或弹性理论表达式计算，也可通过室内试验测定。

面积加权法表达式为：

$$E_{sp} = mE_p + (1 - m)E_s \tag{1-3}$$

式中 m——桩体面积置换率；

E_p，E_s——分别为桩体、土体压缩模量。

或弹性理论表达式：

$$E_{sp} = mE_p + (1 - m)E_s + \frac{4(\nu_p - \nu_s)^2 k_p k_s G_s (1 - m)m}{[mk_p + (1 - m)k_s]G_s + k_p k_s} \tag{1-4}$$

$$k_p = \frac{E_p}{2(1 + \nu_p)(1 - 2\nu_p)}$$

$$k_s = \frac{E_s}{2(1 + \nu_s)(1 - 2\nu_s)}$$

$$G_s = \frac{E_s}{2(1 + \nu_s)}$$

式中 ν_p，ν_s——分别为桩体和土体的泊松比。

（2）应力修正法（E_s法）。在竖向增强体复合地基中，竖向增强体的存在使作用在桩间土上的荷载密度比作用在复合地基上的平均荷载密度要小。在该法中，根据桩间土承担的荷载P_s，按照桩间土的压缩模量E_s，忽略增强体的存在，采用分层总和法计算加固区土层的压缩量S_1。

竖向增强体复合地基中桩间土分担的荷载为

$$P_s = \frac{P}{1 + m(n - 1)} = \mu_s P \tag{1-5}$$

$$n = \sigma_p/\sigma_s = (1 - m)\frac{N}{m}, N = \frac{P_p}{P_s}$$

式中 n——桩土应力比；

N——桩土荷载分担比；

P_p，P_s——分别为在荷载作用下桩体承担的荷载和桩间土体承担的荷载；

μ_s——应力减小系数或称应力修正系数，$\mu_s = 1/[1 + m(n - 1)]$。

复合地基加固区土层压缩量仍采用分层总和法计算，其表达式为：

$$S_1 = \sum_{i=1}^{n} \frac{\Delta p_{si}}{E_{si}} H_i = \mu_s \sum_{i=1}^{n} \frac{\Delta p_i}{E_{si}} H_i = \mu_s S_{1s} \tag{1-6}$$

式中 Δp_i——未加固地基（天然地基）在荷载P作用下第i层土上的附加应力增量；

Δp_{si}——复合地基中第i层桩间土的附加应力增量；

S_{1s}——未加固地基（天然地基）在荷载P作用下相应加固区厚度度内的压缩量；

E_{si} ——第 i 层桩间土的压缩模量。

这种计算方法形式上很简单，但是应力修正系数 μ_s 却较难合理确定，因为桩土应力比 n 值的影响因素较多，很难合理选用。另外在计算中忽略增强体的存在将使计算值大于实际压缩量。采用该法计算压缩量往往偏大。

（3）桩身压缩量法（E_p 法）。桩身压缩量 S_p 为：

$$S_p = \frac{\mu_p P + p_{b0}}{2E_p} l \tag{1-7}$$

式中 μ_p ——应力集中系数，$\mu_p = n/[1 + m(n-1)]$；

l ——桩身长度，即等于加固区厚度 h；

E_p ——桩身材料变形模量；

p_{b0} ——桩底端承力密度。

加固区土层压缩量 S_1 表达式为：

$$S_1 = S_p + \Delta \tag{1-8}$$

式中 S_p ——桩身压缩量；

Δ ——桩底端刺入下卧层土体中的刺入量，若刺入量 $\Delta = 0$，则桩身压缩量就是加固区土层压缩量。

（4）CFG 桩沉降计算方法。2012 年新修订的《建筑地基处理技术规范》给出了 CFG 桩的设计规定，给出的沉降计算方法属于复合模量法，即对加固区求出加固后的模量，然后按天然地基的分层总和法计算沉降。各复合土层的压缩模量等于其天然状态下的压缩模量乘以一增大系数 ξ，具体公式为：

$$E_{sp} = \xi E_s = \xi f_{sp,k}/f_{ak} \tag{1-9}$$

式中 f_{ak} ——天然地基承载力标准值；

$f_{sp,k}$ ——复合地基承载力标准值，其表达式如下所示：

$$f_{sp,k} = m f_{pk} + \beta(1-m) f_{sk} \tag{1-10}$$

式中 m——面积置换率；

f_{pk} ——用应力表示的桩承载力；

f_{sk} ——处理后的桩间土承载力标准值；

β ——桩间土承载力折减系数。

（5）加固区沉降计算方法的主要特点。在复合模量法计算过程中，将加固区看成均质复合材料，根据桩体和桩间土的面积比（置换率）得到复合地基的复合模量，采用平均基底压力计算复合地基加固区的压缩量。这种方法是等应变条件下的推导结果，对于基础和下卧层均为刚性的情况是合理的。在复合地基与基础之间常设置具有压缩性的垫层，导致桩体向下卧层和垫层有一定的刺入量，等应变条件失效。因此，复合模量法夸大了桩体的作用，对于柔性基础下和路堤下的复合地基，这种夸大作用更为明显。但复合模量法采用平均基底压力计算沉降，计算采用的桩间土荷载大于桩间土实际承担的荷载，一定程度上弥补了夸大桩体作用的缺陷，但其力学概念不明确。

采用应力修正法和桩身压缩量法计算时，在选用桩土应力比 n 值时往往遇到困难。桩土应力比的影响因素很多，桩土模量比、置换率、桩长、时间、荷载水平等均对其有较大影响，而且桩和土体中应力并不是均匀的，桩土应力比只能是平均的概念，因此测定很困难。

采用桩身压缩量法计算时，桩侧摩阻力的现场测试较为困难，难以准确掌握其侧摩阻力的取值范围。另外，不同土体侧摩阻力变化较大，在设计计算中难以合理选用，因此该法计算结果可能有较大的误差。

CFG 桩复合地基的模量未采用桩、土模量按面积的加权平均。因为按面积加权平均计算的值仅在桩、土的压缩量相等时才适用。而对于半刚性桩复合地基，由于桩体有上下刺入，桩的压缩量要比相应土层的压缩量小得多。由桩、土模量按面积加权平均计算的复合模量将比一般土的模量大几十倍至百倍以上，而按式（1-9）求出的复合模量一般只是土体模量的 1.5~3 倍左右。但问题是桩间土折减系数选取是否符合实际情况。

B 复合地基下卧层压缩量计算方法

复合地基下卧层压缩量 S_2 通常采用分层总和法计算，在分层总和法计算中，作用在下卧层土体上的荷载或土体中附加应力是难以精确计算的，目前在工程应用上，常采用下述几种方法计算。

（1）应力扩散法。将复合地基视为双层地基，由加固区土层与下卧层土层组成。应力扩散法计算加固区、下卧层上附加应力时，设复合地基上荷载密度为 p，作用宽度为 B，长度为 D，加固区厚度为 h，压力扩散角为 β，则作用在下卧层上的荷载 P_b 为：

$$P_b = \frac{DBp}{(B + 2h\tan\beta)(D + 2h\tan\beta)} \tag{1-11}$$

对条形基础，仅考虑宽度方向扩散，则式（1-11）可改写为

$$P_b = \frac{Bp}{B + 2h\tan\beta} \tag{1-12}$$

采用应力扩散法计算的关键是压力扩散角的合理选用。

（2）当量层法。将复合地基加固区视为地基中的一层，作为双层地基处理，求下卧层土体中的应力分布。通常可将复合地基加固区换算成为与下卧层压缩模量相同的当量土层的厚度，如此可以将复合的双层地基转化为相应的均质地基。以荷载作用于当量层顶面计算下卧层土体内的应力分布。当量层厚度 h_1 按式（1-13）计算：

$$h_1 = h\sqrt{\frac{E_{sp}}{E_{sx}}} \tag{1-13}$$

式中 h_1 ——复合地基加固区的当量层厚度；

h ——复合地基加固区的厚度；

E_{sx} ——下卧层土体的压缩模量。

(3) 改进 Geddes 法。黄绍铭等（1991）建议采用下述方法计算复合地基土层中应力。设复合地基总荷载为 P，桩体承担为 P_p，桩间土承担 $P_s = P - P_p$。桩间土承担的荷载 P_s 在地基土中所产生的竖向应力为 $\sigma_{z(p_s)}$，其计算方法和天然地基中应力计算相同，应用半无限线弹性空间体的布辛奈斯克（Boussinesq）解。桩体承担的荷载 P_p 在地基中所产生的竖向应力 $\sigma_{z(p_p)}$ 采用 Geddes 法计算。然后叠加两部分应力得到地基中总的竖向应力 σ_z。再采用分层总和法计算复合地基下卧层土层的压缩量 S_2。

地基中的竖向应力 $\sigma_{z,Q}$ 可按式（1-14）计算：

$$\sigma_{z,Q} = \sigma_{z,Q_p} + \sigma_{z,Q_r} + \sigma_{z,Q_t} = \frac{Q_p}{L^2}K_p + \frac{Q_r}{L^2}K_r + \frac{Q_t}{L^2}K_t \qquad (1-14)$$

式中，K_p、K_r 和 K_t 为竖向应力系数，其表达式较繁冗，此处略去。对于由 n 根桩组成的群桩，地基中竖向应力可对这 n 个桩逐根采用式（1-14）计算后叠加求得。

由桩体荷载 P_p 和桩间土荷载 P_s 共同产生的地基中竖向应力表达式为

$$\sigma_z = \sum_{i=1}^{n}(\sigma_{z,Q_pi} + \sigma_{z,Q_ri} + \sigma_{z,Q_ti}) + \sigma_{z,p_s} \qquad (1-15)$$

宋修广[63]根据粉喷桩复合地基实测受力和变形特征，结合有限元计算分析和联合弹性力学 Mindlin 解和 Boussinesq 解，给出了计算附加应力的解析式，用于计算复合地基加固区和下卧层的沉降量。用这种方法求解复合地基中的附加应力，只有在置换率比较小时得到的结果才较为理想。

刘利民等[64]假定复合地基中桩侧摩阻力的分布模式，根据位移协调法基本原理，利用半无限弹性空间中的 Geddes 解和 Boussinesq 解，求出了柔性桩复合地基中的竖向附加应力，并给出了复合地基沉降的计算方法。

复合地基沉降计算的关键是确定荷载作用下复合地基中竖向附加应力。李静文[65]和李增选等[66]分别假定桩侧摩阻力沿桩长均布和倒三角形分布，由 Boussinesq 解答计算桩间土荷载作用下在复合地基土中引起的竖向附加应力；由 Geddes 解答计算桩身荷载在复合地基土引起的竖向附加应力[67]，二者叠加作为复合地基中土的竖向附加应力，由分层总和法计算复合地基沉降。

(4) 下卧层沉降计算方法的主要特点。应力扩散法和当量层法都是对下卧层上覆附加应力进行简化计算，忽略了桩基的影响，改进 Geddes 法的侧摩阻力形式的确定存在困难。

C 其他复合地基沉降计算方法

(1) 沉降折减法。荷载作用下的复合地基加固效果可以用沉降折减系数 β'

(指加固后的复合地基的沉降量与天然地基在相同基底压力下的沉降量的比值)来描述：

$$\beta' = \frac{s}{s_0} \tag{1-16}$$

式中 s——复合地基的沉降；

s_0——相应的未加固区地基的沉降。

Priebe[68]在分析碎石桩复合地基时，根据半无限弹性体中圆柱孔的横向变形理论得到了沉降折减系数的计算式。

张定等[69]通过复合地基典型单元体的平衡分析和天然地基与群桩复合地基荷载试验成果的相关分析，得到了与 Priebe 形式相似的沉降折减系数计算式。郭蔚东等[70]运用应力剪胀理论，提出了考虑到桩土剪胀性的桩土应力比和沉降折减系数的简明实用计算公式，并给出了碎石桩复合地基沉降的计算方法。

(2) 应变修正法。Goughnom[71]在分析碎石桩复合地基时，发现当基础荷载较大时桩体会发生侧向鼓胀，须进行弹塑性分析。考虑到桩体发生塑性变形可能性随深度而变小，建议取典型单元体逐段进行弹塑性分析。分析中假设了桩体为刚塑性材料，服从摩尔-库仑准则。取弹性和塑性分析所获得的应变折减系数大者与未加固时土的垂直应变之积作为复合地基的竖向应变，然后累加逐段计算的压缩量可获得复合地基总沉降量。

(3) 位移模式法。Alamgir 等[72]在分析端承桩复合地基时，假定桩和桩间土均为线弹性体，通过选择合适的典型单元体变形模式，利用典型单元体侧面零剪应力和桩土界面位移协调条件，通过各桩、桩间土单元的平衡分析给出了端承桩复合地基中桩和桩周土的附加应力和沉降计算的解析方法。

(4) 双层应力法。池跃君、宋二祥等[73]在现场试验的基础上，提出一种适用于手算的简化计算方法——双层应力法。这种方法是通过桩间土和下卧层的压缩量来计算复合地基的沉降。计算中假定桩间土和下卧层中的竖向应力分布为两条不同的曲线，分别对应荷载作用于基底和桩端时的 Boussinesq 应力解，并利用解析解与数值方法的计算结果来确定土层的应力分配比例，然后统一采用分层总和法来计算复合地基的总沉降。

1.2.3.2 桩基础沉降计算方法

A 弹性理论法

弹性理论法是对桩土系统用弹性理论方法来研究单桩在竖向荷载作用下桩土之间的作用力与位移之间的关系，进而得到桩对桩、桩对土、土对桩以及土对土的共同作用模式。桩基础的沉降计算是基于单桩分析的基础上，运用弹性理论叠加原理，把介质中两根桩的分析结果，通过引入一个“共同作用系数”而扩展至一组群桩中去。

弹性理论法的基础是 Mindlin 课题，Mindlin 给出了在均匀各向同性的弹性半空间内任一点作用竖向荷载，在弹性半空间体内任意位置引起应力和弹性位移积分形式的解析解。弹性理论法是以 Poulos 为代表，Poulos 和 Davus 等人从弹性理论中的 Mindlin 公式出发，系统地导出了单桩和群桩的计算理论以及计算表格。弹性理论法的基本假定是：（1）作为线弹性体的桩被插入一个理想均质的、连续的、各向同性的弹性半空间体内，土的弹性模量及泊松比不因桩的存在而发生变化；（2）假定沉桩结束后桩内不存在残余应力；（3）假定桩与桩侧相邻土之间的位移协调一致，即桩上之间没有产生相对滑动，桩身某点的位移即为相邻土体的位移；（4）假定桩的存在不影响 Mindlin 解，并将桩身划分为若干单元（桩段），每段以荷载代替；运用 Mindlin 公式导出土的柔度矩阵，求解满足桩土边界位移协调的平衡方程式，即可得到桩轴向位移和侧摩阻力等。由于土体模拟为连续介质，所以在一定程度上可以考虑桩与桩之间的相互作用。此外，Poulos 法也可考虑桩 - 土之间相对滑移的影响。为了把均质土中已有的分析公式应用非均质土的情况，Poulos 的一种处理方法是近似地假定土体内的应力与原均质土体中分布情况相同，而计算土体位移时所用到土的模量与该点的位置有关。对于桩尖以上有若干土层的情况，Poulos 建议也可取加权平均模量来代替。对于有限厚度土体及端承桩情况，Poulos 通过采用近似位移影响系数及“镜像法”进行了计算。

费勤发等[74]将 Mindlin 位移解作为基本解，采用应力法中关于桩周摩阻力呈线性分布的假定，在位移基本解的积分中舍去高阶无穷小量，对刚性桩进行了分析。楼晓明等[75]根据 Mindlin 的应力解答进行了分层地基中群桩基础共同作用的弹性理论法，计算中采用迭代法，可用于分析大规模的群桩基础，计算地基中任意一点的竖向附加应力和变形，对群桩基础中的荷载传递特性、桩间土及下卧层土中的竖向附加应力分布特性做了研究。马海龙等[76]从明德林公式应力解出发，结合浅基础中沉降计算的分层总和法原理，推导出任意层状地基中群桩的桩 - 台 - 土共同作用方程。该方法以桩基变形为控制条件，分析桩土共同作用问题，对目前希望以沉降控制来研究桩土共同作用及设计桩基础有一定的意义。

弹性理论法也有其理论上的缺陷，首先是应用 Mindlin 公式时忽视桩的存在所产生的影响，认为荷载作用于未加桩时的理想均质、各向同性弹性半空间体内，而实际土体是非线性的，地层也不是均质的，具有明显的成层性质，因此参数的确定带有相当的近似性和经验性。其次，群桩计算中采用“共同作用系数”不能充分考虑第三根桩以外桩的存在，忽略了桩在土中的“加筋效应”和“遮帘效应”，也不能得到桩荷载和位移沿桩长的传递规律。最后，在考虑土非均质时，不得不采用一些近似的假设。最后，由于假设土体应力应变关系为线弹性，分析桩、土的非线性受力特征存在困难。

B 荷载传递法

荷载传递法是由 Seed 和 Reese 首先提出，其基本思路是将桩沿长度方向离散成若干弹性单元，土体与桩体之间的相互作用用独立的线性或非线性弹簧来联系，桩体单元之间的相互作用无法考虑，即桩体中任一点位移仅与该点侧摩阻力有关，而与同根桩上其他点的侧摩阻力等性状无关，也与其他桩不存在联系，土体则被假定为离散弹性介质。

荷载传递法的关键是荷载传递函数的确定，传递函数的合理性直接决定了计算分析的正确性。根据众多理论和试验研究，国内外学者从不同的角度提出了不同的传递函数，有抛物线、双曲线、折线等多种函数形式。曹汉志[77]提出桩尖位移等值法，潘时声[78]用分层位移迭代法分析了单桩和群桩，其中群桩的相互作用采用了剪切位移法的研究成果。沈伟[79]等通过假定桩土界面摩阻力与相对位移为理想弹塑性关系，同一水平面上的桩间土沉降相同，桩端土符合 Winkler 地基模型，结合桩、土、垫层工作机理分析，建立了协同作用基本微分方程，进而得到了大面积群桩复合地基桩、桩间土沉降解析解。陈龙珠等[80]选用常用双折线荷载传递函数，导出了一组确定桩的轴向荷载 - 沉降曲线的解析算式，并由此分析了桩周和桩底土的影响及桩承载力与其加载初始梯度间的关系。黄炳权等[81]选取常用的双折线荷载传递函数，来表征单桩的荷载 - 沉降曲线；然后选取双曲线函数来表征地基土的荷载 - 沉降曲线，推导出了一种桩土相互作用下的桩土应力比的解析算式，并讨论相关参数对桩土应力比的影响。

荷载传递法的主要问题是如何用荷载传递函数反映真实的荷载传递，目前还没有十分完善的荷载传递函数能够反映桩网复合结构荷载传递。

C 剪切位移法

剪切位移法由 Cooker 于 1974 年提出。他曾运用适当的简化的方法分析桩体向周围土体传递荷载的过程，对桩身应力相对较小的工作状态下的桩周土位移情况进行研究，并提出了剪切位移传递模型，认为：在工作荷载作用下，桩与桩侧土之间位移协调，不产生相对位移，离开桩体距离相等处剪应力相等，而且随着离开桩侧距离的增大，剪应力逐渐扩散减小，剪应力与离开桩体轴线距离近似成反比关系，在单桩周围形成漏斗状位移分布面。国内外众多学者对该方法进行了较多研究。聂更新等[82]用线弹性和塑性线性强化模型模拟桩周土的剪应力与剪应变非线性关系，将弹性阶段的剪切位移法推广到塑性阶段，得到了广义剪切位移理论，建立了桩土间耦合力学模型，对桩周土处于弹性、半塑性和全塑性 3 个不同阶段进行分析。赵明华等[83]利用 Cooke 法导得桩基侧摩阻力在群桩周围土体中产生的位移场分布，并考虑临近桩基的存在引起的位移折减效应，经叠加后获得桩侧单位厚度土的等效刚度系数，并通过 Boussinesq 解进行深度修正，得到桩端刚度系数。从而提出基于荷载传递法的高承台桩基沉降计算方法。

剪切位移法原理简单，模型合理，但没有考虑上下层土之间的相互作用，也没有考虑实际存在的端阻作用，因此，计算结果存在误差，特别是对短桩结果误差更大。群桩分析时未能考虑第三根桩以外的存在。

1.2.3.3 其他沉降计算方法

桩网复合结构地基沉降计算还可以采用经验法、有限元法和边界元法，但不同程度都存在缺陷。经验法是根据地区经验，利用数理统计方法提出经验公式来计算群桩基础沉降的方法，该法的区域性特征明显，对于公路、铁路这种线型建筑物而言，其参考意义十分有限。有限元法和边界元法都无一例外地涉及土体的本构关系以及桩土界面接触问题，其所需参数众多而且难于确定。

1.3 本书的主要内容

本书的主要内容包括：

（1）在江西省交通运输厅重点科技计划项目资助和南昌工程学院的支持下，本书撰写课题组对江西德兴至南昌高速公路、九江市绕城高速公路等工程项目中深厚软土路基使用桩网复合结构的设计情况、施工情况、承载机理等方面进行了分析，其中对采用CFG桩和粉喷桩加固高速公路深厚软基的处理效果进行了现场试验对比研究，为桩网复合结构地基设计方法的提出提供了重要依据。

（2）桩网复合结构主要特征在于由于增设了土工格栅，使得桩间距可以布置较大，从而引起桩间土和桩顶荷载的重新分配，进而影响软土地基中应力分布，对软基沉降规律产生影响。考虑土工格栅的特性将土工格栅假设成膜，根据膜的微分方程，推导出考虑土工格栅条件下的桩荷载分担比的计算公式，分析了土工格栅对桩荷载分担比的影响。桩土荷载分担比作为反映桩土荷载分配的物理量，可以方便地转换为桩土应力比，从而计算桩间土应力和桩顶应力，为桩网复合结构地基沉降计算提供计算基础。

（3）通过假定桩土界面摩阻力与相对位移为理想弹塑性关系、桩极限侧摩阻力与侧压力成正比、桩端土符合 Winkler 地基模型，结合桩和桩间土相互作用机理分析，建立了协同作用基本微分方程，得到了桩网复合结构的桩、桩间土沉降的解析解。基于土拱作用、土工格栅作用及桩土作用机理建立的桩网复合结构地基沉降计算方法，可计算加固区沉降、下卧层沉降及总沉降，同时可计算分析加固区范围内地基沉降沿深度的分布规律。

（4）以江西德兴至南昌高速公路经 CFG 桩网复合结构处理的深厚软基试验段为研究对象，运用 $FLAC^{3D}$ 软件对路堤施工全过程变形特性进行模拟分析，研究了不同桩长、桩间距、垫层厚度以及土工格栅层数对桩网复合地基在路堤填筑过程中路基变形的影响规律，研究结论为桩网复合地基加固深厚软基的设计与施工提供了参考依据。

（5）以江西德昌高速公路软基处理试验段为工程背景，对高速公路 CFG 桩与粉喷桩处理的复合地基进行了现场单桩及单桩复合地基静载试验，确定了 CFG

桩和粉喷桩单桩及单桩复合地基承载力特征值，通过现场测试CFG桩复合地基桩土应力比，研究分析了刚性承载板下的CFG桩桩土荷载分担的变化规律，为揭示CFG桩在路堤荷载下不同桩间距、桩长、褥垫层厚度与复合地基变形沉降规律，以及路堤荷载下CFG桩复合地基工后沉降预测计算提供承载力和变形设计参数。

(6) 本书对CFG桩的施工方法和工艺进行了详细的阐述，对目前国内CFG桩复合地基的两种主要施工工艺进行了对比分析（振动沉管施工工艺和长螺旋钻孔灌注施工工艺），分析了施工中的质量控制措施；并结合江西德兴至南昌高速公路软基处理中的CFG桩复合地基施工实例，对振动沉管施工工艺的成桩质量关键技术进行了分析和总结。

(7) 本书对高速公路软基处理中的CFG桩成桩质量检测方法和内容进行探讨，主要检测内容有桩身强度检测、桩身完整性检测以及CFG桩单桩和复合地基承载力检测；并结合德昌高速公路实际检测的工程项目进行了成桩质量的评价。同时，采用高密度电法对江西德昌高速公路软基CFG桩和粉喷桩处理效果进行了现场检测研究，利用有限差分法进行正演模拟，利用最小二乘法对检测数据进行反演，定性分析了软基加固的效果，通过现场研究证明，运用高密度电法配合静载荷试验来综合检测软基处理效果是可行的，点面结合，评价结果比较全面、科学，为高速公路软基加固效果检测提供了一种新方法。

2 桩网复合结构地基承载机理

桩网复合结构地基是“桩－网－土”协同工作，桩和土共同承担荷载的人工地基系统。这种复合地基的特点是能够充分调动桩、网、土三者的潜力，具有桩体、垫层、排水、挤密、加筋、防护等综合功效，具有沉降变形小及完成快、工后沉降容易控制、加固体稳定性高、工期短、施工方便等优点。已有的研究和工程实践表明，桩网复合地基特别适用于在天然软土地基上快速修筑路堤或堤坝类构筑物，与其他地基加固方法相比，具有经济技术等多方面的优势。国外已经有许多应用这种地基处理形式的工程实例，如伦敦的 Stansted 机场的铁路连接加宽工程、巴西圣保罗北部的公路拓宽工程、荷兰的部分高速公路等，而在英国、瑞典、德国、日本等国家还相继出台了有关规程，其中英国的 BS8006 为典型代表，对其承载机理的研究也呈方兴未艾之势，这些都有力地推动了这种复合地基加固形式的发展。近年来，国内沿海各地如浙江、广东等地的高速公路建设中也开始采用这种工法，并取得了较好的应用效果。铁道部科学院、铁道部第四勘察设计院、湖南大学、浙江大学、南京水利科学研究院等科研院所也结合工程实践开展了这方面的研究工作，并取得了一些成果。

桩网复合结构主要特征在于增设了土工格栅，使得桩间距可以布置较大，从而引起桩间土和桩顶荷载的重新分配，进而影响软土地基中应力分布，对软基沉降规律产生影响。桩土荷载分担比作为反映桩土荷载分配的物理量，可以方便地转换为桩土应力比，从而计算桩间土应力和桩顶应力，为桩网复合结构地基沉降计算提供计算基础。

然而，桩网复合结构地基的理论研究滞后于工程实践，目前国外规范中还没有桩网复合结构的桩和桩间土应力的计算方法（同时考虑土拱作用和土工格栅作用）。针对这一情况，本章借鉴国外规范中的作用在土工格栅上的荷载计算公式，根据薄膜微分方程，推导出适合深厚层软土的桩网复合结构桩土荷载分担比的计算方法。

2.1 土工格栅受力计算方法的研究

2.1.1 国外相关规范计算方法

国外对于作用在土工格栅上的荷载计算理论假设通常是存在土拱作用和扩散角，认为桩与桩之间形成土拱或桩顶形成了应力集中，根据土拱理论或扩散角的理论计算作用在土工格栅上的荷载。

2.1.1.1 英国 BS8006 规程

假设桩顶以上填土必须有足够的高度，这样土体中才能形成完整的土拱。规程中称此最小填土高度为临界高度，即 H_c，其中 $H_c = 1.4(s-a)$，s 为桩中心距，a 为桩帽宽。填土高度 $H < H_c$ 时，土拱不能完全形成；填土高度 $H > H_c$ 或 $H < H_c$ 两种情况下，土工格栅上实际作用荷载的计算图示如图 2-1 所示。

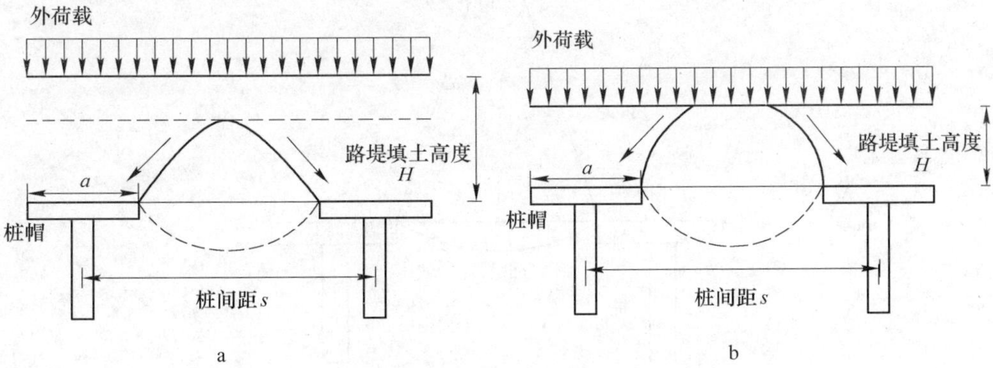

图 2-1 英国 BS8006 规程拱效应荷载计算示意图

a—$H > H_c$；b—$H < H_c$

作用在桩与桩之间加筋垫层上的荷载 W_T（kN/m）按桩帽的覆盖面积和桩间土拱形成程度按式（2-1）、式（2-2）进行计算：

$$W_T = \frac{1.4\gamma(s-a)s}{s^2-a^2}\left(s^2 - a^2\frac{P_c}{\sigma_\gamma}\right),\ H > 1.4(s-a) \tag{2-1}$$

$$W_T = \frac{(\gamma H + q_0)s}{s^2-a^2}\left(s^2 - a^2\frac{P_c}{\sigma_\gamma}\right),\ 0.7(s-a) < H < 1.4(s-a) \tag{2-2}$$

$$\sigma_\gamma = \gamma H + q_0 \tag{2-3}$$

$$P'_c = \left(C_c\frac{a}{H}\right)^2\sigma_\gamma \tag{2-4}$$

式中 P_c——作用桩帽上的垂直应力，kN/m^2；

σ_γ——作用在桩顶平面的平均应力，kN/m^2；

γ——填土容重，kN/m^3；

q_0——外荷载，kN/m^2；

C_c——拱效应系数，刚性穿透软土桩时，$C_c \approx 1.95\frac{H}{a} - 0.18$，摩擦桩和其他桩时，$C_c \approx 1.95\frac{H}{a} - 0.07$，为避免路基面出现不均匀沉陷，路堤填土高度不宜小于 $0.7(s-a)$。

2.1.1.2 北欧 Nordic 手册

北欧 Nordic 手册中桩网结构复合地基计算模式采用楔形拱假设，如图 2－2 所示。这个三角形楔的顶角为 30°，高度为 $(s-a)/(2\tan15°)$ 。在任何路堤高度条件下，作用在桩间土上的荷载都等于楔形体的土重，这里不考虑外荷的影响。

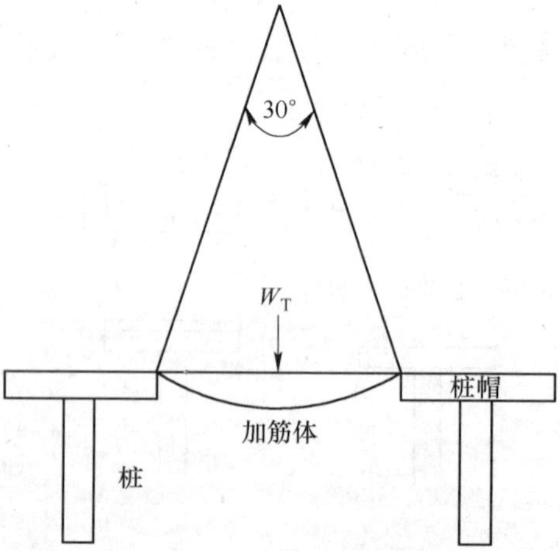

图 2－2 北欧 Nordic 手册楔形拱计算假设

二维时楔形体的土重为：

$$W'_T = \frac{(s-a)^2}{4\tan15°}\gamma \tag{2-5}$$

转换为三维条件时土重为：

$$W_T = \frac{1+s/a}{2}W'_T \tag{2-6}$$

2.1.1.3 日本细则

日本细则用荷重分散角 α 来计算拱的形成范围，如图 2－3 所示。根据分散角、桩间净距和填土高度，可将桩间土所承受的荷载计算分为 A、B、C 三个区段。若路基面在 A 区间，即三维拱完全形成时，桩间土所承受的荷载等于三维锥形（$a-a$ 断面以下）土体自重，不考虑 $a-a$ 断面以上填土重和外荷，即为：

$$W_0 = \gamma V \tag{2-7}$$

若路基面高程在 $a-a$ 断面以下，即拱未完全形成（B 或 C 区段）时，桩间土所承受的荷载可以表示为：

$$W_0 = \gamma V_H + q_0 A_H \tag{2-8}$$

式中 A_H——路堤面高 H 处锥形拱体的截面积，m^2；

V_H——A_H 截面以下锥形体体积，m^3。

式（2－8）中楔形锥体不同高度 A_H 和 V_H 的计算与分散角的假设、桩的间距和尺寸有关。日本一般假设土工格栅砂砾石垫层的分散角 α 取 45°，一般填土取 30°。

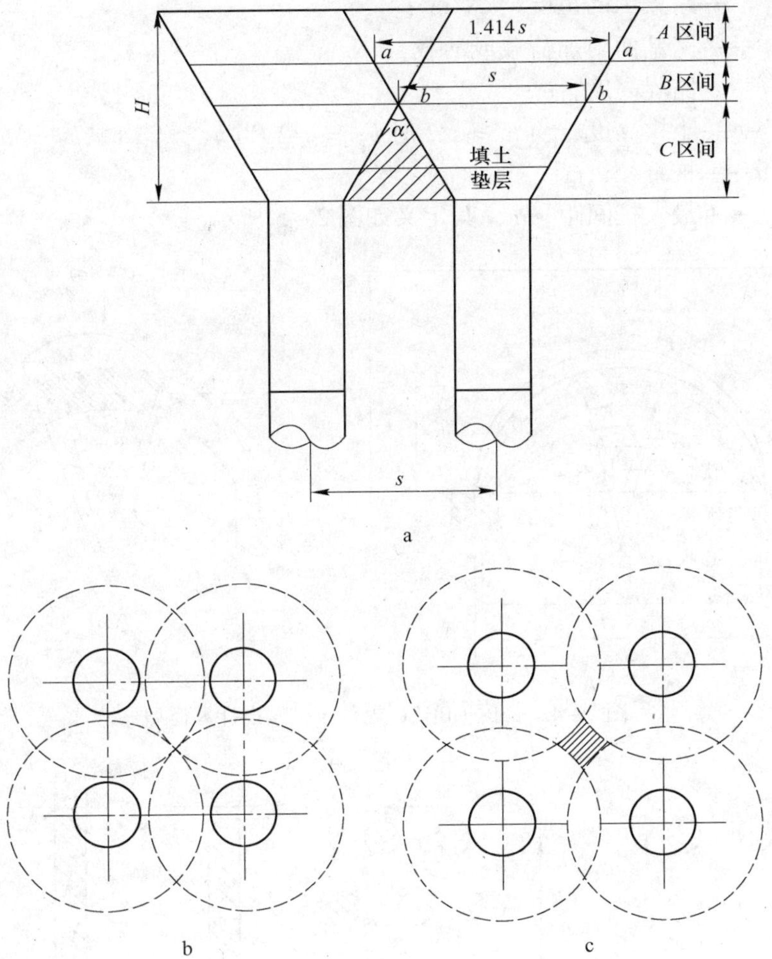

图 2-3　日本细则计算模型示意图

a—拱示意图；b—$a-a$ 截面；c—B 区间

2.1.1.4　德国 DBGEO 规范

德国参照 Hewleff 和 Randdph 的研究成果，假设土拱为圆形，根据拱面三维有限元的平衡分析，得到桩顶面和桩间土层的平均应力，如图 2-4 所示。作用于桩间土层，即加筋垫层上的平均应力 $\sigma_{z0,\mathrm{k}}$（$\mathrm{kN/m^2}$）的计算公式如下：

$$\sigma_{z0,\mathrm{k}}=\lambda_1^{\chi}\left(\gamma_\mathrm{k}+\frac{p_\mathrm{k}}{h}\right)\left\{h(\lambda_1+h_\mathrm{g}^2\lambda_2)^{-\chi}+h_\mathrm{g}\left[\left(\lambda_1+\frac{h_\mathrm{g}^2\lambda_2}{4}\right)^{-\chi}-(\lambda_1+h_\mathrm{g}^2\lambda_2)^{-\chi}\right]\right\} \quad (2-9)$$

$$\chi=\frac{d(K_\mathrm{krit}-1)}{\lambda_2 s},\ \lambda_1=\frac{1}{8}(s-d)^2,\ \lambda_2=\frac{s^2+2ds-d^2}{2s^2},\ K_\mathrm{krit}=\tan^2\left(45^\circ+\frac{\varphi'_\mathrm{k}}{2}\right)$$

式中　φ'_k——路堤填料内摩擦角；

γ_k ——路堤土的重度，kN/m^3；

p_k ——路基面附加荷载或活载，kN/m^2；

h——路堤高度，m；

h_g ——土拱高度，当 $h \geqslant s/2$ 时 $h_g = s/2$，当 $h < s/2$ 时，$h_g = h(m)$；

d——桩直径，m；

s ——最大桩间距，m，其定义如图 2－5 所示。

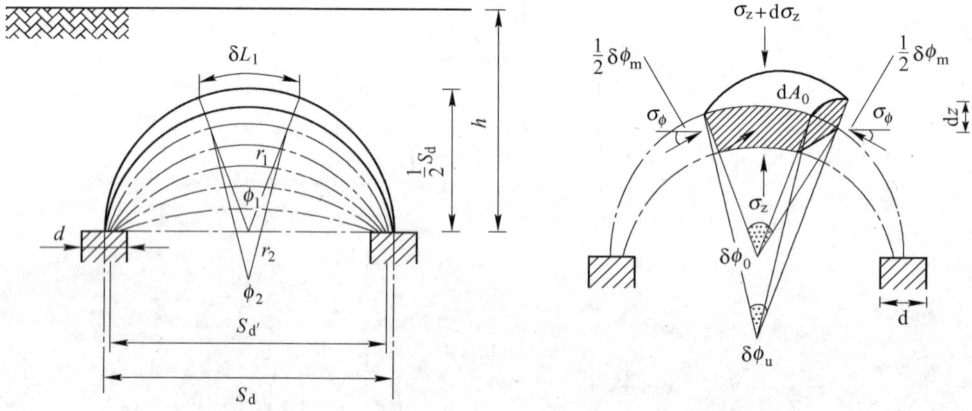

图 2－4 德国 DBGEO 规范土拱假设计算模型

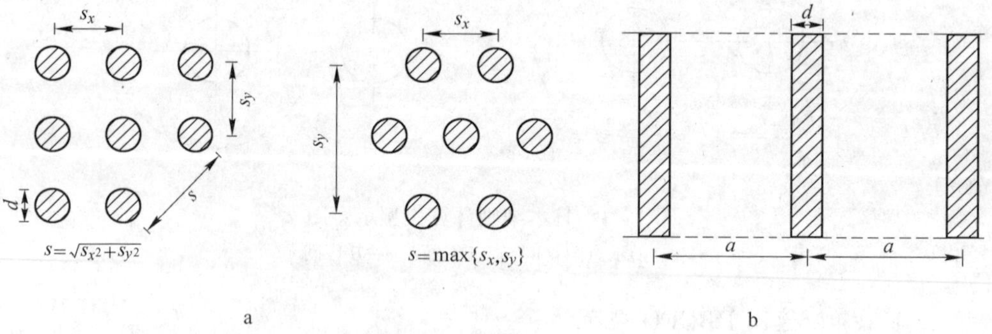

图 2－5 最大桩间距定义

a—点支承条件（长方形布桩和梅花桩）；b—线支承条件

2.1.2 各国规范分析比较

为了便于分析比较，将各规范的荷载转化为作用于土工织物上的平均应力。根据现有的加筋垫层计算方法，选用 3.6m、1.8m、1.5m 为计算填土高度，分析填土高度对桩间土平均应力的影响，同时对比分析现场试验与理论计算的差异，从而分析各规范的适用性，试验结果选取路基中心处的桩间土应力，见表 2－1。

表 2－1 土拱形成临界填土高度 (m)

项 目	英国 BS8006	北欧 Nordic 手册	日本细则	德国规范
填土高度	2.1	2.8	0.8	1

计算对比结果见表 2－2，各国规范计算结果差别较大，英国规范计算结果，在临界高度以上，桩间土应力基本保持不变，与实际测试结果比较，无法真实地反映桩间土应力随填土高度增加而增加变化规律；但是当填土高度小于临界高度时，桩间土应力明显偏小，说明夸大了土拱效应的作用。

表 2－2 现场试验与理论计算桩间土平均应力

填土高度/m	桩间土应力/kPa					
	英国 BS8006 规程		北欧 Nordic 手册	日本细则	德国规范	实测结果
	刚性端承桩	摩擦桩				
3.6	43.6	48.8	66.2	8.2	45.0	50.5
2.7	43.7	48.9	66.2	8.2	35.4	42.5
1.8	18.8	21	66.2	8.2	25.8	30.8
1.5	15.7	17.5	66.2	8.2	22.6	27.6

北欧 Nordic 手册中，由于假设填土高度与作用在桩间加筋垫层的荷载无关，桩间土应力为恒值，在填土高度 3.6m 范围内，计算值远大于实测值，说明北欧 Nordic 手册无法反映桩间土应力随填土高度增加而增加的变化，过分强调了外荷载的作用。

日本细则的临界高度的大小限制了桩间土应力的大小，超过临界高度后，认为临界高度以上的荷载全部转移到桩上，这与实际情况不符，理想化了土拱效应，同时说明不能简单地假设填土扩散角，应考虑不同填料对扩散角的影响，对于扩散角的选取，有待进一步的研究。

德国规范计算桩间土应力规律与实际相符，基本能够满足桩间土应力计算精度的需要。

2.2 土工格栅下桩间土应力计算

由于土工格栅的存在，减小了桩间土应力，增大了桩承担的荷载，但目前缺乏土工格栅对桩间土应力影响的研究。根据已有的经验，当桩间距在 5 倍桩径范围内，土工格栅的位移较小，因而可以假设土工格栅为挠度较小的膜，故通过将土工格栅简化为薄膜，分析土工格栅对桩间土应力的影响。

2.2.1 土工格栅挠度方程

桩网复合结构，可以认为土工格栅支承在桩上，桩顶处存在很高的剪应力。

可以假设为支承在一排排桩上的膜。此外，可以假设桩的反力是均匀分布在一个很小的面积上，如图 2－6 所示。如果这种承受均匀荷载（桩的反力）的格栅尺寸比桩的间距要大，则由于结构外形和荷载的对称性，可使这个膜的问题简化为一块内膜的问题。

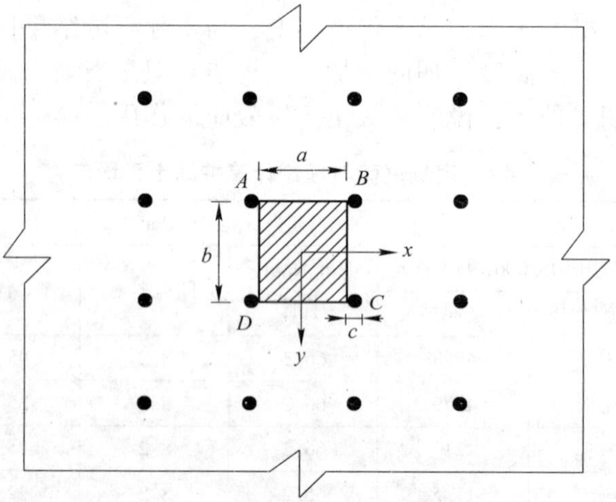

图 2－6 薄膜布置示意图

根据内膜的特性，可以将相邻四根桩上方的土工格栅单简化为 4 边简支的膜作用在地基上。

2.2.1.1 薄膜微分方程

假设挠度较小，因而作用在平面内单位长度上的拉力（$\sigma_x h = \sigma_y h = \sigma h$）为一常数。同时因为假设了拉力的对称性，故平面内的剪应力为零。因此，当表示作用于垂直方向上的 $\mathrm{d}x\mathrm{d}y$ 单元上所有的力平衡时（图 2－7），取 z 轴方向作用力的总和，可得：

$$\left(\sigma+\frac{\partial\sigma}{\partial x}\mathrm{d}x\right)\left(\frac{\partial w}{\partial x}+\frac{\partial^2 w}{\partial x}\mathrm{d}x\right)\mathrm{d}yh-\sigma\frac{\partial w}{\partial x}\mathrm{d}yh+\left(\sigma+\frac{\partial\sigma}{\partial y}\mathrm{d}y\right)\left(\frac{\partial w}{\partial y}+\frac{\partial^2 w}{\partial y^2}\mathrm{d}y\right)\mathrm{d}xh-$$

$$\sigma\frac{\partial\sigma}{\partial y}\mathrm{d}xh+p_z(x,y)\mathrm{d}x\mathrm{d}y=0 \tag{2-10}$$

式中 σ_x，σ_y——分别为 x 和 y 方向的薄膜应力，如图 2－7 所示；

h，w——分别为薄膜的厚度、挠度；

p_z——作用在薄膜上的均布应力。

式（2－10）经略去高阶微量后，可简化为：

$$\frac{\partial^2 w}{\partial x^2}+\frac{\partial^2 w}{\partial y^2}=-\frac{p_z(x,y)}{\sigma h} \tag{2-11}$$

式（2－11）就是泊松型的微分方程，同时也是欧拉首先推导得出的薄膜微分方程。

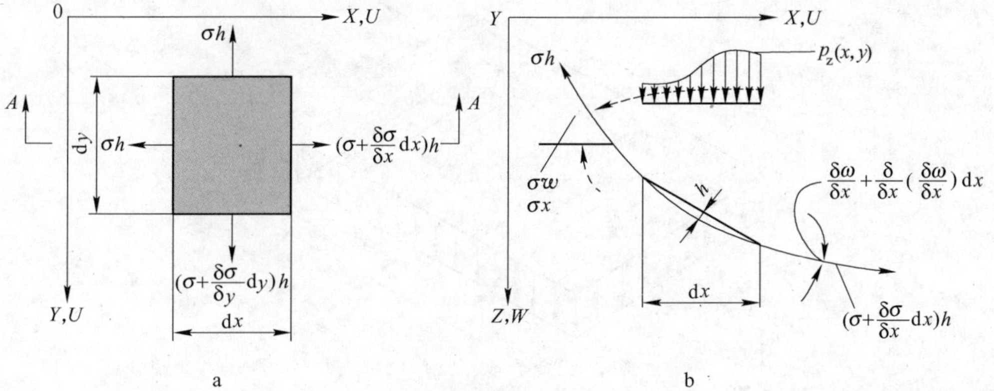

a　　　　　　　　　　b

图 2－7　薄膜单元体受力分析示意图

a—平面图；b—截面 $A-A$

对式（2－11）应用二维拉普拉斯算子，则可写为：

$$\nabla^2 w = -\frac{p_z(x,y)}{\sigma h} \tag{2-12}$$

$$w(x,y) = \sum_{m=1}^{\infty}\sum_{n=1}^{\infty} W_{mn}\sin\frac{m\pi x}{a}\sin\frac{n\pi y}{b},\ m,n = 1,2,3,\cdots \tag{2-13}$$

$$W_{mn} = \frac{P_{mn}}{\pi^2[(m^2/a^2)+(n^2/b^2)]\sigma h} \tag{2-14}$$

式中　W_{mn}——位移待定系数；

P_{mn}——荷载待定系数；

a,b——分别为格栅的宽度和长度，如图 2－7 所示。

2.2.1.2　地基上的薄膜

土工格栅是布置在褥垫层中的，考虑地基的支承作用，可以认为土工格栅是布置在地基上的薄膜，如图 2－8 所示。假设支承介质是各向同性的、匀质的和线弹性的，这种类型的地基称为温克勒地基。地基的反力 $p_z^*(x,y)$ 可用下列关系式来表示：

$$p_z^*(x,y) = kw \tag{2-15}$$

式中　k——地基材料的基床系数，Pa/m，可以通过原位测试或经验公式来确定。

薄膜支承在连续弹性地基上时，它的外荷载有表面荷载 $p_z(x,y)$ 和弹性地基上的反力 $p_z^*(x,y)$ 。因此，薄膜的微分方程（2－11）变为：

$$\frac{\partial^2 w}{\partial x^2} + \frac{\partial^2 w}{\partial y^2} = -\frac{p_z(x,y) - p_z^*(x,y)}{\sigma h} \tag{2-16}$$

在这个微分方程中，地基反力 $p_z^*(x,y)$ 也是未知量，因为它取决于薄膜的挠

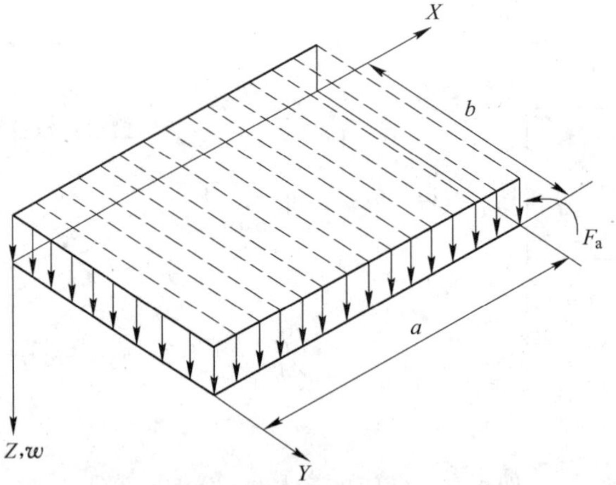

图 2-8 均匀荷载示意图

度 $w(x,y)$。将式（2-15）代入式（2-16），则弹性地基上的薄膜的基本微分方程变为：

$$\nabla^2 w - \frac{kw}{\sigma h} = -\frac{p_z(x,y)}{\sigma h} \tag{2-17}$$

其中，挠曲面采用二重正弦级数来表示：

$$w(x,y) = \sum_{m=1}^{\infty}\sum_{n=1}^{\infty} W_{mn} \sin\frac{m\pi x}{a} \sin\frac{n\pi y}{b} \tag{2-18}$$

式中，W_{mn} 为未知量。

将荷载 p_z 也展开成二重正弦级数：

$$p_z(x,y) = \sum_{m=1}^{\infty}\sum_{n=1}^{\infty} P_{mn} \sin\frac{m\pi x}{a} \sin\frac{n\pi y}{b},\ m,n = 1,2,3,\cdots \tag{2-19}$$

在荷载的二重傅立叶级数展开式中，系数 P_{mn} 可由式（2-20）求得：

$$P_{mn} = \frac{4}{ab}\int_0^a\int_0^b p_z(x,y) \sin\frac{m\pi x}{a} \sin\frac{n\pi y}{b} \mathrm{d}x\mathrm{d}y = \begin{cases} \dfrac{16p_0}{\pi^2 mn}, & \text{当 } m,n \text{ 为奇数} \\ 0, & \text{其他 } m,n \text{ 值} \end{cases} \tag{2-20}$$

假设膜承受荷载为均匀荷载，荷载展开系数 P_{mn} 可表示为：

$$P_{mn} = \frac{16p_0}{\pi^2 mn},m,n = 1,3,5,\cdots \tag{2-21}$$

式中 p_0——作用在格栅上的均布应力。

故式（2-19）变为：

$$p_z(x,y) = \sum_{m=1}^{\infty}\sum_{n=1}^{\infty} \frac{16p_0}{\pi^2 mn} \sin\frac{m\pi x}{a} \sin\frac{n\pi y}{b},m,n = 1,3,5,\cdots \tag{2-22}$$

将式（2-13）及式（2-21）代入薄膜的基本微分方程式（2-14），化简得：

$$W_{mn}=\frac{16p_0}{\left\{\sigma h\pi^2\left[\left(\frac{m}{a}\right)^2+\left(\frac{n}{b}\right)^2\right]+k\right\}(\pi^2 mn)} \tag{2-23}$$

$$m,n=1,3,5,\cdots$$

即弹性地基上的薄膜挠曲面方程为：

$$w(x,y)=\sum_{m=1}^{\infty}\sum_{n=1}^{\infty}\frac{16p_0}{\left\{\sigma h\pi^2\left[\left(\frac{m}{a}\right)^2+\left(\frac{n}{b}\right)^2\right]+k\right\}(\pi^2 mn)}\sin\frac{m\pi x}{a}\sin\frac{n\pi y}{b} \tag{2-24}$$

$$m,n=1,3,5,\cdots$$

根据其收敛性，可取 m，n 为1，3，5 作为计算方程。

2.2.2 桩网复合结构的桩荷载分担比

假设边界处荷载全部到传递桩上，根据式（2－15）和式（2－24），通过地基反力系数和沉降计算地基反力 p_1，用总荷载减去地基反力，从而计算得出边界荷载，即传递到桩上的荷载：

$$p_1=\int_0^a\int_0^b kw(x,y)\,\mathrm{d}y\mathrm{d}x=\sum_{m=1}^{\infty}\sum_{n=1}^{\infty}\frac{16p_0\left(\cos\frac{n}{2}\pi-1\right)\left(\cos\frac{m}{2}\pi-1\right)abk}{\left\{\sigma h\pi^2\left[\left(\frac{m}{a}\right)^2+\left(\frac{n}{b}\right)^2\right]+k\right\}(\pi^4 m^2 n^2)} \tag{2-25}$$

同理将桩（或桩帽）之间的格栅按以上过程，假设为 4 边简支的弹性地基膜，分析膜的沉降和拉力，如图 2－9 所示。

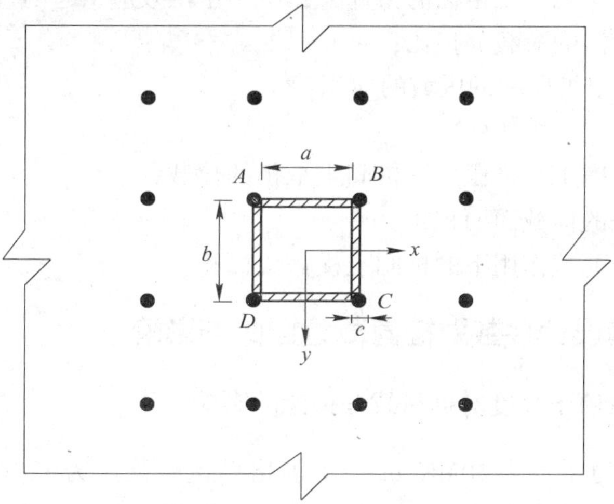

图 2－9 桩间格栅简化成薄膜计算模型

根据式（2－24）和式（2－24），可以推导出桩（或桩帽）之间的格栅的挠度和地基反力。

$$w_2(x,y) = \sum_{m=1}^{\infty}\sum_{n=1}^{\infty}\frac{16p_0}{\left\{\sigma h\pi^2\left[\left(\frac{m}{a}\right)^2+\left(\frac{n}{c/2}\right)^2\right]+k\right\}(\pi^2 mn)}\sin\frac{m\pi x}{a}\sin\frac{n\pi y}{c/2} \quad (2-26)$$

$$m,n = 1,3,5,\cdots$$

$$p_2 = \int_0^a\int_0^b kw(x,y)\,\mathrm{d}y\mathrm{d}x = \sum_{m=1}^{\infty}\sum_{n=1}^{\infty}\frac{16p_0\left(\cos\frac{n}{2}\pi-1\right)\left(\cos\frac{m}{2}\pi-1\right)ack}{2\left\{\sigma h\pi^2\left[\left(\frac{m}{a}\right)^2+\left(\frac{n}{b}\right)^2\right]+k\right\}(\pi^4 m^2 n^2)} \quad (2-27)$$

当 $a=b$ 时，桩承担的荷载可以由式（2-28）表示：

$$p_3 = p-(p_1+4p_2) \quad (2-28)$$

式中 p_0——桩间土应力；

p_1——阴影区域的地基承担的荷载，如图 2-6 所示；

p_2——如图 2-9 所示的区域的地基承担的荷载；

p——4 根桩所围的区域所承担的荷载；

p_3——由于土工格栅引起的桩所受的荷载。

$$P_{\mathrm{p}} = P_{桩}+p_3 \quad (2-29)$$

$$E = \frac{P_{\mathrm{p}}}{\gamma HS} \quad (2-30)$$

$$n = (P_{\mathrm{p}}/S_{\mathrm{p}})/(P_{\mathrm{s}}/S_{\mathrm{s}}) \quad (2-31)$$

式中 P_{p}——桩所承担的荷载；

$P_{桩}$——不考虑土工格栅的条件下，由于土拱效应引起的桩承担的荷载；

E——桩体的荷载分担比；

S——4 根桩所围的区域的面积；

n——桩土应力比；

P_{s}——考虑土工格栅后，桩间土承担的荷载；

S_{p}——桩的横截面面积；

S_{s}——外荷载作用下的桩间土横截面面积。

2.3 桩网结构设计参数对桩荷载分担比的影响

2.3.1 桩间距及填土高度对桩荷载分担比的影响

假设地基抗力系数为 $10\mathrm{MN/m^3}$，土工格栅抗拉强度为 120kN/m，桩直径为 0.5m，按照 2.2.2 节内容中的式（2-30）和式（2-31）计算桩间距与桩间土应力变化，其关系曲线如图 2-10 所示，桩间距与桩荷载分担比关系曲线如图 2-11所示。

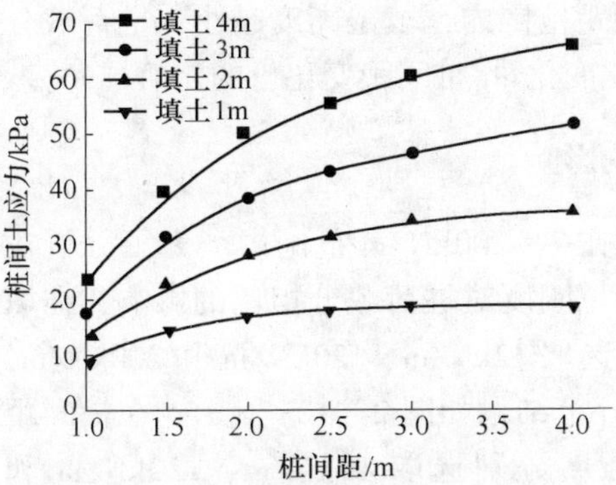

图2-10 桩间距与桩间土应力关系曲线

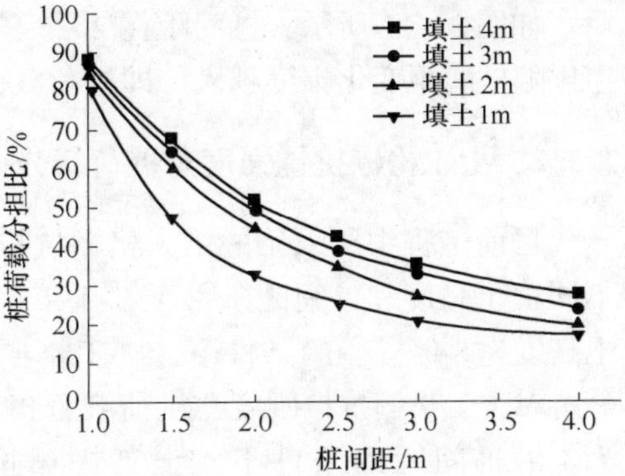

图2-11 桩间距与桩荷载分担比关系曲线

如图2-10和图2-11所示，随着桩间距的增大，桩间土应力提高，桩的荷载分担比减小，随着填土高度的增加，桩间土应力提高，桩的荷载分担比提高（表2-3）。土工格栅的加入，可以显著提高桩荷载分担比（表2-4）。

表2-3 桩间土应力 (kPa)

填土高度	桩间距					
	2*d*	3*d*	4*d*	5*d*	6*d*	8*d*
2*d*	8.8	14.3	16.9	17.9	18.4	18.8
4*d*	13.5	22.6	28.0	31.5	33.9	36.2
6*d*	18.2	31.0	38.7	43.6	47.1	51.6
8*d*	22.9	39.4	49.3	55.8	60.3	66.2

注：*d* 为桩的直径，以桩径0.5m为基准。

表2-4 桩荷载分担比 (%)

填土高度	桩间距											
	2*d*		3*d*		4*d*		5*d*		6*d*		8*d*	
	①	②	①	②	①	②	①	②	①	②	①	②
2*d*	65.2	81.5	33.1	51.5	16.6	34.2	9.5	26.0	5.8	21.4	2.5	17.1
4*d*	73.3	85.8	47.1	61.7	30.9	45.5	20.4	34.9	13.2	27.6	6.2	20.2
6*d*	76.0	87.3	51.6	65.0	36.3	49.8	26.5	39.9	19.6	33.0	10.8	24.2
8*d*	77.4	88.0	53.9	66.6	39.1	52.0	29.5	42.3	22.8	35.6	14.2	27.1

注：①未用土工格栅处理，②用土工格栅处理。

如图2-10所示，填土高度越大，桩间土应力随桩间距变化幅度越大。填土1m时，桩间土应力变化量/桩间距变化量为3.33kPa/m。填土2m时比值增加到7.56kPa/m，填土3m时比值增加到11.13kPa/m，填土4m时比值增加到14.43kPa/m。

如图 2－11 所示，桩间距在 2～5 倍桩间距范围内，填土高度越小，桩荷载分担比随桩间距变化幅度越大，即桩荷载分担比变化量/桩间距变化量的比值越大。

2.3.2　土工格栅抗拉强度对桩荷载分担比的影响

目前工程中所采用的土工格栅抗拉强度在 7～200kN/m 范围内。为了分析在不同填土高度和桩间距条件下，土工格栅抗拉刚度对桩荷载分担比的影响，在填土高度为 8 倍桩径的条件下，土工格栅分别选取 12kN/m、120kN/m 和 200kN/m，分析对土工格栅抗拉刚度与桩荷载分担比，计算结果如图 2－12a 所示。在桩间距为 4 倍桩间距的条件下，土工格栅抗拉强度分别选取 12kN/m、120kN/m 和 200kN/m，分析对土工格栅抗拉刚度与桩荷载分担比，计算结果如图 2－12b 所示。其中地基刚度系数取 10MN/m^3。

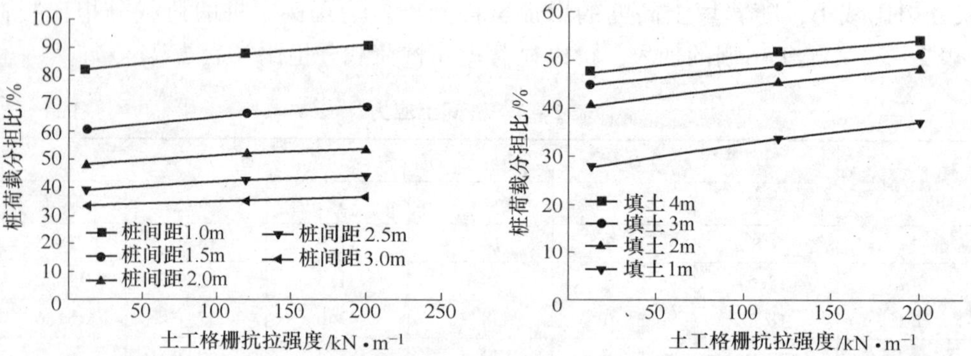

a　　　　　　　　　　b

图 2－12　土工格栅抗拉强度与桩荷载分担比关系

a—不同桩间距；b—不同填土高度

如图 2－12 所示，在相同桩间距或相同填土高度条件下，土工格栅抗拉强度越大，桩荷载分担比越大；在相同桩间距条件下，路基填土高度越小，桩荷载分担比随土工格栅抗拉强度增大而增大的幅度越大，见表 2－5。

表 2－5　格栅抗拉刚度对桩荷载分担比的影响表　　(%)

填土高度	桩间距														
	2d			3d			4d			5d			6d		
	①	②	③	①	②	③	①	②	③	①	②	③	①	②	③
2d	72.4	81.5	84.9	43.4	51.5	55.4	28.3	34.2	37.3	21.8	26	28.3	18.4	21.4	23.2
4d	78.8	85.8	88.4	55.2	61.7	64.7	40.6	45.5	48.1	31.2	34.9	36.9	24.9	27.6	29.3
6d	81	87.3	89.6	59.1	65	67.8	45.3	49.8	52.2	36.5	39.9	41.8	30.4	33	34.5
8d	82	88	90.2	61	66.6	69.9	47.7	52	54.3	39.1	42.3	44.1	33.2	35.6	37.1

注：①、②、③分别为格栅抗拉刚度 1.2×10^4 N/m、1.2×10^5 N/m、2×10^6 N/m。

2.3.3 地基刚度对桩荷载分担比的影响

由于我国地域广阔，公路修建在不同地基条件下，不同地区地基刚度存在较大不同，因而有必要分析不同地基刚度对桩荷载分担比的影响。不同土质地基刚度存在较大差异，见表2－6。为了分析土工格栅抗拉刚度对桩荷载分担比的影响，我们适当加大地基刚度的取值范围。

表2－6 地基刚度的经验值

岩土类别	状态	地基刚度经验值
软土、淤泥质土、有机土	软塑	8～15
	可塑	15～35
黏性土	硬塑	35～70
	坚硬	70～90
砂土	松散	5～10
	稍密	10～15
	中密	15～25
	密实	25～40
圆砾、角砾	中密	25～40
	密实	40～95
黄土、黄土质土		30～50

如图2－13所示，随着地基刚度的提高，桩荷载分担比降低。填土高度越小，地基刚度对桩荷载分担比影响越大（表2－7）。

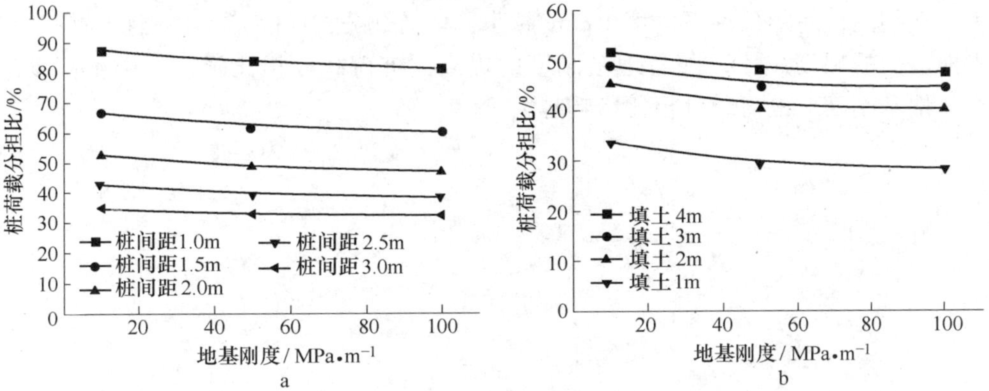

图2－13 地基刚度与桩荷载分担比关系

a—不同桩间距；b—不同填土高度

表 2-7 地基刚度系数对桩荷载分担比的影响 (%)

填土高度	桩间距														
	2d			3d			4d			5d			6d		
	①	②	③	①	②	③	①	②	③	①	②	③	①	②	③
2d	81.5	74.1	72.4	51.5	44.7	43.4	34.2	29.2	28.3	26	22.4	21.8	21.4	18.8	18.4
4d	85.8	80.1	78.8	61.7	56.3	55.2	45.5	41.3	40.6	34.9	31.7	31.2	27.6	25.2	24.9
6d	87.3	82.2	81	65	60.0	59.1	49.8	46.0	45.3	39.9	37.8	36.5	33	30.7	30.4
8d	88	83.2	92	66.6	61.9	61	52	48.4	47.7	42.3	39.5	39.1	35.6	33.5	33.2

注：①、②、③分别为地基刚度系数 10MPa/m、50MPa/m、100MPa/m。

2.4 小结

(1) 本章分析英国 BS8006 规程、北欧 Nordic 规范、日本手册和德国规范中对于作用在土工格栅上的桩间土荷载计算方法。德国规范中，关于作用在土工格栅上的桩间土荷载计算方法所得到的规律与实际相符，计算结果基本可以满足计算需要，因而关于作用在土工格栅上的桩间土荷载计算可以采用德国规范。

(2) 考虑土工格栅的特性将土工格栅假设成膜，根据膜的微分方程，推导出考虑土工格栅条件下的桩荷载分担比的计算公式，并分析了土工格栅对桩荷载分担比的影响，得到如下结论：随着桩间距的增大，桩间土应力提高，桩荷载分担比减小；随着填土高度的增加，桩间土应力提高，桩荷载分担比提高。土工格栅抗拉强度的增大，可以提高桩荷载分担比。填土高度越大，桩间土应力随桩间距变化幅度越大。桩间距在 2~5 倍桩间距范围内，填土高度越小，桩荷载分担比随桩间距变化幅度越大，即桩荷载分担比变化量/桩间距变化墩的比值越大。相同桩间距或相同填土高度条件下，土工格栅抗拉刚度越大，桩荷载分担比越大。在相同桩间距条件下，填土高度越小，桩荷载分担比随土工格栅抗拉强度增大而增大的幅度越大。随着地基刚度的提高，桩荷载分担比降低。填土高度越小，地基刚度对桩荷载分担比影响越大。

3 桩网复合结构地基工后沉降计算方法

3.1 桩网复合结构地基沉降组成

地基总沉降是由瞬时沉降、主固结沉降和次固结沉降三部分组成。瞬时沉降是指在体积保持不变情况下，剪应力作用下由土体侧向变形引起的土体沉降。主固结沉降是由于超孔隙水压力的消散，土体发生排水固结，体积压缩引起的沉降。在超孔隙水压力完全消散后，即有效应力不变的情况下所发生的沉降，称为次固结沉降。近年来的研究均认为次固结沉降是与主固结沉降同时发生的，而实际工程中也很难区分主固结沉降变形阶段与次固结沉降变形阶段。实际应用中通常假定次固结沉降在主固结沉降完成之后才开始，即在超孔隙水压力完全消散后开始次固结沉降变形。土体的瞬时沉降可以在路堤施工期间内完成，而土体的主固结沉降和次固结沉降则随着时间的延长而逐渐增大。

根据沉降产生的时间来分，高速公路基总沉降包括路基修建引起的沉降和路堤建成以后产生的沉降量（工后沉降）。工后沉降由路基填土压密下沉、行车引起的基床累积变形和地基产生的路基工后沉降三部分组成。

3.1.1 路基填土压密下沉

路基填土压密下沉是由填土的自重引起的，它发生在两个阶段：一是施工阶段的下沉；二是施工完成后对后期运营有影响的工后沉降。由散体材料填筑而成的路基土体产生一定的压密下沉是正常的，其大小取决于填料和施工质量。如果下沉量较大，说明填土的压实密度不足，强度低，容易形成不均匀变形。

目前世界各国关于路堤填土的压密下沉通常都是通过压实密度予以保证的。日本对填土的压实质量采用 K_{30} 值作指标，规定了 $K_{30} \geqslant 70\text{MPa/m}$ 的控制标准，并对满足此条件的许多工点进行了实测。日本的经验认为，路堤土体的压缩下沉约为填土高度的0.1%～0.3%（砂性土）和0.5%～2.0%（黏性土），并在通车一年后逐渐稳定。

西班牙在修建高速公路时，曾观测过20多处路堤在施工期间和施工以后的沉降，根据观测结果，施工期间的沉降量不算小，约为路堤高度的1%～3.6%，工后沉降约为0.1%～0.4%。

路堤填土的总压密下沉量中有相当一部分是在施工期间就完成了，对于剩下的工后下沉部分，目前还没有较好的计算方法。根据日本的观测数据，工后沉降大概只占总压密下沉量的1/3。

3.1.2 行车引起的基床累积下沉

公路在运营阶段，行车引起的基床累积下沉是由车辆通过路床传递到路基面的动荷载引起的。这类下沉是一个累积的过程。为了预测路基的累积下沉量，各国都十分重视下沉规律的研究，做了许多室内外试验研究。动三轴和模型试验研究表明，如列车荷载在基床产生的动应力在基床填料的临界动应力以内，则累积下沉量在经过一段时间行车后逐渐趋于稳定。

3.1.3 地基引起的沉降

由路基填土压密下沉、行车引起的基床塑性变形其工后沉降数值是很小的，对于5m高的路堤，两者相加一般不会超过5cm。因此，控制路基沉降主要是控制地基的沉降。地基引起的沉降大小主要与地基类型及土层性质、填土高度、施工周期等因素有关。对一般的地基而言，其工后沉降量是有限的，都能满足要求。但对软土地基来说，由于软土的压缩性大，渗透系数小等特性，路基建成后，不仅沉降量大而且需延续较长时间才能完成，因此，对软土地基特别是深厚软土地基应作工后沉降分析。

3.2 桩网复合结构地基沉降计算方法

3.2.1 桩网复合结构地基沉降计算思路

目前桩网复合结构地基沉降计算方法和理论研究尚不完善，因而有必要在分析桩网复合结构作用机理的基础上，提出一种能综合考虑桩－土－垫层相互作用的桩网复合结构地基沉降计算方法。

桩网复合结构的特点之一就是土工格栅的存在，提高了桩所受的荷载，降低桩间土的附加应力，从而减小沉降量。因此，建立桩网复合结构地基沉降计算理论时，必须根据桩网复合结构的特点，考虑土拱作用和土工格栅作用，以及桩长、桩间距、桩帽对桩网复合结构地基沉降的影响因素，本章在第2章提出的桩荷载分担比计算方法基础上，参考桩侧摩阻力与桩土差异沉降相互关系的假设[84]，修改完善其假定，提出了桩网复合结构的地基沉降计算方法。

3.2.2 理论假设

桩网复合结构地基沉降计算模型的理论假设如下：

（1）如图3－1所示，以路基中心处为研究对象，根据对称性，桩间土可以划分为图3－1所示的形式。桩等间距布置，桩、土受力状况假定如图3－2所示，且只考虑附加应力对沉降的影响[79]。

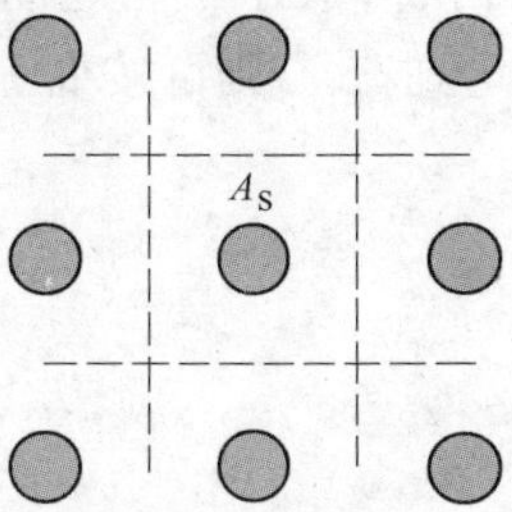

图 3-1　桩间土划分

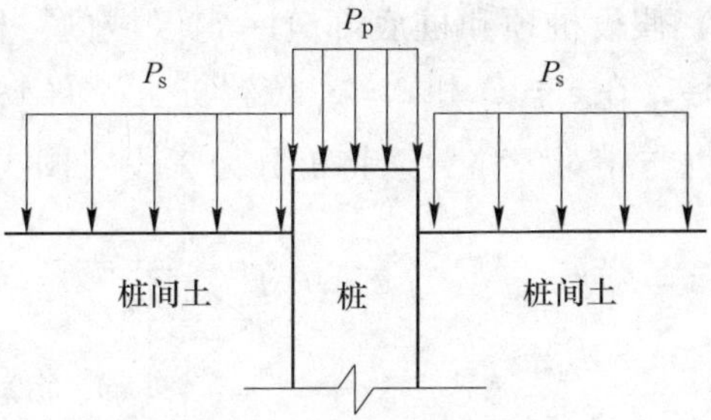

图 3-2　桩与土受力假定

(2) 垫层和土体为均质弹性体，应力-应变关系服从虎克定律，桩端上的地基符合 Winkler 地基模型。

(3) 同一水平面上的桩间土沉降相同。

(4) 桩侧摩阻力与桩土相对位移为理想弹塑性关系，如图 3-3 所示，具体表达式如下所示：

当 $\delta \leqslant \delta_n$ 时：
$$|\tau| = \frac{\tau_n}{\delta_n}\delta = K\delta \tag{3-1}$$

当 $\delta > \delta_n$ 时：
$$|\tau| = \tau_n \tag{3-2}$$

$$\tau_n = \beta\sigma'_{\mathrm{v}} = \beta\gamma'(z + h_{\mathrm{d}}) \tag{3-3}$$

式中　τ_n——桩侧土的极限摩阻力，桩侧极限侧摩阻力随深度发生变化；

K——桩侧摩阻力发挥的刚度系数；

$|\tau|$——桩侧摩阻力绝对值；

δ——桩与桩侧土的相对位移；

δ_n——侧摩阻力达到 τ_n 时的占值（τ_n，δ，δ_n 均为绝对值）；

β——桩侧摩阻力系数；

σ'_{v}——计算深度处上覆有效应力；

h_{d}——由路堤荷载引起的作用在桩间土上等效土层高度；

z——地基距离桩顶面的深度；

γ'——土的有效重度。

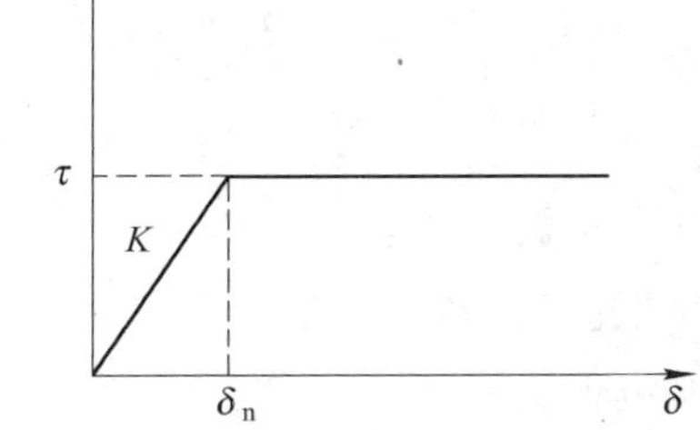

图 3-3　桩侧摩阻力-相对位移关系曲线

(5) 假设桩顶和桩底部分一定区域内，桩土差异沉降大于桩土之间的最大剪切位移，在 $z = z_1$ 和 $z = z_1$ 位置桩土界面 $|\tau|$ 刚刚达到 τ_n，则可按桩土界面的侧摩阻力与相对位移关系将桩分为3段（图3-4）[84]。

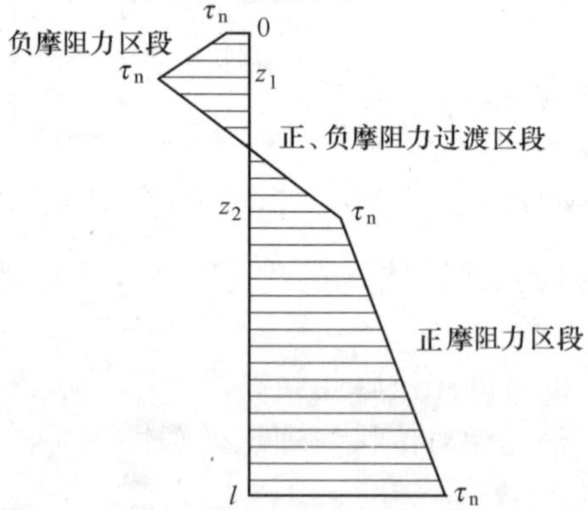

图3-4 桩侧摩阻力沿桩身分布

在图3-4中 $o \sim z_1$ 区段为负摩阻力段，负摩阻力达到极限值；$z_1 z_2$ 区段为正、负摩阻力过渡区，桩侧摩阻力随桩土相对位移的变化而变化；$z_2 l$ 区段为正摩阻力段，正摩阻力也达到了极限值。$z_1 z_2$ 区段内土的刚度系数取为 $(z_1 + z_2)/2$ 处上的刚度系数，可由试验或经验确定。因此，桩侧摩阻力沿桩身的分布可表示为：

$$\tau(z) = \begin{cases} -\beta\gamma'(z + h_d), & z = 0 \sim z_1 \\ k[W_p(z) - W_s(z)], & z = z_1 \sim z_2 \\ \beta\gamma'(z + h_d), & z = z_2 \sim l \end{cases} \tag{3-4}$$

式中 $W_p(z)$，$W_s(z)$ ——分别为地基深度 z 处桩和桩间土的沉降。

(6) 桩端土符合 Winkler 地基模型，即

$$N_p = K_p A_p W_p(l)$$

则

$$-E_p \frac{dW_p}{dz}\bigg|_{z=L} = K_p W_p(l) \tag{3-5}$$

$$-E_s \frac{dW_s}{dz}\bigg|_{z=L} = K_p W_s(l) \tag{3-6}$$

式中 N_p ——桩的轴力；

K_p ——下卧层的抗力系数；

A_p ——桩的横截面积；

E_p ——桩的弹性模量；

E_s ——桩间土弹性模量。

3.2.3 基本方程及其解答

以桩顶为 z 轴零点，向下为正，根据桩及桩间土只发生一维压缩的假定，如图 3－5 所示，可得桩和土的平衡方程：

$$N_p = N_p + dN_p + \tau U dz \tag{3-7}$$

$$\frac{dN_p}{dz} = -\tau U \tag{3-8}$$

$$dW_p = -\frac{N_p}{A_p E_p} dz \tag{3-9}$$

$$W''_p = \frac{d^2 W_p}{dz^2} = \frac{U}{A_p E_p}\tau = \beta_p \tau \tag{3-10}$$

$$\beta_p = \frac{U}{A_p E_p} \tag{3-11}$$

$$W''_s = \frac{d^2 W_s}{dz^2} = \frac{U}{A_s E_s}\tau = -\beta_s \tau \tag{3-12}$$

$$\beta_s = \frac{U}{A_s E_s} \tag{3-13}$$

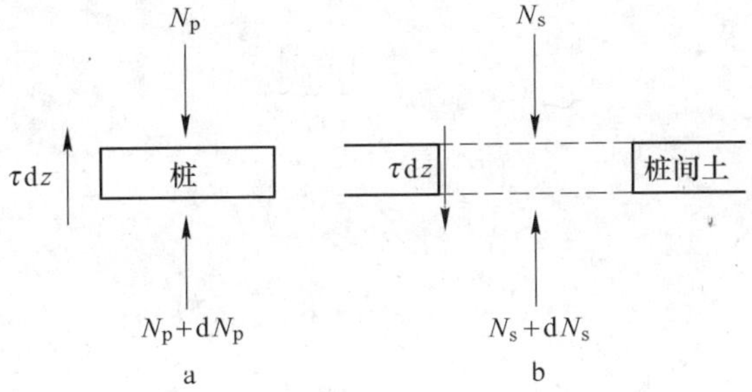

图 3－5 桩、桩间土单元竖向受力示意图

设桩的弹性模量为 E_p，长为 l，周长为 U，面积为 A_p；桩间土的弹性模量为 E_s，面积为 A_s；作用在桩顶的均布荷载为 P_p，作用在桩间土上表面的均布荷载为 P_s。P，P_p 和 P_s 均以压为正。取坐标原点在桩顶，在荷载作用下桩的沉降为 $W_p(z)$；桩间土的沉降为 $W_s(z)$。

定义 $W(z) = W_p(z) - W_s(z)$，此时

$$\tau(z) = \begin{cases} -\beta\gamma'(z + h_d), & z = 0 \sim z_1 \\ k[W_p(z) - W_s(z)], & z = z_1 \sim z_2 \\ \beta\gamma'(z + h_d), & z = z_2 \sim l \end{cases} \tag{3-14}$$

代入式（3－10）和式（3－12）桩和土的平衡方程式，进行积分。

当 $z = 0 \sim z_1$ 时：

$$\begin{cases} W_{p1} = -\beta_p\beta\gamma'\left(\dfrac{z^3}{6}+\dfrac{h_d z^2}{2}\right)+Az+B \\ W_{s1} = \beta_s\beta\gamma'\left(\dfrac{z^3}{6}+\dfrac{h_d z^2}{2}\right)+Cz+D \end{cases} \tag{3-15}$$

当 $z = z_1 \sim z_2$ 时：

$$\begin{cases} W_{p2} = \dfrac{\beta_p}{\beta_p+\beta_s}(Ee^{\alpha z}+Fe^{-\alpha z})+Gz+H \\ W_{s2} = \dfrac{-\beta_s}{\beta_p+\beta_s}(Ee^{\alpha z}+Fe^{-\alpha z})+Gz+H \end{cases} \tag{3-16}$$

当 $z = z_2 \sim l$ 时：

$$\begin{cases} W_{p3} = \beta_p\beta\gamma'\left(\dfrac{z^3}{6}+\dfrac{h_d z^2}{2}\right)+Iz+J \\ W_{s3} = -\beta_s\beta\gamma'\left(\dfrac{z^3}{6}+\dfrac{h_d z^2}{2}\right)+Kz+L \end{cases} \tag{3-17}$$

在式（3~15）~式（3-17）中总共存在14个未知数——$A \sim L$ 和 z_1 及 z_2，为了解出这些未知数，需要根据下列的边界条件和协调条件：

$$P_p = -E_p\frac{dW_{p1}}{dz}\bigg|_{z=0} \tag{3-18}$$

$$P_s = -E_s\frac{dW_{s1}}{dz}\bigg|_{z=0} \tag{3-19}$$

$$-E_p\frac{dW_{p3}}{dz}\bigg|_{z=L} = K_p W_{p3}(l) \tag{3-20}$$

$$-E_s\frac{dW_{s3}}{dz}\bigg|_{z=L} = K_p W_{s3}(l) \tag{3-21}$$

$$W_{p1}(z_1) = W_{p2}(z_1) \tag{3-22}$$

$$W_{s1}(z_1) = W_{s2}(z_1) \tag{3-23}$$

$$W_{p2}(z_2) = W_{p3}(z_2) \tag{3-24}$$

$$W_{s2}(z_2) = W_{s3}(z_2) \tag{3-25}$$

$$W'_{p1}(z_1) = W'_{p2}(z_1) \tag{3-26}$$

$$E_{s1}W'_{s1}(z_1) = E_{s2}W'_{s2}(z_1) \tag{3-27}$$

$$W'_{p2}(z_2) = W'_{p3}(z_2) \tag{3-28}$$

$$E_{s2}W'_{s2}(z_2) = E_{s3}W'_{s3}(z_2) \tag{3-29}$$

$$W_{p2}(z_1) - W_{s2}(z_1) = Ee^{\alpha z_1} + Fe^{-\alpha z_1} = -\tau_{n1}/k = -\beta\gamma'(z_1+h_d)/k \tag{3-30}$$

$$W_{p2}(z_2) - W_{s2}(z_2) = Ee^{\alpha z_2} + Fe^{-\alpha z_2} = -\tau_{n2}/k = \beta\gamma'(z_2+h_d)/k \tag{3-31}$$

式（3-18）~式（3-30）共14个协调方程中，共有 z_1，z_2，$A \sim L$ 共14个未知数，方程数和未知数相等，整个方程组可以求解。

为了获得各个未知数的解，可采用以下步骤：首先，求出以 z_1 、z_2 表达的 $A \sim L$，然后将其代入剩余的方程组，用牛顿迭代法等数值方法解出其中的 z_1 和 z_2，最后，将求解获得的 z_1，z_2 代入 $A \sim L$ 的表达式。至此所有未知参数全部得解，桩侧摩阻力的分布、桩和桩间土的应力和沉降变形等可以全部确定。

$$A = -\frac{P_p}{E_p} \tag{3-32}$$

$$B = \beta_p\beta\gamma'\left(\frac{z_1^3}{6} + \frac{h_d z_1^2}{2}\right) - Az_1 + \frac{\beta_p}{\beta_s + \beta_p}(-\delta_{n1}) + Gz_1 + H \tag{3-33}$$

$$C = -\frac{P_s}{E_s} \tag{3-34}$$

$$D = -\beta_s\beta\gamma'\left(\frac{z_1^3}{6} + \frac{h_d z_1^2}{2}\right) - Cz_1 + \frac{\beta_s}{\beta_s + \beta_p}(-\delta_{n1}) + Gz_1 + H \tag{3-35}$$

$$E = \frac{-\dfrac{\beta\gamma'(z_1 + h_d)}{k} - \dfrac{(\beta_s + \beta_p)\beta\gamma'\left(\dfrac{z_1^2}{2} + h_d z_1\right) - \dfrac{P_s}{E_s} + \dfrac{P_p}{E_p}}{\alpha}}{2e^{\alpha z_1}} \tag{3-36}$$

$$F = \left[-\frac{\beta\gamma'(z_1 + h_d)}{2k} + \frac{(\beta_s + \beta_p)\beta\gamma'\left(\dfrac{z_1'}{2} + h_d z_1\right) - \dfrac{P_s}{E_s} + \dfrac{P_p}{E_p}}{2\alpha}\right]e^{\alpha z_1} \tag{3-37}$$

$$G = \frac{(\beta_s A + \beta_p C)}{\beta_s + \beta_p} \tag{3-38}$$

$$H = \frac{\beta_s}{\beta_s + \beta_p}\delta_{n2} - Gz_2 - \beta_s\beta\gamma'\left(\frac{z_2^3}{6} + \frac{h_d z_2^2}{2}\right) + kz_2 + l \tag{3-39}$$

$$I = \frac{\beta_p}{\beta_s + \beta_p}(E\alpha e^{\alpha z_2} - F\alpha e^{-\alpha z_2}) + G - \beta_p\beta\gamma'\left(\frac{z_2'}{2} + h_d z_2\right) \tag{3-40}$$

$$J = \left[-E_p\beta_p\beta\gamma'\left(\frac{l^2}{2} + h_d l\right) - K_p\beta_p\beta\gamma'\left(\frac{l^3}{6} + \frac{h_d l^2}{2}\right) - E_p I - K_p Il\right]/K_p \tag{3-41}$$

$$K = \frac{-\beta_s}{\beta_s + \beta_p}(E\alpha e^{\alpha z_2} - F\alpha e^{-\alpha z_2}) + G + \beta_s\beta\gamma'\left(\frac{z_2^2}{2} + h_d z_2\right) \tag{3-42}$$

$$L = \left[E_s\beta_s\beta\gamma'\left(\frac{l^2}{2} + h_d l\right) - K_p\beta_p\beta\gamma'\left(\frac{l^3}{6} + \frac{h_d l^2}{2}\right) - E_s k - K_p kl\right]/K_p \tag{3-43}$$

$$\begin{cases} \delta_{n1}\alpha e^{2\alpha z_2} + \delta_{n1}\alpha e^{2\alpha z_1} + Qe^{2\alpha z_2} + Qe^{2\alpha z_1} = 2\alpha\delta_{n2}e^{\alpha z_1 + \alpha z_2} + 2\alpha\delta_{n1}e^{2\alpha z_1} \\ \dfrac{\beta_p}{\beta_s + \beta_p}\delta_{n2} + Gz_2 + H = \beta_p\beta\gamma'\left(\dfrac{z_2^3}{6} + \dfrac{h_d z_2^2}{2}\right) + Iz_2 + J \end{cases} \tag{3-44}$$

式中

$$\delta_{n1} = \frac{\beta\gamma'(z_1 + h_d)}{k}, \delta_{n2} = \frac{\beta\gamma'(z_2 + h_d)}{k}, Q = (\beta_s + \beta_p)\beta\gamma'\left(\frac{z_1^2}{2} + h_d z_1\right) - \frac{P_s}{E_s} + \frac{P_p}{E_p},$$

$$E\alpha e^{\alpha z_2} - F\alpha e^{-\alpha z_2} = (-\alpha\delta_{n1} - Q)e^{\alpha z_2 - \alpha z_1} - \alpha\delta_{n2} = \left\{-\alpha\frac{\beta\gamma'(z_1 + h_d)}{k} - \left[(\beta_s + \beta_p)\beta\gamma'\left(\frac{z_1^2}{2} + h_d z_1\right) - \frac{P_s}{E_s} + \frac{P_p}{E_p}\right]\right\}e^{\alpha z_2 - \alpha z_1} - \alpha\frac{\beta\gamma'(z_2 + h_d)}{k}$$

参数β可以按照经验确定：

$$\beta = \beta_{NC} OCR^{0.5} \tag{3-45}$$

式中 OCR——超固结比。

《建筑桩基技术规范》(JGJ 94—2008) 给出了计算负摩擦力时β的取值（规范中是以ζ_n表示，称为负摩阻力系数），饱和软土取0.15~0.25，黏性土取0.25~0.40，砂土取0.35~0.50，湿陷性黄土取0.20~0.35。

Wong 建议在没有试验资料时取$\beta_{NC} = 0.22$。

对于砂土，β为静止土压力系数K_0与桩土表面外摩擦角δ的函数，即：

$$\beta = K_0 \tan\delta \tag{3-46}$$

桩侧摩阻力发挥的刚度系数可根据 Randolph 给出的关于各向同性均质弹性介质中桩周单位厚度土的刚度系数来计算[85]：

$$k = 2\pi G/\ln(r_m/r_0) \tag{3-47}$$

式中 G——土体的剪切模量；

r_0——桩径；

r_m——单桩的影响半径（对于均质地基或者 Gibson 地基），Randolph 建议 $r_m = 2\rho(1-\nu'_s)l$；

ρ——桩身中部桩体剪切模量与桩端土体剪切模量的比值；l为桩长；ν'为土体的泊松比。

k_s随r_m的变化很小，但是随剪切模量的变化较大。

K_p还可以通过原位测试、室内土工试验、经验公式、经验值等方法确定。就目前确定地基土基床系数的较多的方法中，较好的方法是原位扁铲侧胀试验、旁压试验和室内固结试验。建议用室内固结试验方法确定地基土的垂直基床系数，对于具体设计中基床系数的取值，应由设计人员根据实际工况条件经修正确定[85]。

当桩间土是多层地基时，桩间土的有效重度、压缩模量、侧摩阻力系数等参数可以采用加权平均的方法来确定。

3.2.4 无桩帽的桩网复合结构地基沉降计算方法

无桩帽的桩网复合结构的沉降可以通过式（3-15）和式（3-17）得到。当$z=0$时，$W_p(0)$和$W_s(0)$表示地基面桩顶和桩间土沉降，见式（3-48）。$z=l$时，$W_p(l)$和$W_s(l)$表示桩端和桩端层桩间土沉降，见式（3-49）。

$$\begin{cases} W_p(0) = B \\ W_s(0) = D \end{cases} \tag{3-48}$$

$$\begin{cases} W_p(l) = \beta_p \beta \gamma' \left(\dfrac{l^3}{6} + \dfrac{h_d l^2}{2} \right) + Il + J \\ W_s(l) = -\beta_s \beta \gamma' \left(\dfrac{l^3}{6} + \dfrac{h_d l^2}{2} \right) + Kl + L \end{cases} \tag{3-49}$$

如式（3－45）和式（3－46）所示，桩网复合结构沉降与如下参数有关：

（1）地基土的性质：地基土的有效重度、弹性模量、下卧层抗力系数、地表基床系数和桩侧摩阻力发挥的刚度系数。

（2）路堤荷载及填料性质：路堤高度、重度、填料内摩擦角。

（3）桩网复合结构参数：桩长、桩径、桩帽大小、桩间距、桩的弹性模量、土工格栅材料性能。

（4）路基面附加荷载或活载。

3.2.5 带桩帽的桩网复合结构地基沉降计算方法

带桩帽的桩网复合结构，可以假设桩帽下桩和桩间土仍可满足3.2.3节的假设条件，桩帽的作用只是提高了桩承担的荷载。首先考虑拱效应，采用德国规范公式计算作用在土工格栅的应力，然后根据薄膜理论，计算土工格栅下的桩间土应力，并假设桩帽所受到的荷载全部由桩与桩间土(桩帽下)承担，并按式(3－50)和式（3－51）计算桩和桩间土所受到的荷载，从而计算桩网复合结构沉降。

$$\frac{F_p}{S_p E_p} = \frac{F_s}{S_s E_s} \tag{3-50}$$

$$F_{ps} = F_p + F_s \tag{3-51}$$

式中 F_p——桩承担的荷载；

F_s——土体承担的荷载；

F_{ps}——桩帽承担的荷载；

S_p——桩的横截面面积；

S_s——桩帽下桩间土面积；

E_p——桩的弹性模量；

E_s——桩间土弹性模量。

3.3 桩网复合结构设计参数分析

根据桩网复合结构的特点，桩网复合结构沉降主要影响因素：桩长、桩间距、土的性质、桩帽和土工格栅的抗拉强度。

3.3.1 桩长分析

确定桩长的关键，在于选择桩端持力层。对深厚层软土地基，如桩长未打穿软土层，下卧层还存在未处理的软土，在路堤荷载作用下，未处理区的固结速率较慢，长期存在较大的持续沉降，对控制路基工后沉降很不利。因此，对高速公路路基以工后沉降控制的工程，原则上桩长都应穿透软土层，选择较好的桩端持力层。当软土深度小于30m时，可采用CFG桩；如深厚层软土深度大于30m时，可采用PHC桩。

3.3.2 桩间距分析

利用桩网复合结构地基沉降计算方法，并与数值计算结果进行对比分析，分析桩间距对沉降的影响（图3－6）。

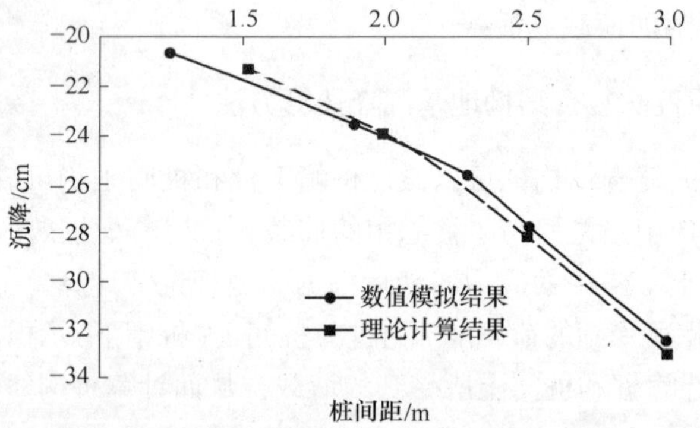

图3－6 桩间距与地基沉降相互关系

从图3－6可以看出，数值模拟和理论计算表明，桩间距越大，沉降越大。同时根据第2章的研究，桩间距是桩网复合结构设计的另一个重要参数。目前桩间距通常设计为3～5d，桩间距小，虽可减小地基沉降，但不能充分发挥土工格栅的作用。适当增加桩间距，可以充分发挥土工格栅的张力膜效应，同时降低工程造价。因此，实际工程中应根据地基土性质、填土高度、沉降控制标准等综合确定合理的桩间距。

3.3.3 桩帽对地基沉降的影响

通过3.2节的计算方法和数值计算方法，分析桩帽对地基沉降的影响，见表3－1。

如表3－1所示，数值模拟和理论计算表明，桩帽的存在可以减小桩网复合结构地基沉降。桩网复合结构用于处理深厚层软土时，加入桩帽后，将使桩承担更大的上覆荷载，减小作用在桩间土上的荷载，从而有效地减小地基沉降，并减小地基面的桩土沉降差。因此，设计时可通过设计带帽桩，适当增加桩间距的方法，充分利用桩土的共同作用，来达到控制地基沉降、降低工程造价的目的。

表 3－1 有无桩帽情况下桩网复合结构沉降对比

项 目	沉降/cm	
	有桩帽	无桩帽
数值模拟结果	31.4	35.4
理论计算结果	32.6	37.1

3.3.4 土工格栅分析

通过 3.2 节的计算方法和数值计算方法，分析有无土工格栅对沉降的影响，见表 3－2。

表 3－2 有无土工格栅情况下桩网复合结构沉降对比

项 目	沉降/cm	
	有格栅	无格栅
数值模拟结果	27.6	28.7
理论计算结果	29.1	30.6

如表 3－2 所示，土工格栅的布设可以减小桩网复合结构的沉降。根据实际工程验证，加入土工格栅加筋材料的复合垫层受力时将表现为盘形或膜形变形，由于桩间土的弯沉使土工格栅随之被拉紧，从而调动了土工格栅的抗拉能力，同时将上覆荷载更多地传递到桩上。根据第 2 章的研究，桩荷载分担比与土工格栅的抗拉刚度有较大关系。实际工程中，应尽量采用延伸率小、抗拉强度大的土工格栅材料，充分利用土工格栅的张力膜的效应。

3.4 小结

（1）本章通过假定桩土界面摩阻力与相对位移为理想弹塑性关系、桩极限侧摩阻力与侧压力成正比、同一水平面上的桩间土沉降相同、桩端土符合 Winkler 地基模型，结合桩和桩间土相互作用机理分析，建立了协同作用基本微分方程，进而得到了桩网复合结构的桩、桩间土沉降解析解。基于土拱作用、土工格栅作用及桩土作用机理建立的桩网复合结构地基沉降计算方法，可计算加固区沉降、下卧层沉降及总沉降，同时可计算分析加固区范围内，地基沉降沿深度的分布规律。

（2）桩网复合结构设计参数分析。

1）确定桩长的关键，在于选择桩端持力层。对高速公路路基以工后沉降控制的工程，原则上桩长都应穿透软土层，选择较好的桩端持力层。当软土深度小于30m时，可采用CFG桩；如深厚层软土深度大于30cm时，可采用PHC桩。

2）实际工程中，应根据地基土性质、填土高度、沉降控制标准等确定合理的桩间距。

3）由于桩帽的存在，减小桩网复合结构的沉降。设计时可通过带桩帽，适当增加桩间距的方法，充分利用桩土的共同作用，来达到控制地基沉降，降低工程造价的目的。

4）格栅可以减小桩网复合结构的沉降。实际工程中，应尽量采用延伸率小，抗拉强度大的土工格栅材料，充分利用土工格栅的张力膜的效应。

4 深厚软土地基桩网复合结构现场试验研究

本章主要以江西德昌高速公路软基试验段为工程背景，通过现场对 CFG 桩和粉喷桩加固软基的效果进行监测控制，研究路堤荷载下 CFG 桩网复合地基桩顶、桩间土的应力和沉降变化规律，控制路基填土速度，保证路基稳定安全，为合理确定 CFG 桩网复合地基设计参数（桩径、桩距、桩长、桩体强度、褥垫层厚度、土工格栅层数和桩的布置）提供参考依据。同时，通过对软基路段工后沉降变形的观测，检验软基处理效果，进一步了解沉降速率衰减规律，预测沉降趋势，推算最终沉降量和工后沉降量，并与实测值进行比较，验证软基沉降计算方法的正确性，为软基路面施工时机提供科学依据。

4.1 德昌高速公路试验段软土工程特性

4.1.1 项目概况

德昌高速公路是规划的江西省高速公路网的重要组成部分，也是国家高速公路网国道主干线杭瑞高速公路和沪昆高速公路之间的横向地方加密高速公路。路线起点位于江西省上饶德兴市北新岗山镇，路线往西途经德兴市、乐平市，在万年县境内跨皖赣铁路及景德镇－鹰潭高速公路，至鄱阳县、余干县，跨信江河进入南昌市进贤县境内，在金溪湖设置特大桥进入南昌县境内，共经过上述三个设区市的 8 个县（市、区），路线终点位于南昌市高新区麻丘镇的昌东枢纽互通收费广场终点处，路线总长约 204km，项目总投资约为 97.89 亿元。主体工程于 2009 年 7 月全线开工，已于 2011 年 9 月 16 日全线通车。

本项目软土地基位于靠近南昌县，地处平原及鄱阳湖水网地带，项目以西近 30km 为低洼沼泽软弱地基路段，CFG 桩网地基综合试验工程段选在 D10 标段，该试验段地处南昌市进贤县内，位于南昌市东外环高速公路与进贤县军山湖之间，地形平坦，地势开阔。

4.1.2 软土工程试验

本次试验采用现场钻探、工程物探、室内土工试验及原位测试等手段。本次勘查对象 D10 软基施工试验段，桩号为 K193＋250～K194＋000；共布置 3 个钻孔，总计六条勘查线。完成实物工作量见表4－1。

表4－1 完成实物工作量

工作项目			数量	单位
勘探	钻孔数		3	个
	总进尺		45	m
取样	土样	原状土	9	个
		扰动土	3	个
	岩样			组
物探（高密度电法）	测线总长		2.64	km
	点数		960	个
原位测试	标贯		18	次
	动探		30	次
室内试验	土的物理力学性质		12	个
	水质分析			件
	岩石自然单轴抗压强度		—	组
	岩石饱和单轴抗压强度			组

通过现场钻孔勘探，完成了试验路段各钻孔柱状图及工程地质剖面图（图4－1）。根据室内外试验，计算出各土层的物理力学指标试验值，见表4－2。

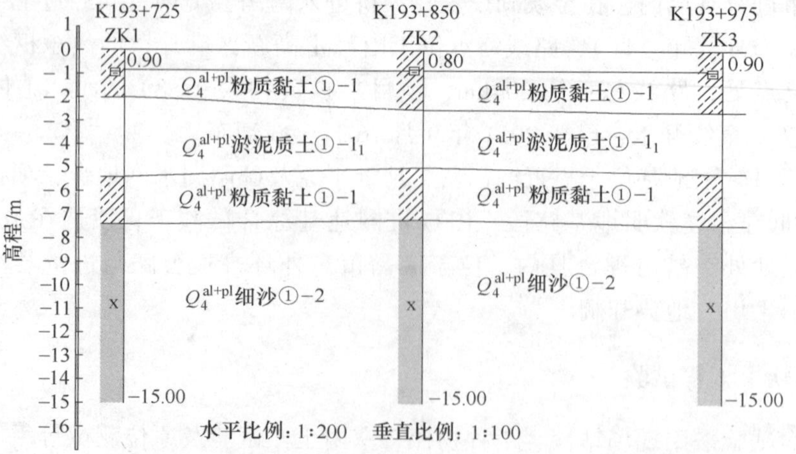

图4－1 试验路段工程地质剖面图

表 4-2 试验段主要岩土物理力学指标汇总

名称	取样统计目	物理及力学性质											剪切试验		
		天然含水率	天然密度	土粒比重	天然孔隙比	饱和度	液性界限（10mm）	塑性界限	塑性指数	液性指数	压缩系数	压缩模量	剪切条件	内摩擦角	凝聚力
		w		G_s	e_0	Sr	w_L	w_p	I_p	I_L	$a_{0.1-0.2}$	E_s		ϕ	c
		%	g/cm³			%	%	%			MPa⁻¹	MPa		（°）	kPa
第①-1层粉质黏土	样本数	3	3	3	3	3	3	3	3	3	3	3	q	3	3
	最大值	25.5	2.06	2.78	0.73	96.82	38.0	25.3	14.3	0.080	0.35	6.65		20.2	42.0
	最小值	22.4	1.98	2.74	0.65	93.46	35.6	21.3	12.7	0.020	0.26	4.93		18.6	38.0
	平均值	24.2	2.01	2.76	0.70	95.27	37.0	23.6	13.4	0.050	0.31	5.58		19.5	40.3
	标准差	1.6	0.04	0.02	0.04	1.69	1.2	2.1	0.8	0.030	0.05	0.93		0.8	2.1
	变异系数	0.06	0.02	0.01	0.06	0.02	0.03	0.09	0.06	0.600	0.14	0.16		0.04	0.05
	标准值	21.7	1.95	2.73	0.63	92.72	35.1	20.5	12.2	0.005	0.24	4.18		18.2	37.2
第①-1-1层淤泥质土	样本数	3	3	3	3	3	3	3	3	3	3	3	q	3	3
	最大值	47.6	1.82	2.78	1.318	100	46.5	27.3	19.2	1.155	0.68	3.8		18.8	24.2
	最小值	41.0	1.77	2.73	1.154	100	40.7	22.9	16.8	1.017	0.61	3.1		16.8	15.0
	平均值	44.8	1.79	2.75	1.250	100	43.4	25.5	17.9	1.076	0.65	3.4		17.8	20.1
	标准差	3.4	0.02	0.025	0.08	0.06	2.9	2.3	1.2	0.071	0.04	0.3		1.0	4.6
	变异系数	0.07	0.01	0.01	0.06	0.001	0.06	0.09	0.06	0.066	0.05	0.09		0.05	0.2
	标准值	39.6	1.75	2.72	1.121	100	39.1	22.0	16.1	0.970	0.59	2.9		16.2	13.0
第①-2层细沙	样本数	3	3	3	3	3	3	3	3	3	3	3	q	3	3
	最大值	17.0	2.11	2.76	0.55	89.06					0.25	7.2		38.1	3.3
	最小值	15.8	2.04	2.73	0.52	78.47					0.21	6.1		36.0	2.4
	平均值	16.3	2.07	2.74	0.54	82.97					0.23	6.7		37.3	2.9
	标准差	0.6	0.03	0.01	0.01	5.47					0.02	0.53		1.1	0.4
	变异系数	0.03	0.01	0.01	0.02	0.06					0.08	0.07		0.03	0.1
	标准值	15.4	2.02	2.72	0.52	74.74					0.20	5.9		35.5	2.2

4.1.3 岩土分层及地质特征

根据钻孔揭露，K193+700～K194+000段土、岩层从上到下主要有粉质黏土、淤泥质土、含砂粉质黏土、细砂。现分述如下：

（1）粉质黏土（①-1，Q_4^{al+pl}）。灰褐色、湿、稍有光泽、软塑，成分以黏粒为主，粉粒次之，其中，0～0.6mm为种植土，含少量植物根系。

（2）淤泥质土（①－1－1，Q_4^{al+pl}）。灰褐色、饱和、软塑，主要成分为黏粒，含少量腐殖质，具有异味。

（3）粉质黏土（①－1，Q_4^{al+pl}）。褐灰色、湿、软塑，成分以黏粒为主，粉粒次之，黏性较强，含少量砂砾。

（4）细砂（①－2，Q_4^{al+pl}）。褐黄色、湿、稍密，成分以石英为主，含少量云母碎片，粒径为0.1～0.3mm。

4.1.4 软土工程物理力学特性

（1）按照课题任务书实施方案要求，对原状土取样进行了室内测试，合计取样12组，进行了含水量、土粒比重、饱和度、压缩模量、剪切等指标测试，其中在粉质黏土中（①－1，Q_4^{al+pl}）取样6组，其含水量为22.4%～25.5%，比重为2.76，饱和度为93.5%～96.8%，其含水量由上到下逐渐增大，压缩模量标准值为4.18MPa，内摩擦角及凝聚力标准值分别为37.2°和18.2kPa。

（2）在淤泥质土中（①－1－1，Q_4^{al+pl}）取样3组，其含水量为41%～47.6%，比重为2.75，饱和度近100%，该层含水饱和，压缩模量标准值为2.9MPa，凝聚力及内摩擦角标准值分别为13kPa和16.2°，结合现场标准贯入试验及工程经验，承载力特征值取$f_a=80$kPa。

（3）在细沙层（①－2，Q_4^{al+pl}）取样3组，其含水量为15.8%～17%，比重为2.74，饱和度为78.47%～89.06%，压缩模量标准值为5.9MPa，凝聚力及内摩擦角标准值分别为2.2kPa和35.5°，结合现场标准贯入试验及工程经验，细沙的承载力特征值取$f_a=180$kPa。

（4）除第二结构层中的部分淤泥为高压缩性土外，其余土层包括砂类土的压缩系数均在0.1～0.5MPa^{-1}之间，可见试验段的地层以中等压缩性地层为主。

4.2 CFG桩与粉喷桩复合地基现场监测方案

4.2.1 试验段的选择

试验段选择在全线淤泥深、填土较高，各项条件均具有代表性的路段进行，粉喷桩和CFG桩各取300m进行试验对比。

4.2.2 粉喷桩与CFG桩试验设计参数确定

粉喷桩按原施工图设计参数进行试验，桩径50cm，桩距为150cm，呈等腰三角形布设，水泥掺量为12%～15%。

CFG桩根据现场地质情况和处理深度，设计参数取桩直径40cm，桩距按三种进行布设：150cm、180cm、200cm，各设计100m，正方形布置，桩长和粉喷桩一样，褥垫层对应取40cm进行布设，褥垫层材料选用粗砂。

桩身强度大于某一数值时，提高强度对复合地基承载力没有影响，因此复合地基设计桩身强度一般取桩顶应力的 3 倍即可，桩身强度根据设计确定，可取 15MPa。

4.2.3 监测断面及仪器布设

为获得比较全的监测数据，粉喷桩和 CFG 桩每段各选择 3 个断面进行监测，即粉喷桩选 3 个断面，CFG 桩选 3 个断面，一共 6 个监测断面，每个断面的间距约 50～100m。监测仪器埋设平面布置如图 4－2、图 4－3 所示。

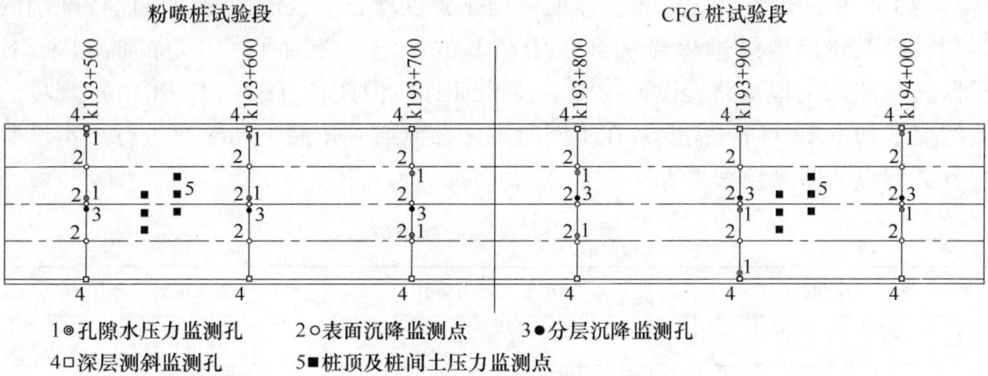

图 4－2 监测断面平面布置示意图（粉喷桩与 CFG 桩）

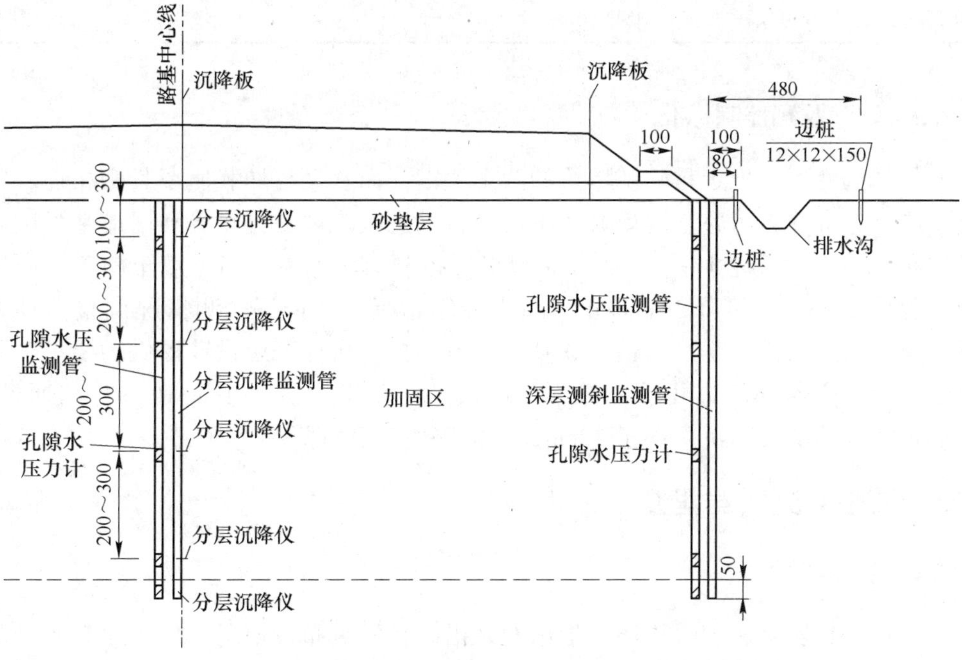

图 4－3 观测点元件布置横断面示意图

桩土应力比是指复合地基中桩顶平均应力与桩间土平均应力的比值，反映了复合地基的工作性状，是复合地基承载力和沉降计算的重要指标。为研究CFG桩顶、桩间土的应力随不同桩间距的变化规律，分别在不同CFG桩间距的监测断面路堤中心线位置处设置了土压力盒，同时为比较CFG桩与粉喷桩的桩土应力比随荷载的变化情况，在监测断面1处也设置了一组土压力盒进行观测。

4.2.4 监测频率

为了收集到足够多的信息，以便对地基强度增长、变形情况做出比较准确的判断，确保路堤填筑过程（加载）中路基的稳定，必须保证一定的监测频率。根据《公路软土地基路堤设计与施工技术细则》（JTG/T D31—2—2013）现场监测的要求和本项目研究需要，在不同时期，监测必须按照不同频率进行。本试验段各类测点的监测频率见表4－3。

表4－3 现场监测频率

监测时间	沉降及侧向位移	孔隙水压力、土压力
加荷期间及加荷7d内	1次/d	2次/d
加荷后1个月内	1次/2d	2次/d
加荷后6个月内	1次/10d	1次/2d
加荷后6个月后	5次/a	1次/15d

4.2.5 软基监测控制标准

软基的变形及稳定是软基填筑的两个关键，而它又与加载速率紧密相连。在路基施工过程中将对路基堤填筑各阶段进行动态跟踪观测，充分利用地基强度增长加载（也即薄层轮加法），通过监测指标控制填土速率，指导填土施工，暂定侧向位移5mm/d，沉降15mm/d为填土控制指标，并根据实测情况调整该项指标，指导后续路段施工。而最终软基处理效果控制指标采用设计提供的要求，同时必须满足交通部规范要求：与桥台衔接处路堤工后沉降小于10cm，与通道、涵洞衔接处路堤工后沉降小于20cm，一般路段工后沉降小于30cm。

4.3 试验监测仪器埋设

4.3.1 测点埋设

根据现场实际施工、周边地形情况及沿线控制点布设情况，加密原有水准高程控制点，建立沉降观测控制网。

4.3.2　各种观测点的埋设

（1）工作基点桩，采用无缝钢管或预制混凝土桩，埋置时要求打入硬土层中不小于3.0m，在软土地基中要求打入深度大于12m。桩周顶部50cm采用现浇混凝土加以固定，并在地面上浇筑1.0m×1.0m×0.2m的观测平台，桩顶露出平台20cm。

（2）校核基点可用无缝管或预制混凝土桩打入至岩层或具有一定深度的硬土层中。

（3）分层沉降、深层测斜、孔隙水压监测布设：采用钻机在已经处理的地基上开孔到预计压缩层位置以下30cm，放入导向管，埋设相关传感器。

（4）表层沉降板：施工路段地表沉降观测是在褥垫层上埋设沉降板进行观测。沉降板由钢底板、金属测杆和套管组成。保护套管采用PVC套管及小直径混凝土圆管，PVC套管尺寸以能套住测杆并使标尺能进入套管为宜。随着填土的增高，测杆和套管亦相应接高，每节长度不宜超过50cm，接高后的测杆顶面应略高于套管上口，但高出碾压面高度不宜大于50cm。

（5）水平位移边桩布设：埋设直径为200mm、长度为1000mm的C20方桩测点。

（6）每个监测断面根据监测要求和现场情况埋设监测元件，进行对比试验研究。本次常规传感器共埋设96套，表面沉降板共18套。

4.4　地表沉降变形监测与结果分析

地表沉降观测是控制填土速率、保证地基稳定的重要措施，是验证设计参数和软基加固效果的一项重要指标。图4-4和图4-5是沉降观测板埋设与现场观测图。整理了6个监测断面地表沉降过程线，如图4-6～图4-11所示，其中断面1、断面2和断面3为粉喷桩加固软基监测断面，断面4、断面5和断面6为CFG桩加固软基监测断面。

图4-4　沉降板埋设

图4-5　地基沉降观测

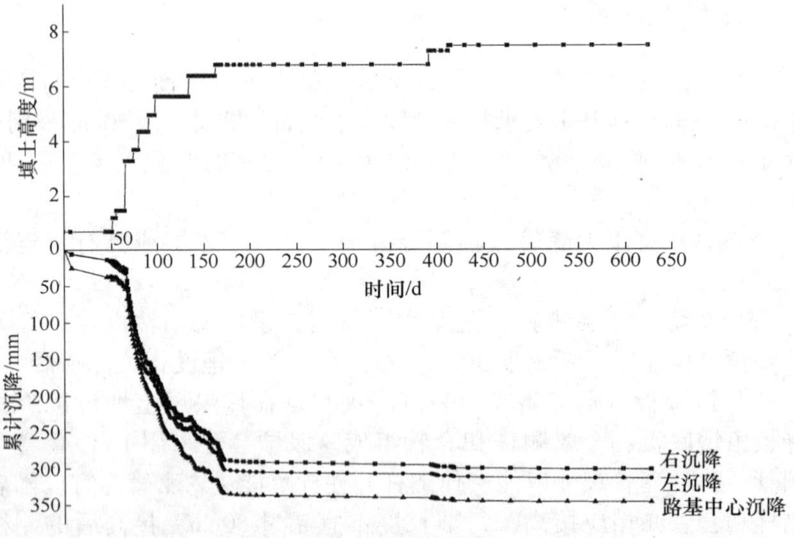

图 4-6 断面 1 地表沉降时程曲线（粉喷桩）

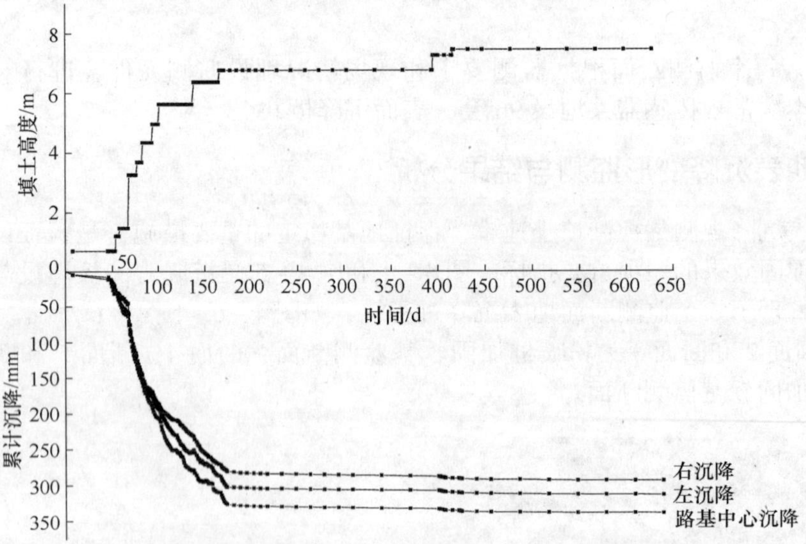

图 4-7 断面 2 地表沉降时程曲线（粉喷桩）

路堤加载过程：2010 年 1 月 18 日开始填土，2010 年 7 月 1 结束路堤填土，路堤填土高度约 6.7m；2011 年 2 月 20 日开始施工路面垫层、底基层和水泥稳定基层，垫层、底基层和水稳层总厚度约 50cm；2011 年 3 月开始施工路面面层，面层厚度约为 18cm。

根据图 4-6～图 4-8 进行分析，断面 1～断面 3 为粉喷桩加固软基监测断面，根据指数曲线配合法推求的最终沉降量为：断面 1 地表最大沉降为

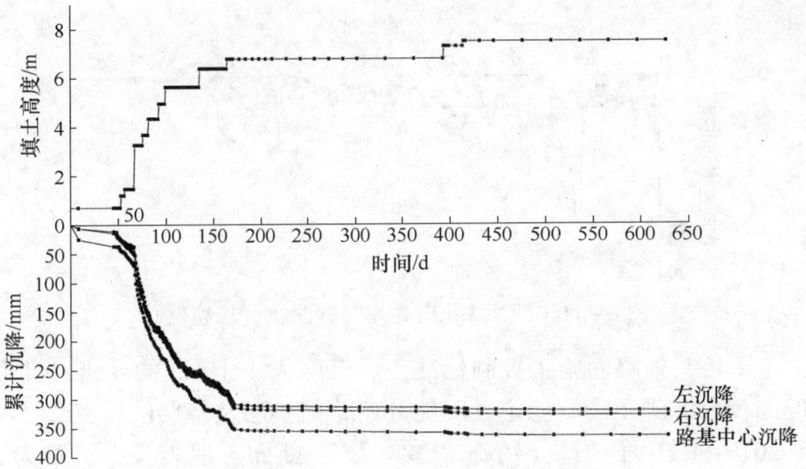

图 4-8 断面 3 地表沉降时程曲线（粉喷桩）

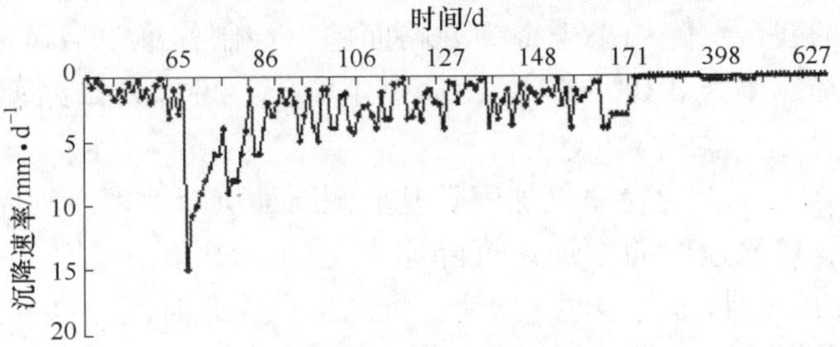

图 4-9 断面 1 沉降速率时程曲线（粉喷桩）

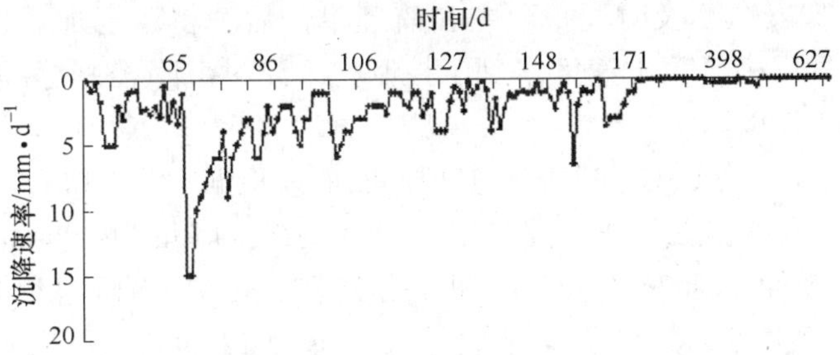

图 4-10 断面 2 沉降速率时程曲线（粉喷桩）

34.60cm，断面 2 为 34.2cm，断面 3 为 34.52cm。在填土高度小于 2m 时，沉降量较小，当填土加载增大时过程线出现明显的转折，说明此时桩尖以下土体出现塑性区，土体沉降加快。截至 2010 年 7 月（施工 170 天），地表沉降为：断面 1 地表最大沉降为 23.20cm，平均固结度为 67.2%，残余沉降量为 11.4cm（37.75cm 数值计算最终结果）；断面 2 为 23.10cm，平均固结度为 66.7%，残余沉降量为 11.5cm；断面 3 为 22.7cm，平均固结度为 65.6%，残余沉降量为

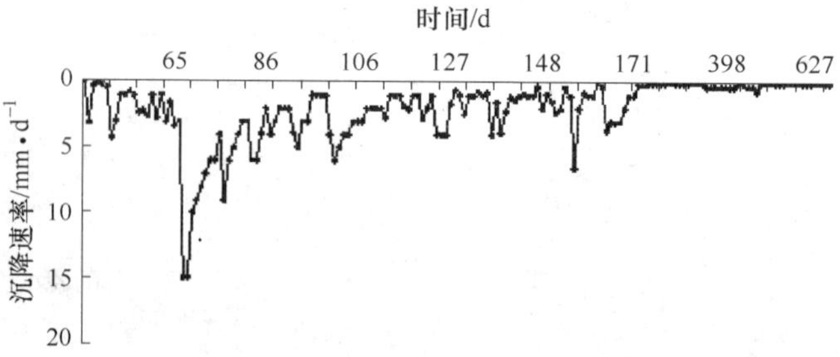

图 4-11 断面 3 沉降速率时程曲线（粉喷桩）

11.9cm，小于桥头处路面施工控制标准工后沉降大于 10cm 的要求，此时沉降速率为 1.0mm/d，沉降还没有稳定，不能开始路面垫层及基层的施工。

截至 2010 年 11 月 4 日（约施工 288 天），断面 1 地表最大沉降为 29.2cm，固结度为 84.4%，残余沉降量为 5.4cm；断面 2 为 28.6cm，固结度为 85%，残余沉降量为 5.9cm；断面 3 为 30.1cm，固结度为 86.7%，残余沉降量为 4.5cm。这时三个断面的残余沉降均小于桥头处路面施工控制标准工后沉降小于 10cm 的要求，此时沉降速率为 0.03mm/d，沉降基本稳定，可以开始路面垫层及基层的施工。

图 4-9～图 4-11 为粉喷桩加固软基监测断面沉降速率过程曲线。从中可以看出，随着路堤填筑速度的增加，沉降速率也随之增大，当填土高度达到 2.5m 左右时，土体由弹性状态向塑性区转变，沉降增大，此时填土高度到达临界状态。从沉降速率过程曲线看出，在 2010 年 3 月 26 日，沉降速率达到 15.23mm/d，超过了拟定的沉降控制标准 10mm/d，这主要是施工单位为了抢工期，在短期内填土 1.8m，为了确保安全，及时通报业主和监理单位后，将填土加载速度进行调整。在以后的施工过程中，填土速度得到了控制，未超过沉降控制标准，沉降速率基本控制在 10mm/d 以内。

断面 4～断面 6 为 CFG 桩加固软基监测断面。根据实测沉降过程曲线（图 4-12～图 4-14），按三点法推求等路基中心地表最终沉降量为：断面 4 地表最大沉降为 26.3cm，断面 5 为 26.6cm，断面 6 为 27.52cm。由沉降过程曲线可以看出，截止到 2010 年 8 月 5 日，断面 4 地表最大沉降为 22.9cm，平均固结度为 87%，残余沉降量为 3.4cm；断面 5 为 23.3cm，平均固结度为 88.5%，残余沉降量为 3.3cm；断面 6 为 24.3cm，平均固结度为 84.6%，残余沉降量为 4.2cm，小于桥头处路面施工控制标准工后沉降小于 10cm 的要求，此时沉降速率为 0.06mm/d，沉降已经基本稳定，可以开始路面垫层及基层的施工。在整个填土过程中，沉降过程曲线在填土高度约为 2m 处出现拐点，但不是很明显。在加载最后层填土时，沉降速率并未显著增加，可见 CFG 桩复合地基强度较高，短时间内能承受较大的荷载增量，具有很好的抗变形能力。

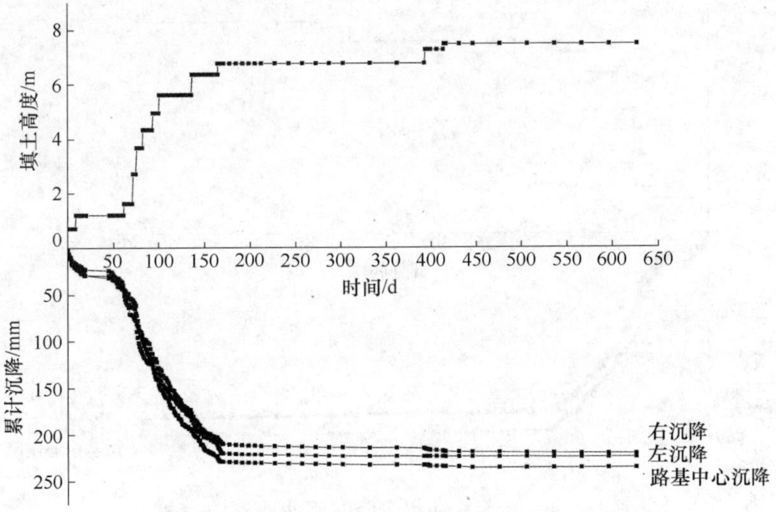

图 4-12 断面 4 地表沉降时程曲线（CFG 桩）

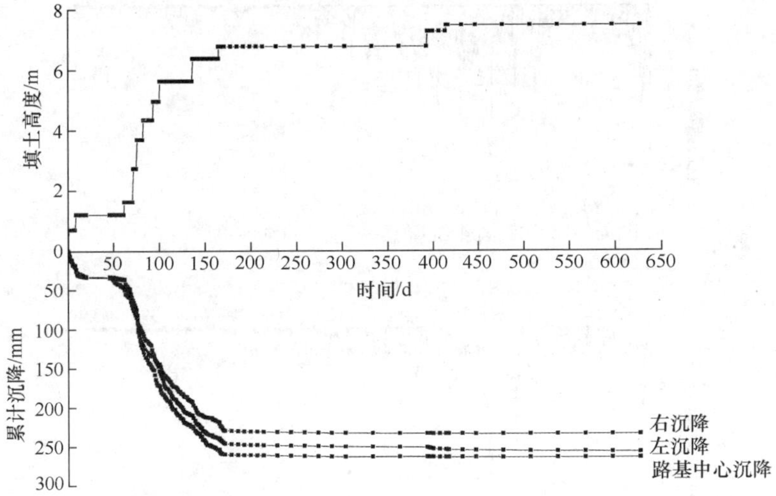

图 4-13 断面 5 地表沉降时程曲线（CFG 桩）

图 4-15～图 4-17 为 CFG 桩加固软基监测断面沉降速率过程曲线。可以看出，在填第一层土时，沉降速率较大，主要因为表层虚土存在，同样在 2010 年 4 月 4 日，沉降速率达到 12.3mm/d，超过了拟定的沉降控制标准 10mm/d，这主要是施工单位为了抢工期，在短期内填土 1.6m。此后，随着加载速度的控制，沉降速率很快减少，并保持稳定，随着填土高度的逐渐增加，沉降速率逐渐递减，沉降较为均匀，当加载到最后一层土时，加载速率较大，但沉降速率没有较大变化，填土结束后，沉降速率基本保持稳定，而且很小，可见 CFG 桩处理后的复合地基有较高的强度，能承受较大的加荷速率，软基加固效果显著。

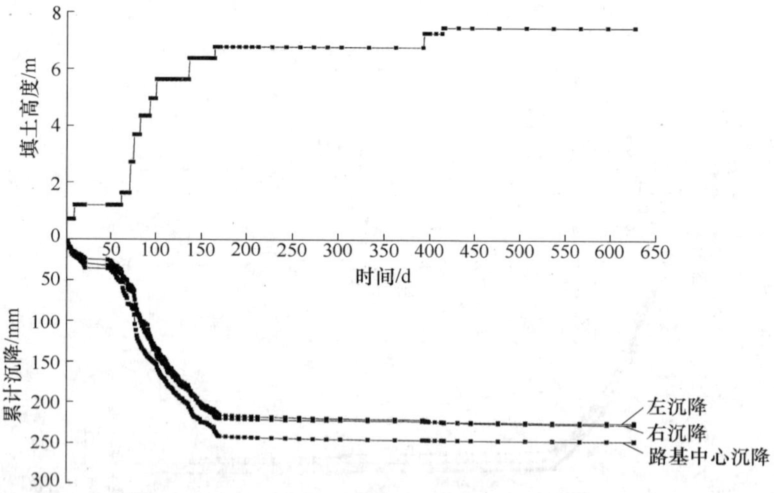

图 4－14　断面 6 地表沉降时程曲线（CFG 桩）

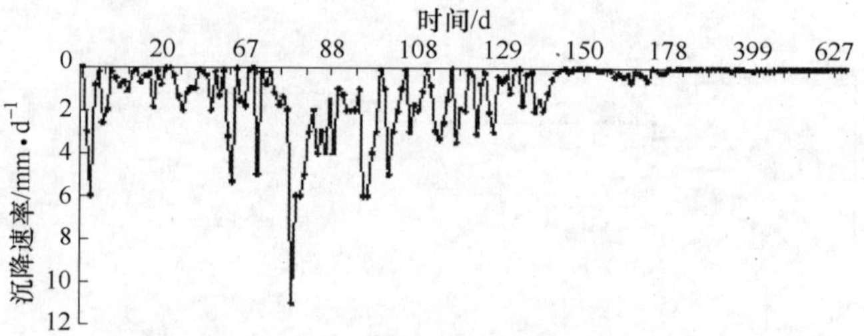

图 4－15　断面 4 沉降速率时程曲线（CFG 桩）

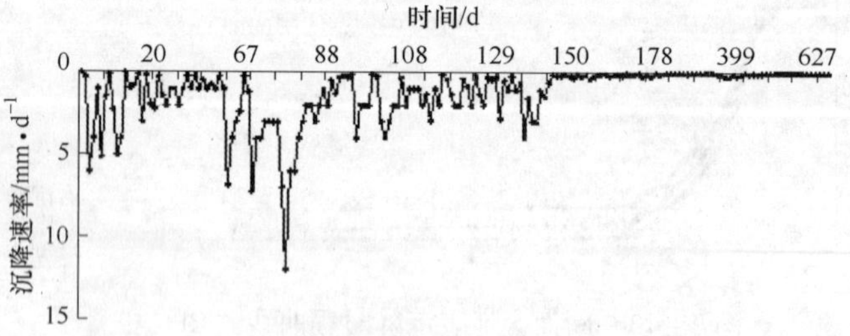

图 4－16　断面 5 沉降速率时程曲线（CFG 桩）

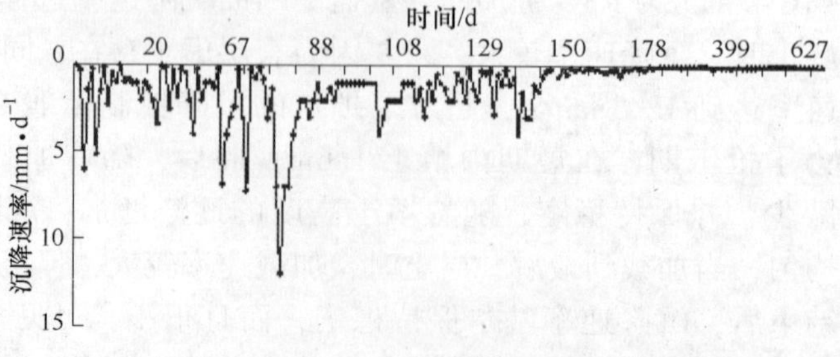

图 4－17　断面 6 沉降速率时程曲线（CFG）

4.5 软基分层沉降监测与结果分析

进行土体分层沉降观测可以了解加固过程中地基不同深度处各土层的压缩情况和变化规律，分析地基有效加固深度以及不同深度处地基土加固效果。因此，在加固软基之前，在各监测断面路基中心处通过钻孔埋设了分层沉降观测管，分层沉降观测管埋设约为8m，每隔1.5m～2.0m设置一个磁环，按照规定的频率进行观测，具体埋设与现场监测如图4－18～图4－20所示。

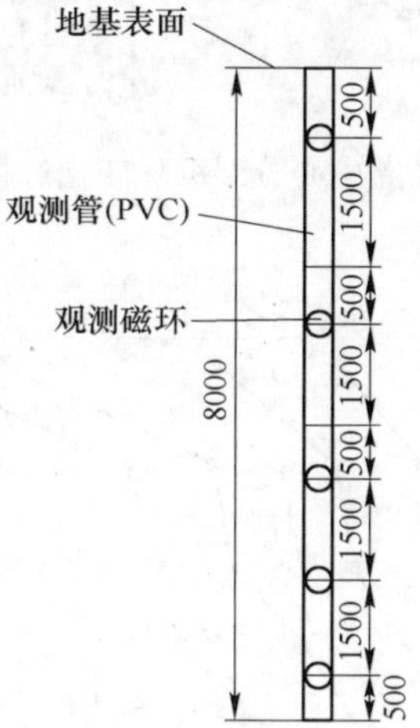

图4－18 分层沉降观测管埋设示意（单位：mm）

图4－19 分层沉降管埋设

图4－20 现场监测软基分层沉降

在施工过程中，监测断面1、监测断面4和监测断面6的沉降观测管由于施工原因损坏，无法进行观测，其余监测断面分层沉降观测管完好。整理三个监测断面的分层沉降管观测资料，绘制分层沉降曲线如图4－21～图4－23所示。

图4－21和图4－22分别是粉喷桩加固软基监测断面2和监测断面3的分层沉降观测曲线，可以看出，荷载作用下地基土沉降沿深度方向逐渐减少，如监测

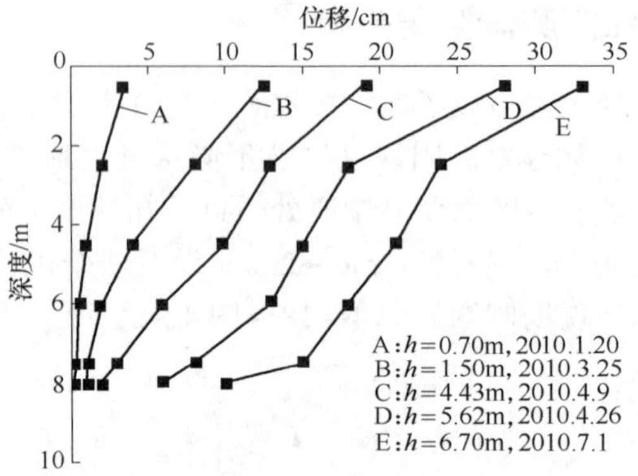

图 4－21　断面 2 路中心分层沉降变化过程曲线（粉喷桩）

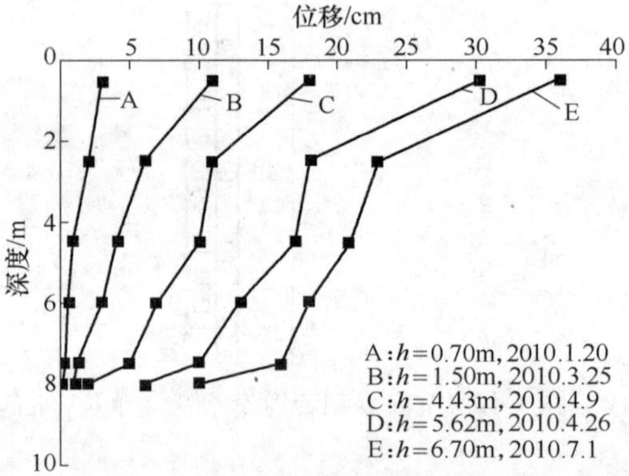

图 4－22　断面 3 路中心分层沉降变化过程曲线（粉喷桩）

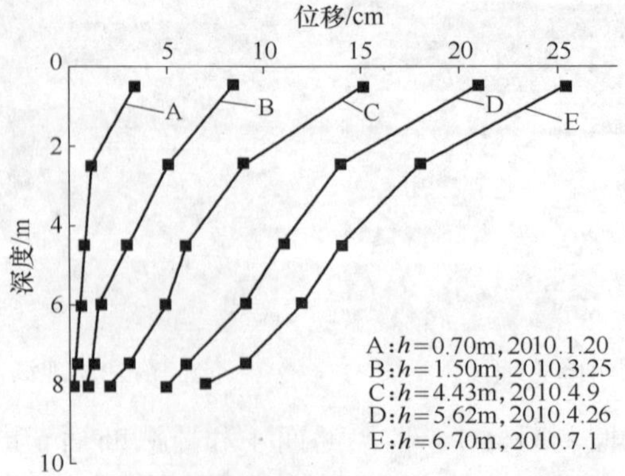

图 4－23　断面 5 路中心分层沉降变化过程曲线（CFG 桩）

断面2，填土高度小于4.43m 时，地表沉降量为 18.4cm，桩长范围内的压缩量为 6.1cm，占 33.1%；随着荷载的增加，粉喷桩处理过的土体压缩量亦随之增加，且向深度方向发展，粉喷桩下部未处理过的土体沉降量也不断增加；随着荷载的继续增加和时间的延长，下卧层压缩量在总沉降量中的比率逐渐增大。说明粉喷桩能够起到加固土层、提高土体刚度，从而减少加固土体的压缩变形的作用。

图4－23为CFG桩加固软基监测断面5分层沉降变化过程曲线。可以看出，土体分层沉降随着填土高度的不断增加，地基土体沉降沿深度方向逐渐减少，桩长范围内的沉降变化较为平稳；随着荷载的增加和时间的延长，下卧层压缩量在总沉降量中的比例逐渐增大。说明CFG桩能够发挥其高强度作用，提高加固层土体刚度以减少加固土体的压缩变形量，同时能通过桩侧和桩端将上部荷载传递至地基深处，从而加大下卧层变形压缩量。施工期提高下卧层的压缩变形对建设地基工后沉降十分有利。

对比粉喷桩和CFG桩加固软基监测断面的分层沉降变化过程曲线，粉喷桩处理的地基在桩长范围的土体沉降比CFG桩加固地基的沉降要大，在施工填土后期，粉喷桩处理的地基下卧层沉降量要比CFG桩加固地基的要大，且沉降稳定的时间要长。因此，CFG桩加固软基的效果要比粉喷桩加固的效果要好，特别是在减少工后沉降方面比粉喷桩有优势。

4.6 地基深层测斜监测与结果分析

路基坡脚处的边桩只能反映路基边坡处某一点处地表的隆起和水平位移，不能反映地基中不同深度处的水平位移。为了能够检测路基横断面任一点的竖向位移和软基中不同深度处的水平位移，我们利用测斜仪来监测。测斜仪是通过测量测斜管轴线与铅垂线之间的夹角变化，计算土体沿测斜管轴线方向不同高程的水平位移。

测斜管的埋设如图4－24～图4－27所示，在监测断面的路基边坡脚处通过钻孔，将测斜管埋设至较坚实的岩层。测斜管2m一节，通过专用接头进行连接，根据现场地质情况确定每根测斜管总长度在10m左右。由于施工现场原因，监测断面1无法埋设。

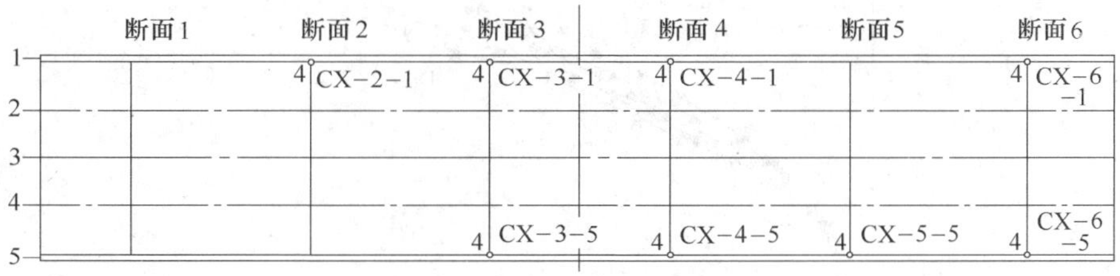

图4－24 测斜管总体布置图

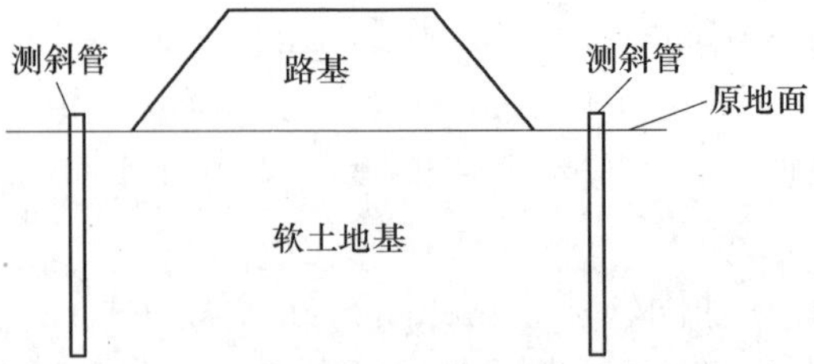

图 4－25 监测断面测斜管埋设立面图

图 4－26 测斜管钻孔安装

图 4－27 地基深层测斜

图 4－28～图 4－30 是监测断面 2CX2－1 和断面 3CX3－1 及 CX3－1 粉喷桩加固软基深层测斜侧向水平位移变化曲线。从图中可以看出，土体侧向位移随着荷载增加而增加，同时也逐渐向深度方向发展。通过现场观察，至 2010 年 7 月底，最大侧向位移断面 2CX2－1 为 12.6cm，断面 3CX3－1 为 11.68cm，断面 3CX3－1 为 11.53cm，均发生在地表下 2.5m 处附近，由于其绝对量不是很大，故日位移量较小。因此，土体经粉喷桩处理后，粉喷桩强度比土体强度还是大很多，桩体抗侧向变形能力有很大幅度的提高。

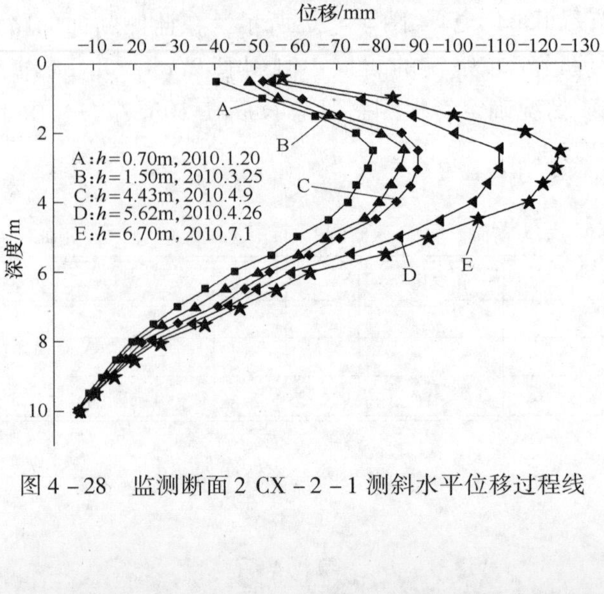

图 4－28 监测断面 2 CX－2－1 测斜水平位移过程线

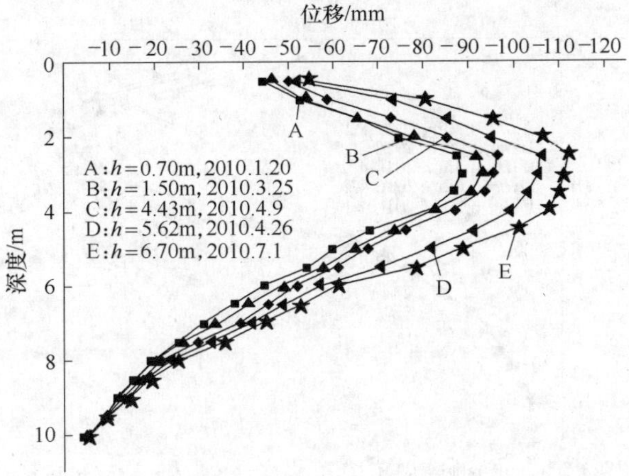

图 4 - 29 监测断面 3 CX - 3 - 1 测斜水平位移过程线

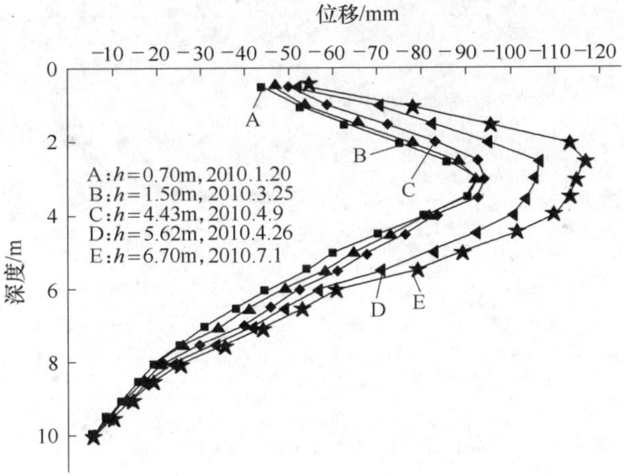

图 4 - 30 监测断面 3 CX - 3 - 5 测斜水平位移过程线

图 4 - 31 ~ 图 4 - 35 所示为 CFG 桩深层测斜水平位移过程曲线。从图中可以看出，CFG 桩复合地基侧向水平位移随着加载增加，水平侧向位移也不断增加，软土层中发生的位移明显要大些，下卧层水平侧向位移明显很小。截至 2010 年 7 月底，断面 4 CX - 4 - 1 水平侧向最大位移为 5.93cm，断面 4 CX - 4 - 5 水平侧向最大位移为 5.85cm，断面 5 CX - 5 - 5 水平侧向最大位移为 5.76cm，断面 6 CX - 6 - 1 水平侧向最大位移为 6.23cm，断面 6 CX - 6 - 5 水平侧向最大位移为 6.18cm，均发生在离地表约 2.5m 处左右。与粉喷桩复合地基水平位移沉降相比，CFG 桩复合地基水平侧向位移要小得多，说明 CFG 桩侧向抗挤压变形的能力要比粉喷桩效果显著，稳定性好，地基加固效果显著，如在桥头台背加固使用，将会减少土体在荷载作用下对桥台的侧向挤压力。

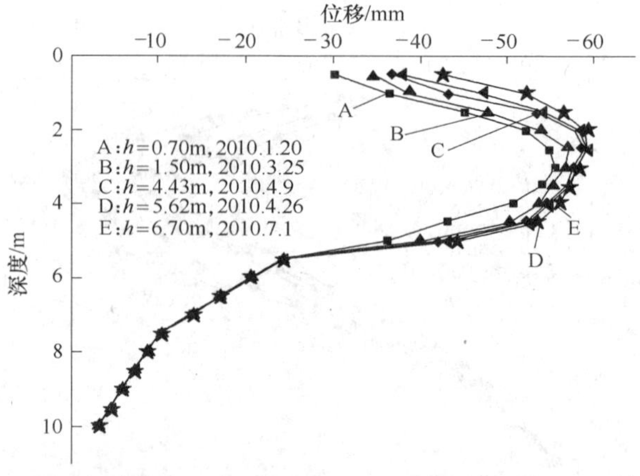

图 4-31　监测断面 4 CX-4-1 测斜水平位移过程线

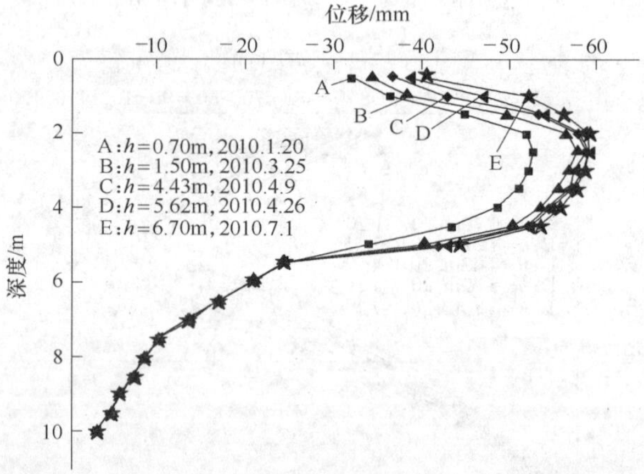

图 4-32　监测断面 4 CX-4-5 测斜水平位移过程线

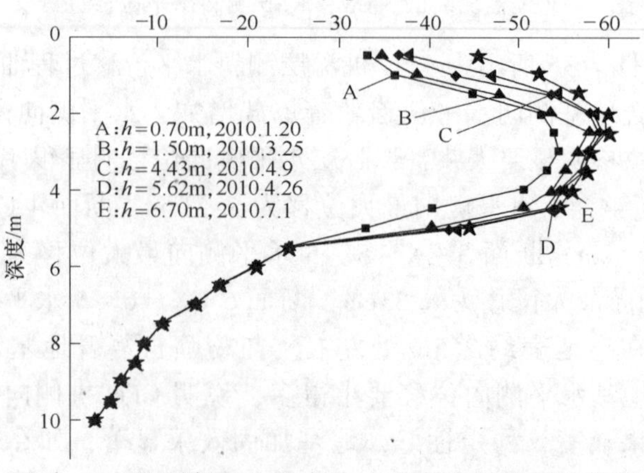

图 4-33　监测断面 5 CX-5-5 测斜水平位移过程线

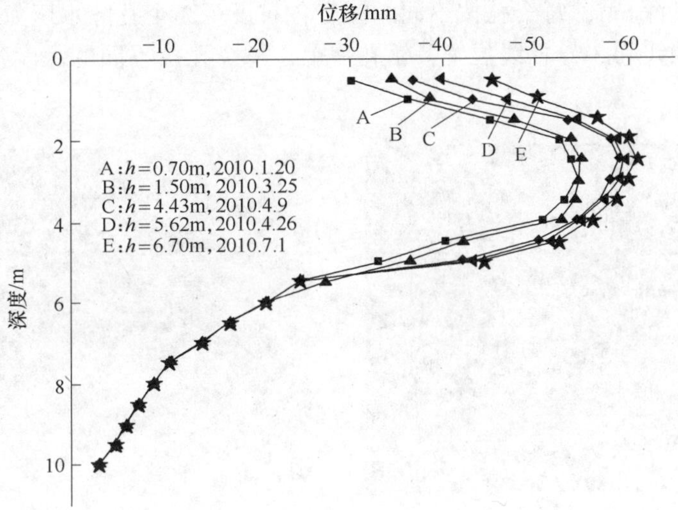

图 4－34　监测断面 6 CX－6－1 测斜水平位移过程线

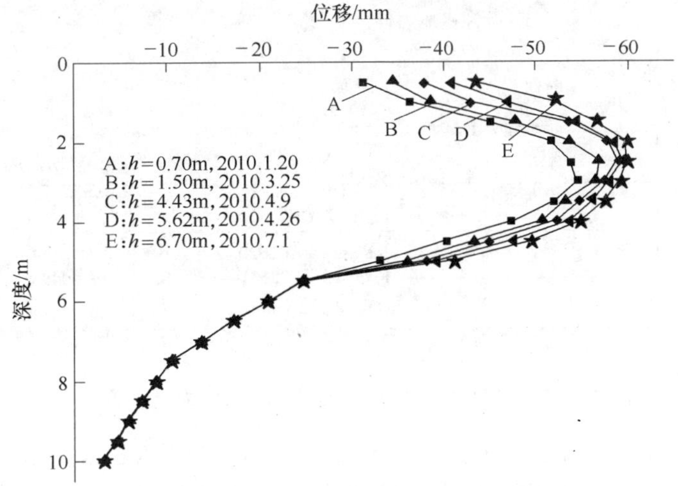

图 4－35　监测断面 6 CX－6－5 测斜水平位移过程线

4.7 孔隙水压力监测与结果分析

通过孔隙水压力的观测，可以掌握外部荷载作用下使地基不同深度处土体内产生的超静孔隙水压力的大小、分布以及消散规律，分析地基土的固结状态及强度增长情况，判断加载过程的地基稳定性以控制填土速率。

孔隙水压力传感器采用河北任丘仪器厂生产的，最大量程为 0.8MPa。图 4－36 为孔隙水压传感器埋设现场。图 4－37 为粉喷桩加固软基断面孔隙水压力计平面布置图，断面 1 由于施工原因无法布设，在断面 2 的 2 号轴线和 3 号轴线位置各钻孔一个，孔深6m，每个孔按不同的深度各布设了3个孔隙水压力计，同样在3断面的2号轴线和3号轴线位置各钻孔一个，每个孔按不同的深度各布设了2个孔隙水压力计。

a b

图4-36 孔隙水压传感器埋设现场
a—孔隙水压力计；b—孔隙水压力计安装

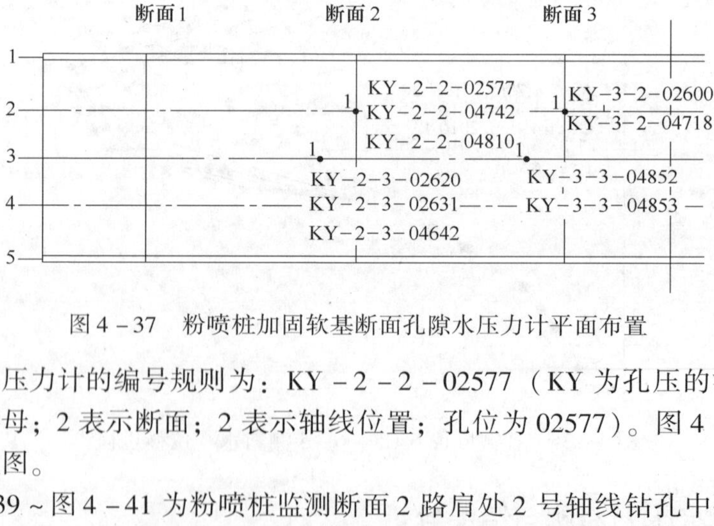

图4-37 粉喷桩加固软基断面孔隙水压力计平面布置

孔隙水压力计的编号规则为：KY-2-2-02577（KY为孔压的汉语拼音第一个大写字母；2表示断面；2表示轴线位置；孔位为02577）。图4-38为孔压计立面布置图。

图4-39~图4-41为粉喷桩监测断面2路肩处2号轴线钻孔中孔隙水压力变化曲线，图4-42~图4-44为粉喷桩监测断面2路中心处3号轴线钻孔中孔隙水压力变化曲线。从图中可以看出，开始观测时初始孔隙水压力不为零，其原因主要是粉喷桩在施工过程中会对土体产生超孔隙水压力。

从图4-39~图4-44中可以看出，随着荷载的增加、停歇，孔隙水压力呈现有规律地增长和消散，反应十分灵敏。如图4-41孔压计KY-2-2-02577变化曲线可以看出，当填土荷载增加，超过土体的前期固结压力时，孔隙水压力显著增加，曲线出现明显的转折，这一现象同样说明路基的应力状态发生改变，局

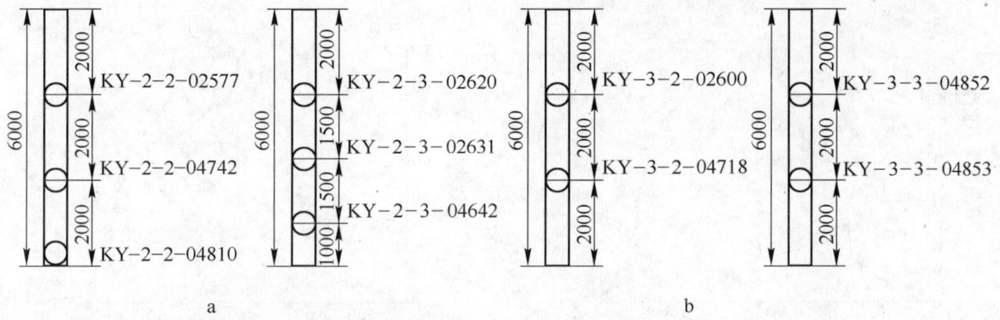

图 4-38 断面 2 和断面 3 孔压计立面布置（单位：mm）

a—断面 2；b—断面 3

部出现塑性区。此外，路中心处的 3 号轴线处孔隙水压力要比路肩处 2 号轴线处的平均孔隙水压力稍大，这主要与路基上部荷载的大小相关，路中心处的荷载要比路肩处的填土大许多。

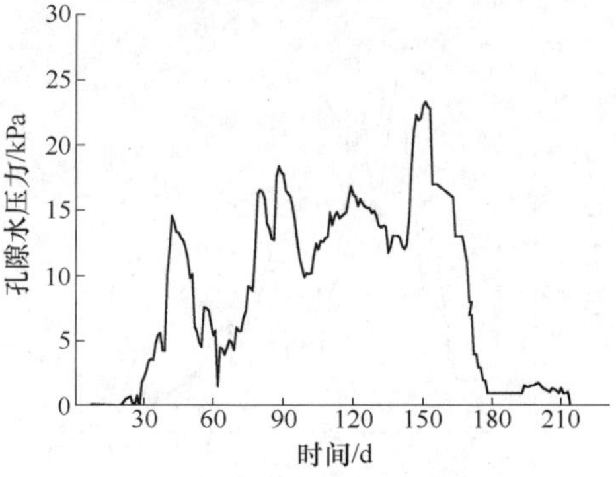

图 4-39 断面 2 孔隙水压变化曲线

（孔压计编号：KY-2-2-04810）

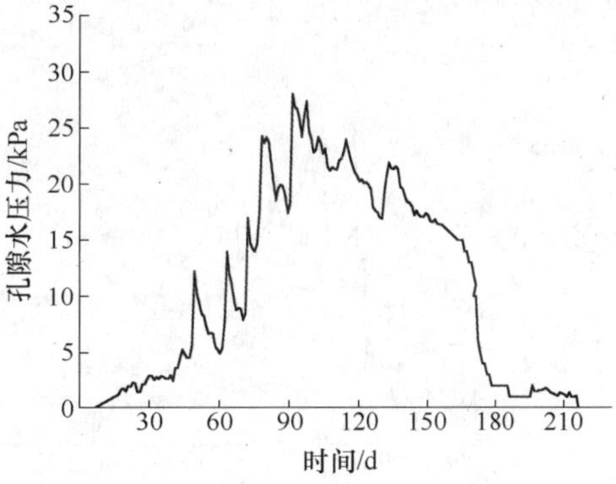

图 4-40 断面 2 孔隙水压变化曲线

（孔压计编号：KY-2-2-04742）

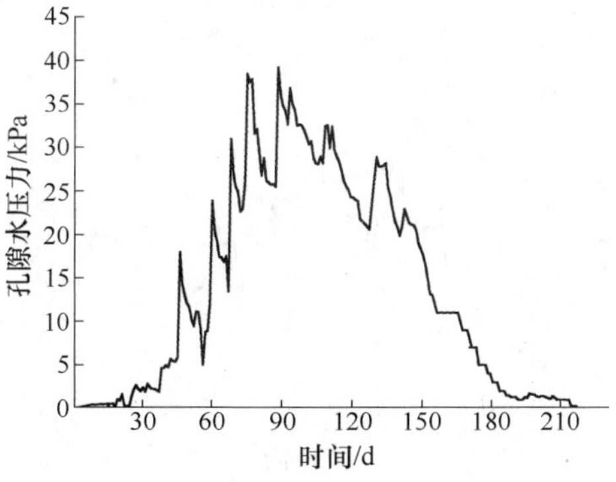

图 4-41 断面 2 孔隙水压变化曲线

（孔压计编号：KY-2-2-02577）

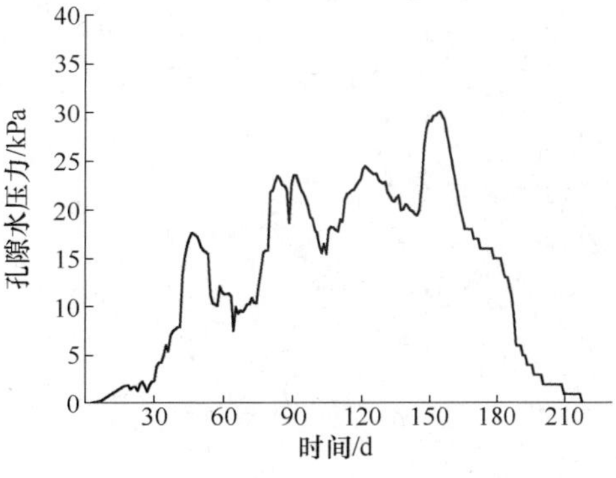

图 4-42 断面 2 孔隙水压变化曲线

（孔压计编号：KY-2-3-04642）

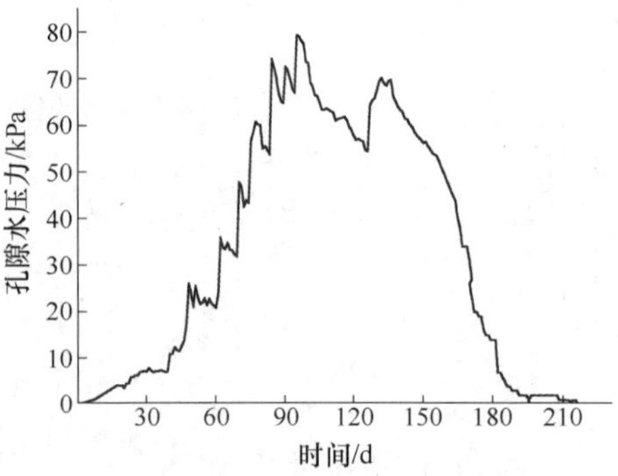

图 4-43 断面 2 孔隙水压变化曲线
（孔压计编号：KY-2-3-02631）

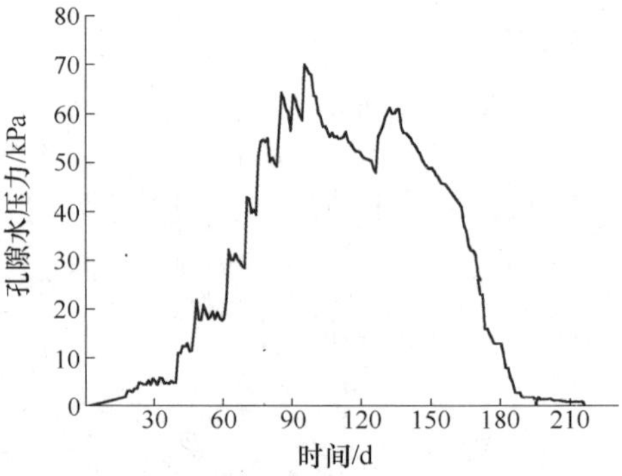

图 4-44 断面 2 孔隙水压变化曲线
（孔压计编号：KY-2-3-02620）

上述观测的结果主要是路基在填土阶段孔隙水压力变化情况，符合一般性规律。图 4-45 ~ 图 4-48 是粉喷桩监测断面 3 孔隙水压力变化曲线，变化情况与断面 2 相似。

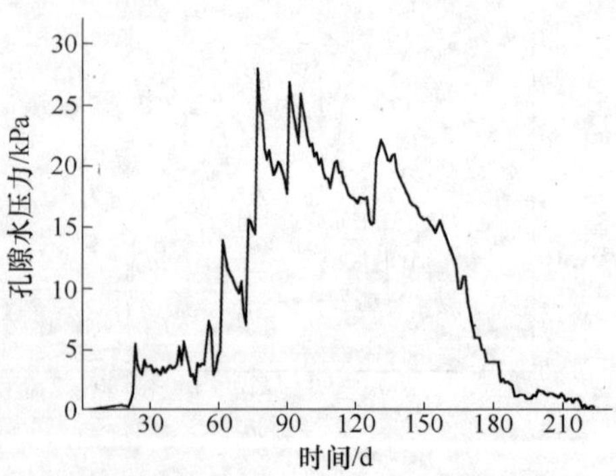

图 4-45 断面 3 孔隙水压变化曲线
（孔压计编号：KY-3-2-04718）

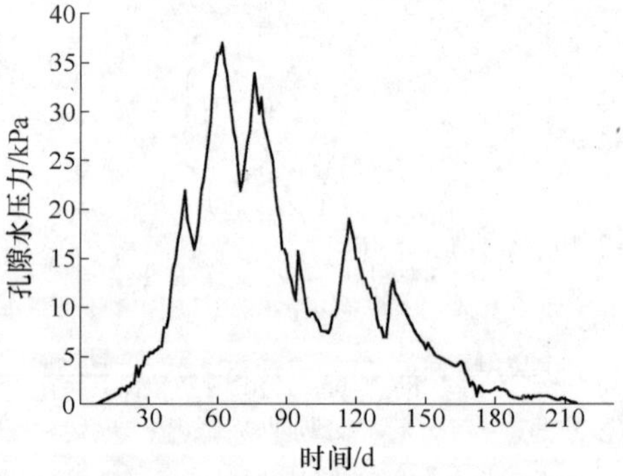

图 4-46 断面 3 孔隙水压变化曲线
（孔压计编号：KY-3-2-02600）

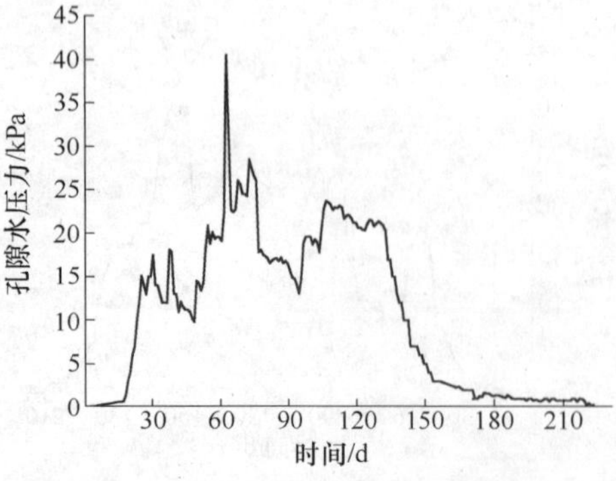

图 4-47 断面 3 孔隙水压变化曲线
（孔压计编号：KY-3-3-04853）

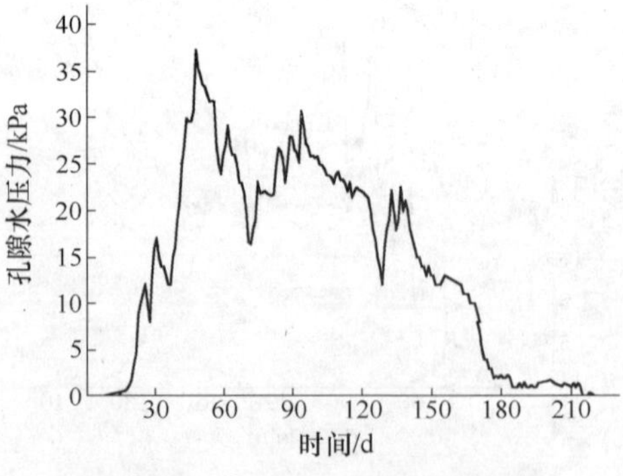

图 4-48 断面 3 孔隙水压变化曲线
（孔压计编号：KY-3-3-04852）

图4-49为CFG桩加固软基断面孔隙水压力计平面布置图。断面4在路基处钻一个孔，埋设了2个孔隙水压力传感器，断面5在路基中心处钻一个孔，埋设了3个孔隙水压力传感器，断面6在路肩和路基中心处各钻一个孔，分别埋设了2个孔隙水压力传感器。孔隙水压力传感器埋设立面如图4-50和图4-51所示，图4-52～图4-55为CFG桩处理软基监测断面孔隙水压力过程变化曲线。

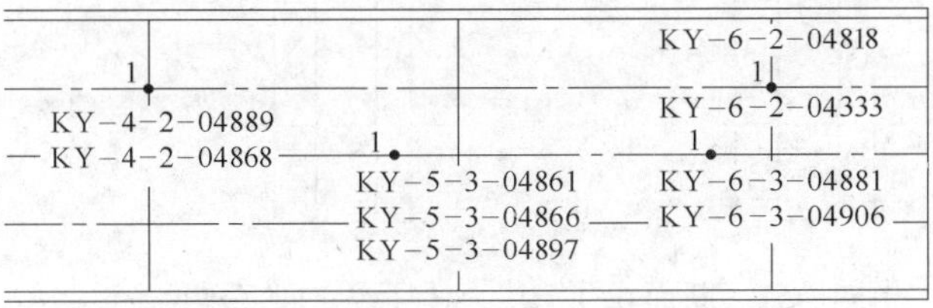

图4-49 CFG桩加固软基孔隙水压力埋设平面布置

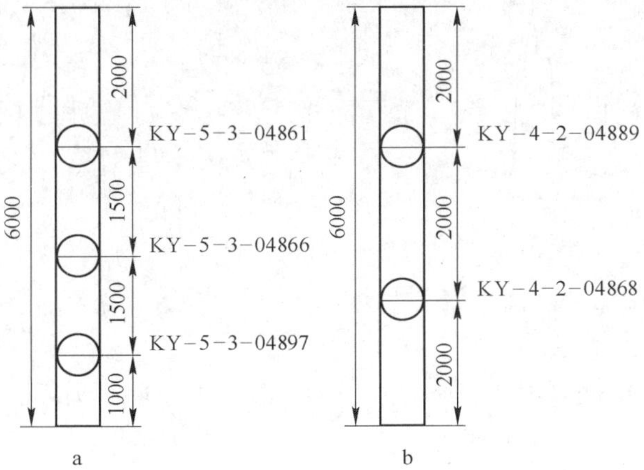

图4-50 断面4和断面5孔隙压力计埋设立面（单位：mm）

a—断面5；b—断面4

图4-52～图4-55为CFG桩处理软基监测断面5和断面6孔隙水压力变化过程曲线。由于施工原因或其他原因，其余孔隙水压力传感器已坏。从图中可以看出，各测点超静孔压力随荷载变化规律性较好，能够很好地反映填土加载过程的压力变化情况，同时自上而下，最大孔隙水压力依次增大。断面5处，中心孔2m深处（KY-5-3-04861），最大孔隙水压力为76kPa，4m深处（KY-5-3-04868），最大孔隙水压力为56kPa；断面6处，中心孔3m深处（KY-6-3-04881），最大孔隙水压力为49.1kPa，中心孔5m深处（KY-6-3-04906），最大孔隙水压力为65.2kPa。说明荷载产生的附加应力沿深度方向向下传递，因而桩体下半部压缩量比上半部压缩量要大。

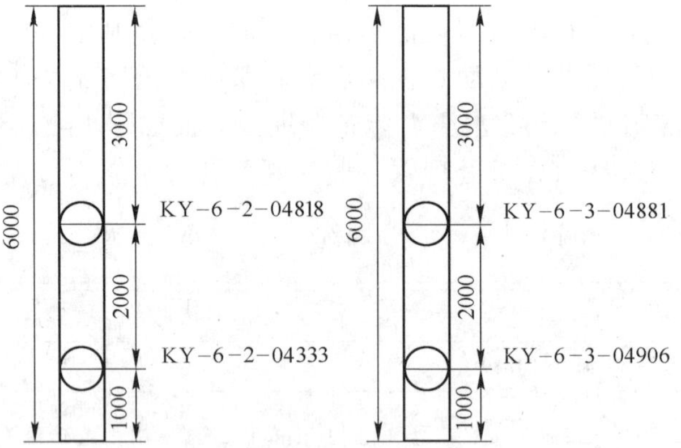

图 4－51　断面 6 孔隙压力计埋设立面（单位：mm）

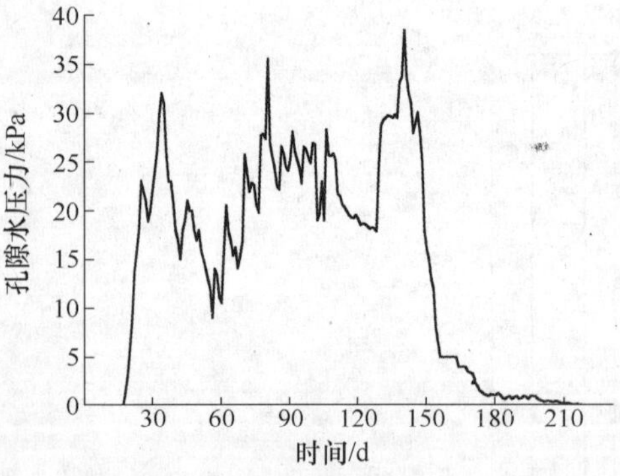

图 4－52　断面 5 孔隙水压变化曲线
（孔压计编号：KY－5－3－04868）

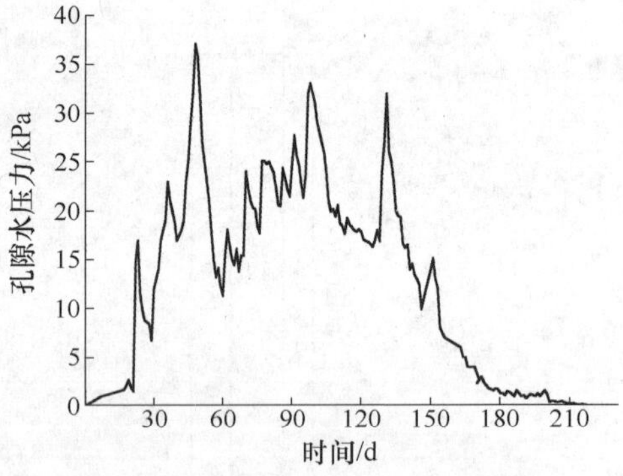

图 4－53　断面 5 孔隙水压变化曲线
（孔压计编号：KY－5－3－04861）

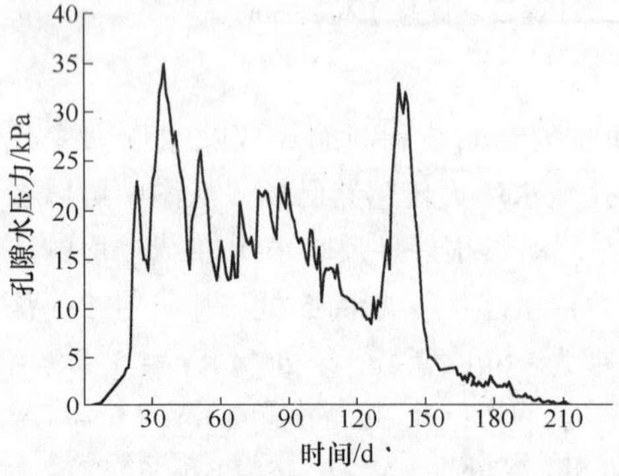

图 4－54　断面 6 孔隙水压变化曲线
（孔压计编号：KY－6－3－04881）

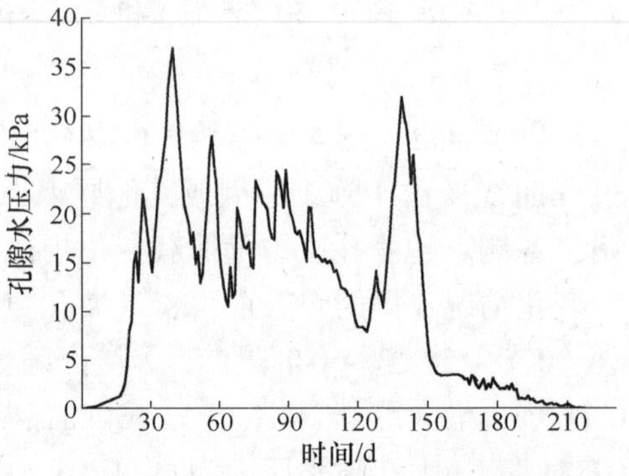

图 4－55　断面 6 孔隙水压变化曲线
（孔压计编号：KY－6－3－04906）

对比粉喷桩加固区和 CFG 桩加固区监测的孔隙水压力，发现粉喷桩的孔隙水压力最大值比 CFG 桩的孔隙水压力值大，说明粉喷桩加固区的沉降量比 CFG 桩加固区沉降量大，而且 CFG 桩处理区的孔隙水压力的消散比粉喷桩加固区的孔隙水压力消散快，说明 CFG 桩加固区的稳定时间比粉喷桩加固区稳固时间短。

4.8 桩土应力监测与结果分析

桩土应力比是反映复合地基工作的一个重要参数，也是一个影响因素多且复杂的参数，不同的褥垫层（土工格栅层数）、桩体材料、面积置换率、桩土模量比、桩的长径比、荷载水平、荷载性质、时间等诸多因素均对桩土之间的应力分担有很大影响。

本试验主要目的是为了测试路堤荷载下 CFG 桩与桩间土荷载分担情况，以及不同桩间距下桩土应力变化规律，同时为了对比，在粉喷桩加固区设置了一个监测断面。具体布置为断面 1 粉喷桩加固，桩间距为 1.5m，在桩顶和两桩中心各埋设了一只土压力盒；在 CFG 桩加固区监测断面 4，桩间距为 2m，在桩顶、两桩之间和 1/4 桩距处各埋设了一只土压力盒；在 CFG 桩加固区监测断面 5，桩间距为 1.8m，在桩顶、两桩之间和 1/4 桩距处各埋设了一只土压力盒；在 CFG 桩加固区监测断面 6，桩间距为 1.5m，在桩顶、两桩之间、四桩之间和 1/4 桩距处各埋设了一只土压力盒。具体埋设情况如图 4－56～图 4－59 所示。

在公路工程建设中，由于现场施工的干扰和监测仪器的精度极易破损性，造成填土过程中桩土应力测试数据的获取具有相当的难度。本试验段按照上述方法布置了土压力盒，但很遗憾的是部分仪器在施工过程中受到破坏失效，如监测断面 1 粉喷桩加固的土压力盒在施工过程中遭到了损坏，其余仪器勉强在复杂的施工环境中侥幸存活下来。图 4－60 是现场桩土应力监测过程。

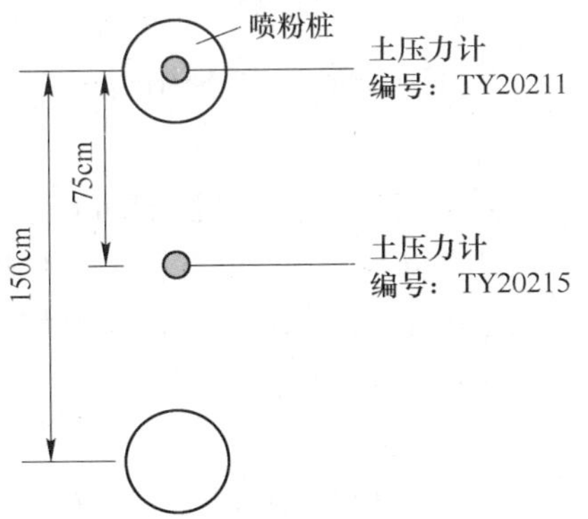

图 4－56 断面 1 粉喷桩与桩间土压力盒布设

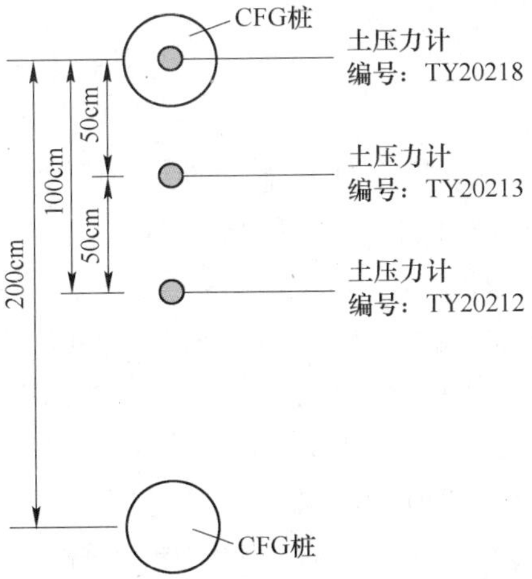

图 4－57 断面 4 CFG 桩与桩间土压力盒布设

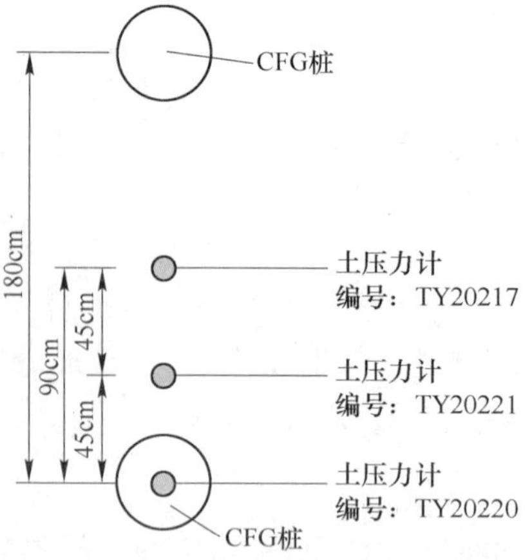

图 4 - 58 断面 5 CFG 桩与桩间土压力盒布设

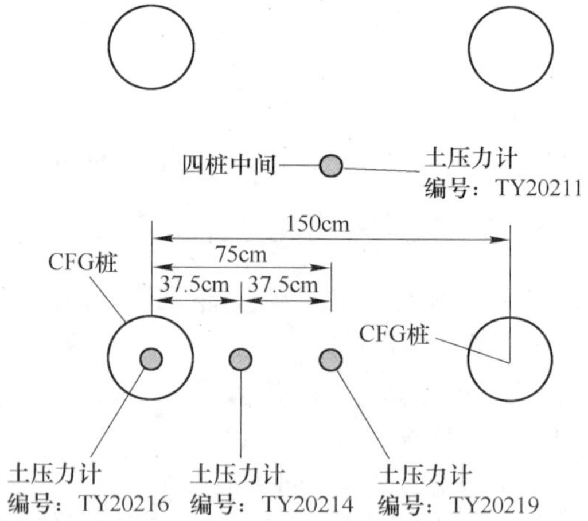

图 4 - 59 断面 6 CFG 桩与桩间土压力盒布设

a

b

图 4 - 60 现场桩土应力监测

a—填土过程中桩土应力监测；b—填土结束后桩土应力监测

试验路段软基施工加载是从 2010 年 1 月 18 日开始填砂，到 2010 年 7 月 1 日路堤填筑完毕，填砂高度为 6.7m。

图 4 - 61 ~ 图 4 - 63 给出了不同桩间距情况下的桩、土应力随路堤施工加载变化曲线，从图中可以看出，随着荷载的增加，桩顶与桩间土上的应力不断增大，桩顶应力呈现阶梯状，与施工加载相似，桩间距 2m 的桩顶应力最大值为 248kPa，桩间距 1.8m 和 1.5m 的桩顶最大应力分别为 246kPa，251kPa，桩顶应力随着桩间距的减少而增大。

桩间土上的应力在路堤填筑高度 2.0m 以内时，变化波动较大，而且桩间距越小，桩间土应力变化越大。之后，桩间土应力随着填土高度增加基本呈线性递增。桩间土应力随着桩间距的增大而增大，桩距 2.0m、1.8m、1.5m 的桩间土最大值（1/2 桩距处）分别为 78kPa、60kPa、59kPa，靠近桩顶的 1/4 桩距处土压应力要比 1/2 桩距处大一些，分别为 85kPa、70kPa、68kPa；现场测试发现，4 桩之间土应力比 1/2 桩距处土压应力稍小些。

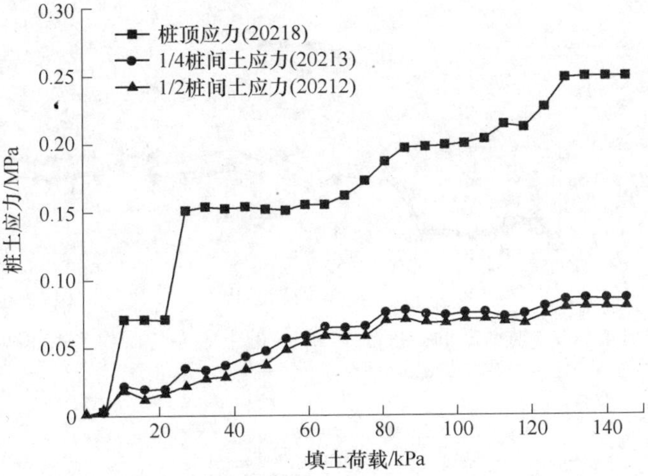

图 4-61 监测断面 4 桩间距 2.0m 桩土应力与荷载关系曲线

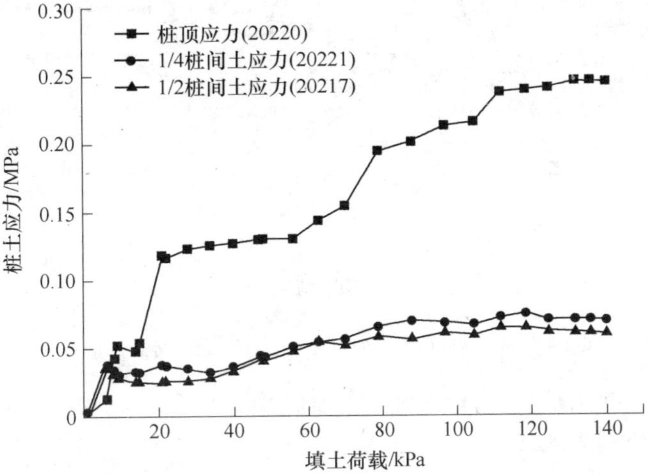

图 4-62 监测断面 5 桩间距 1.8m 桩土应力与荷载关系曲线

图 4-64 给出了不同桩距桩土应力比随施工加载的变化曲线，从图中可以看出，填土高度在 2.0m 以内，桩土应力比增加很快，桩距 1.5m 的桩土应力比 n 增加到 5.56，桩距 1.8m，2.0m 的桩土应力比 n 最大为 4.87 和 4.32，随着填土高度的增加，在 2～3.5m 范围内，桩土应力比迅速减少，填土高度大于 3.5m，

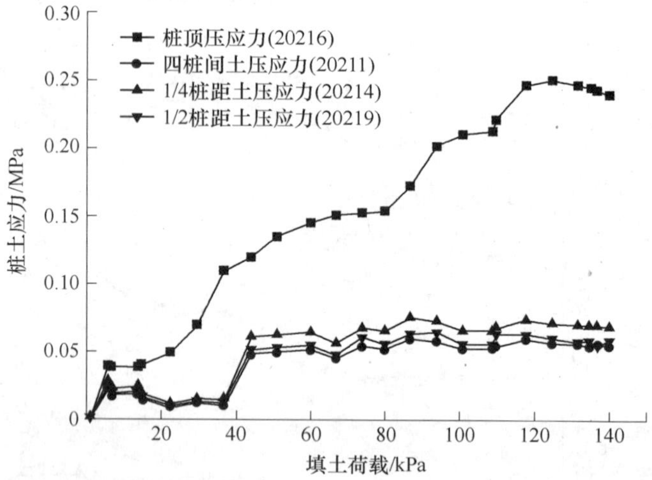

图 4－63　监测断面 6 桩间距 1.5m 桩土应力与荷载关系曲线

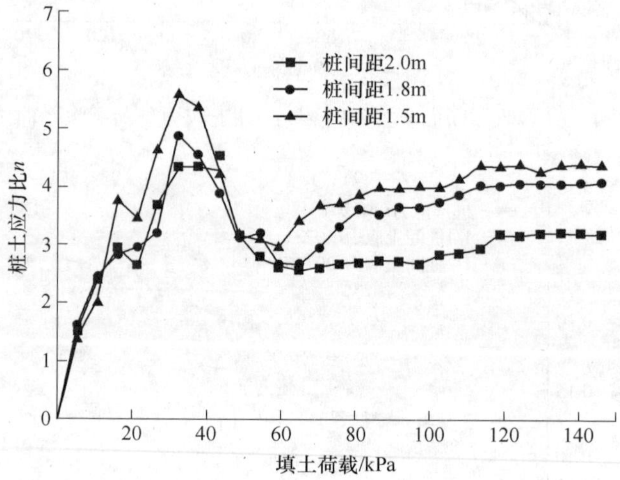

图 4－64　不同桩间距桩土应力比与荷载变化曲线

桩土应力比又逐渐增加，呈线性变化，最后趋于稳定，桩距 1.5m、1.8m、2.0m 的桩土应力比分别为 4.26、4.1、3.18。

因此，通过现场原位测试，发现桩土应力比 n 的变化与施工加载级别相关，存在一个临界填土高度，在该临界填土高度之内，桩土应力比迅速增加，填土高度大于该临界高度时，桩土应力比开始减少，填土高度增加到一定值时，桩土应力比变化很小，同时，随着填土高度的增加和固结时间的延长，桩土应力比趋于某一常数。

同时，通过现场对不同桩距的桩土应力比进行原位测试，发现桩土应力比随桩距的增加而减少，桩距增大到一定程度，桩土应力比变化微小，因此，合理桩距设计，必须根据复合地基的沉降控制标准来综合确定。

本试验段实测的桩土应力比在加荷初期较大，达到5.56，随着荷载的增加而减小，后又增加呈波浪形变化，最后稳定在3.18～4.26之间，反映出随着荷载的增加路堤柔性荷载下复合地基桩、土沉降相互协调发展，桩间土沉降大于桩顶沉降，桩顶刺入褥垫层，桩身上部出现负摩阻力，负摩阻力对桩间土承载力产生了增强作用，桩间土承担了更多的荷载。同时土工格栅的水平增强作用，使得桩分担了更多的上部荷载，这种工作机理与刚性基础下的CFG复合地基的工作机理完全不同。而且，因桩间土承担了较多荷载，变形较大，导致桩间土先于桩体达到极限荷载而破坏，与桩体先发生破坏的刚性基础复合地基破坏模式完全不同。所以，柔性基础下CFG桩复合地基的设计应按变形控制。

4.9 土工格栅伸长率的监测

为了监测土工格栅在路基填筑过程中的受力情况，采用柔性位移计监测土工格栅的伸长率，然后根据应力和应变之间的关系换算成土工格栅的拉应力。柔性位移计用来测量土工格栅的伸长量，当被测结构物发生变形时将会引起位移计产生变形位移，通过前后端座传递给仪器中的振弦感应装置，使其产生应力变化，从而改变振弦的振动频率。电磁线圈激振振弦并测量其振动频率，频率信号经电缆传输至读数装置，即可测出被测结构物的位移量。土工格栅伸长率采用河北任丘仪器厂生产的柔性位移计。该型号柔性位移计最大量程可以监测50mm。

为了监测横断面上距离路基中心不同位置处的土工格栅的受力变化情况，在距离路基中心位置0m、4m、8m、11m的地方布设了柔性位移传感器，并且在中心断面处的桩顶、1/2桩间距、4桩之间位置处设置了柔性位移计（图4－65），柔性位移计设置现场如图4－66所示。路基中心处土工格栅伸长量随填土高度变化情况如图4－67所示。

图4－67是路基中心处的土工格栅伸长量随路基填土高度的变化情况。从图中可以看出，土工格栅的总体位移量是随着路基填土高度的增加而增大的。土工格栅在上部填土作用下表现出的受力规律总体上比较一致。随着填土高度的增加，土体有向两侧位移的趋势，土工格栅所受到的拉力增加，开始发挥出水平向增强体的作用，阻止土体的侧向变形，从而土工格栅的拉力值随填土高度增加而变大，直到填土稳定时，拉力值基本上没有变化。

通过图中数据对比发现，桩间土上的土工格栅拉伸位移量大于桩顶上的土工格栅拉伸位移量，四桩中心处的土工格栅位移量大于两桩中心处的位移量。在填土结束时，位于桩顶上的柔性位移计TG－ZD1监测的土工格栅拉伸位移量为0.92mm，

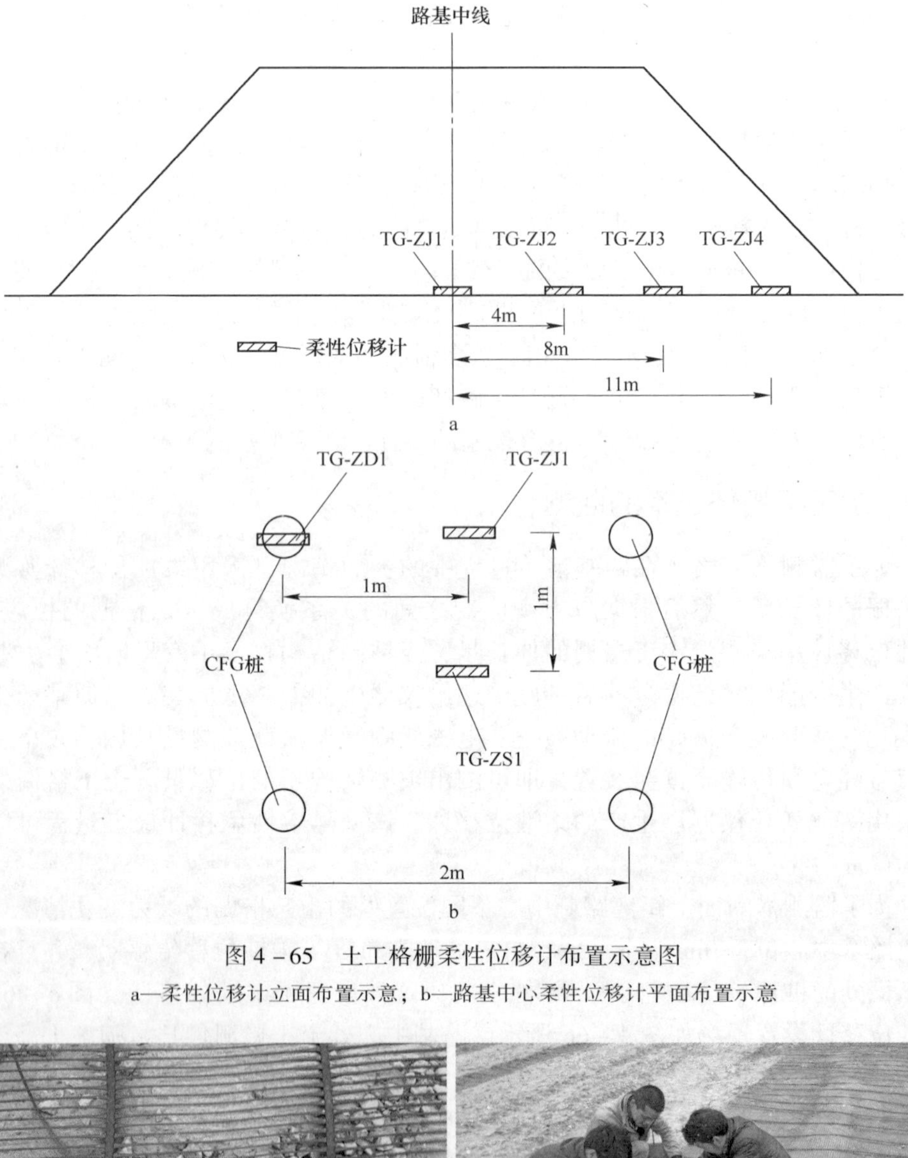

图 4－65　土工格栅柔性位移计布置示意图

a—柔性位移计立面布置示意；b—路基中心柔性位移计平面布置示意

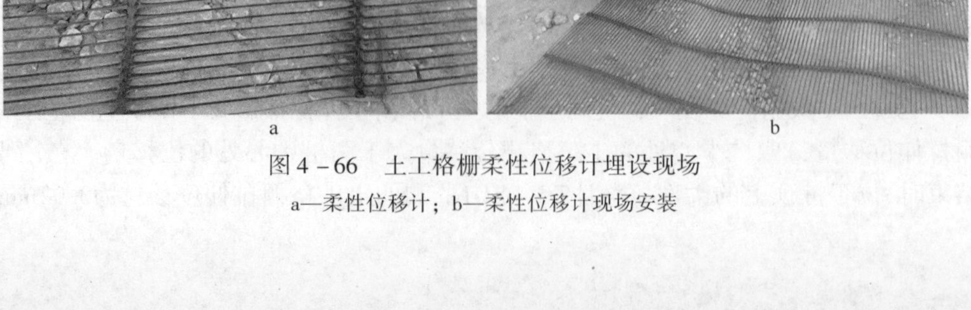

图 4－66　土工格栅柔性位移计埋设现场

a—柔性位移计；b—柔性位移计现场安装

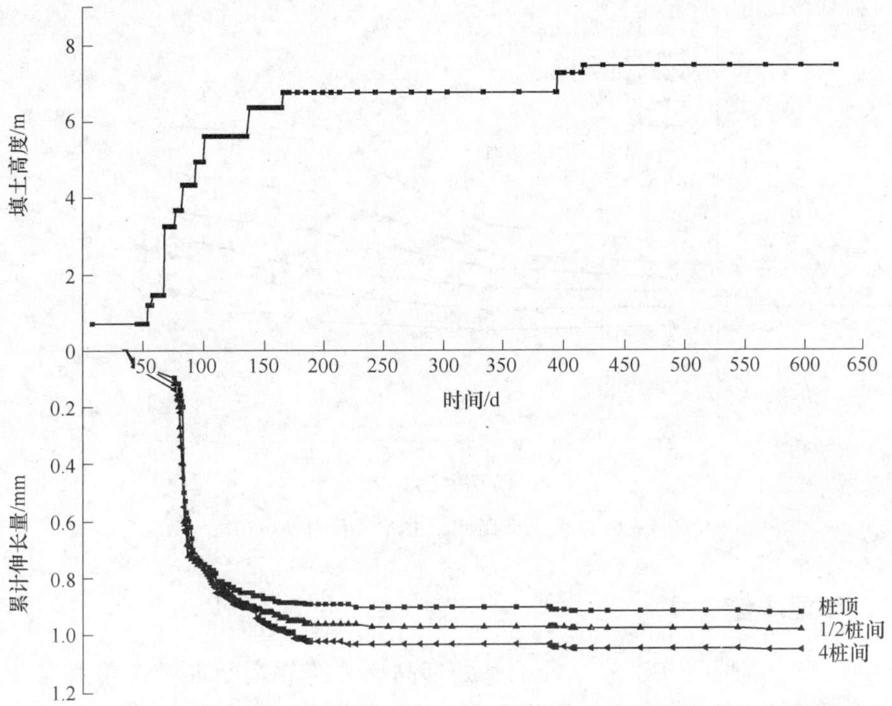

图 4-67 土工格栅伸长量随路基填土高度变化情况

而位于两桩间土中心上的 TG-ZJ1 监测的土工格栅的拉伸位移量为 0.98mm，位于四桩间土中心上 TG-SZ1 监测的土工格栅的拉伸位移量为 1.05mm。

此外，桩间土上的土工格栅拉伸位移量随填土高度增加有一个滞后效应，即桩间土上的土工格栅拉伸位移量随填土高度增加有一个延迟发生的过程，其中 TG-SZ1 在填土开始的 50～100d 的增大速率要大于填土期间的速率，这是因为随着填土高度增加桩土沉降差增大，桩间土处的土工格栅开始发挥其兜提作用。大约在施工开始的 150d 到监测结束的时间内，土工格栅拉伸位移量有所波动，这可能是因为桩土沉降差的不断变化，褥垫层调节桩和桩间土承担荷载比例所产生的作用。

图 4-68 是路基横断面不同位置处土工格栅的伸长量随路基填土高度变化曲线。从图中可以看出，土工格栅变形量沿横断面分布并不均匀，但各个测点土工格栅总体变形趋势的规律是一样的，随着填土高度的增加而增大。在靠近路堤中心处的土工格栅伸长量要小一些（拉力值较小），路肩和路堤边坡中间处伸长量较大（拉力值较大）。说明路肩处是最易发生疲劳破坏的部位，分析原因在于路堤横向滑移力的作用，因此计算格栅抗张拉力时，应考虑路堤横向滑移力作用的影响。

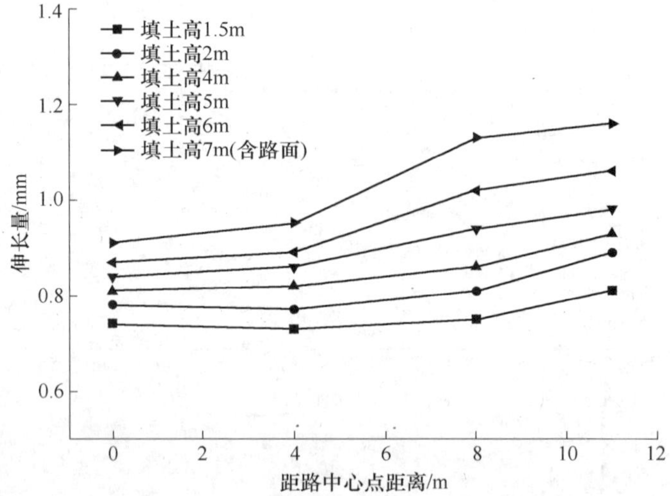

图4-68 土工格栅伸长量沿横断面分布情况

4.10 本章小结

本章详细阐述了CFG桩复合地基处理高速公路软基的现场应用情况，结合现场实测监测资料对路堤荷载作用下CFG桩复合地基的各项性状进行了深入研究，包括与粉喷桩试验段加固效果的监测对比研究，取得了如下结论：

（1）现场检测和试验表明CFG桩桩身强度和桩长符合设计要求，桩身整体性较好，单桩及复合地基承载力达到设计标准，说明设计方案正确可行，成桩质量良好，各项技术指标满足设计要求。

（2）采用CFG桩复合地基处理后地基总沉降量较小，约在25~29cm左右，粉喷桩处理后地基沉降量约在33~37cm，CFG桩处理软基在控制地基总沉降量方面要比粉喷桩效果明显。这充分说明CFG桩能在桩长范围内充分发挥其与桩间土的摩阻力，大幅度提高加固软土层的地基刚度和承载力，显著减少软土地基沉降。同时监测发现下卧层沉降变形占复合地基总沉降量的比率较大。

（3）通过路堤荷载下的地表沉降、深层侧向位移和超孔隙水压力的观测结果表明，CFG桩复合地基和粉喷桩复合地基都能明显地减少地基的总沉降量，但CFG桩复合地基在沉降控制方面要优于粉喷桩复合地基，且停止加载后，CFG桩复合地基的沉降收敛速率较粉喷桩复合地基的要快；深层侧向水平位移监测结果显示，CFG桩复合地基比粉喷桩复合地基的小，在稳定性显著提高、超孔隙水压力的消散方面，CFG桩复合地基比粉喷桩复合地基消散快，主要因为CFG桩强度较高，能加大地基模量，同时CFG桩桩身混凝土空隙率较大，加快外荷引起的超静孔压的消散和地基固结速度，有利于地基稳定和承载力的提高。

(4) 土工格栅的作用：褥垫层在复合地基中发挥了重要作用，调整桩土应力分布，使桩土协调共同工作。桩身应力集中将大部分的上部荷载通过桩身向桩间土和下卧层扩散传递，增大了地基深处的桩间土附加应力，可在施工期有效消除地基深层沉降，从而达到控制地基工后沉降的目的。

现场试验研究结果验证了 CFG 桩复合地基处理高速公路（特别是在高填土桥头路段、箱涵等）深厚超软地基的可行性和有效性。

5 桩网复合结构地基沉降特性数值分析

桩网复合结构在外荷载作用下，由于土工格栅的存在，桩、桩间土和土工格栅相互作用较为复杂，与目前研究较多的建筑地基桩土作用机理略有不同，因而有必要对桩网复合结构的作用机理进行研究，从而了解桩网结构的荷载传递规律和沉降规律，为设计方法提供参考。在研究方法中，最直观的方法是现场试验和室内试验，通过模拟现场的设计，来分析桩网复合结构的作用机理。但现场试验和室内试验由于工程量较大，成本较高，逐渐为数值模拟所代替。数值模拟作为一种分析手段，通过修改设计参数达到分析不同工况的目的。本章采用 FLAC^{3D} 软件进行三维数值模拟。

5.1 FLAC^{3D}数值计算原理

FLAC^{3D}的基本原理是拉格朗日差分法，拉格朗日法源于流体力学。在流体力学中有两种主要的研究方法，一种是定点观察法，亦称欧拉法；另一种是随机观察法，称为拉格朗日法。后者是研究每个流体质点随时间内的运动轨迹、速度、压力等特征。拉格朗日法是一种利用拖带坐标系分析大变形问题的数值方法，并用差分格式按时步积分求解。随着构形的不断变化，不断更新坐标，允许介质有较大的变形。

FLAC^{3D}将连续介质离散化为四面体单元，作用力和质量均集中于节点上。由高斯散度理论有：

$$\int_V v_{i,j}\mathrm{d}V = \int_S v_i n_j \mathrm{d}S \tag{5-1}$$

式中　n_j——外法线单位向量分量；

v_i——节点速度分量；

V——单元体积；

S——单元节点对应面的面积。

积分分别沿着四面体的体积和表面进行。

对于常应变率的四面体单元，其速度是线性变化的，对式（5－1）积分有：

$$Vv_{i,j} = \sum_{f=1}^{4} \bar{v}^{(f)} n_j^{(f)} S^{(f)} \tag{5-2}$$

式中　上标“f”——与面f相联系变量的值；

$\bar{v}^{(f)}$——面f速度分量的平均值，对于线性速度，其平均值为

$$\bar{v}^{(f)} = \frac{1}{3}\sum_{l=1,l\neq f}^{4} v_i^{(l)} \tag{5-3}$$

式中 l——节点编号。

则应变和应变张量分量分别为：

$$v_{i,j} = -\frac{1}{3V}\sum_{i=1}^{4} v_i^{(l)} n_j^{(l)} S^{(l)} \tag{5-4}$$

$$\xi_{ij} = -\frac{1}{6V}\sum_{l=1}^{4}(v_i^l n_j^{(l)} + v_j^l n_i^{(l)})S^{(l)} \tag{5-5}$$

由虚功原理可推导出节点不平衡力：

$$F_i^{(l)} = \sum_{l=1}^{4}\left(\frac{\sigma_{ij} n_j^{(l)} S^{(l)}}{3} + \frac{\rho b_i V}{4}\right) + P_i^{(l)} \tag{5-6}$$

式中 b_i——体力；

$P_i^{(l)}$——外力。

则根据牛顿运动定律，对任一节点 l 有：

$$\left(\frac{\partial v_i(t)}{\partial t}\right)^{(l)} = \frac{F_i^{(l)}(t)}{M^{(l)}} \tag{5-7}$$

式中 $M^{(l)}$——节点 l 的集中质量。

用中心差分近似表示速度对时间的导数，则由式（5-7）可得到节点 l 的速度、位移和单元应变增量的表达式：

$$v_i^{(l)}(t+\Delta t/2) = v_i^{(l)}(t-\Delta t/2) + \frac{F_l^{(l)}(t)}{M^{(l)}}\Delta t \tag{5-8}$$

$$v_i^{(l)}(t+\Delta t) = u_i^{(l)}(t) + \Delta t v_i^{(l)}(t+\Delta t/2) \tag{5-9}$$

$$\Delta\varepsilon_{ij} = \frac{1}{2}(v_{i,j} + v_{j,i})\Delta t \tag{5-10}$$

式中 Δt——计算时步，$u_i^{(l)}(t)\big|_{t=0} = 0$。

假定应力-应变关系可表示为：

$$\sigma_{ij} = D(\sigma_{ij}, \varepsilon_{ij}, \kappa) \tag{5-11}$$

式中 D——给定函数；

κ——考虑荷载历史的参数。

则应力增量为：

$$\Delta\sigma_{ij} = D(\sigma_{ij}, \varepsilon_{ij}\Delta t, \kappa) \tag{5-12}$$

在每一时步内，将其与前一时刻的应力分量累加可得新的应力分量，进入下一时步的计算。

利用 FALC^{3D}软件进行岩土工程数值分析的步骤一般为以下七步：(1) 定义模型分析的目标；(2) 产生一个物理系统的概念图；(3) 构造和运行简单的理想化模型；(4) 收集指定问题的数据；(5) 准备一系列详细的模型运行；(6) 执行

模拟计算；(7) 当前结果的解释。具体的流程图如图5－1所示。

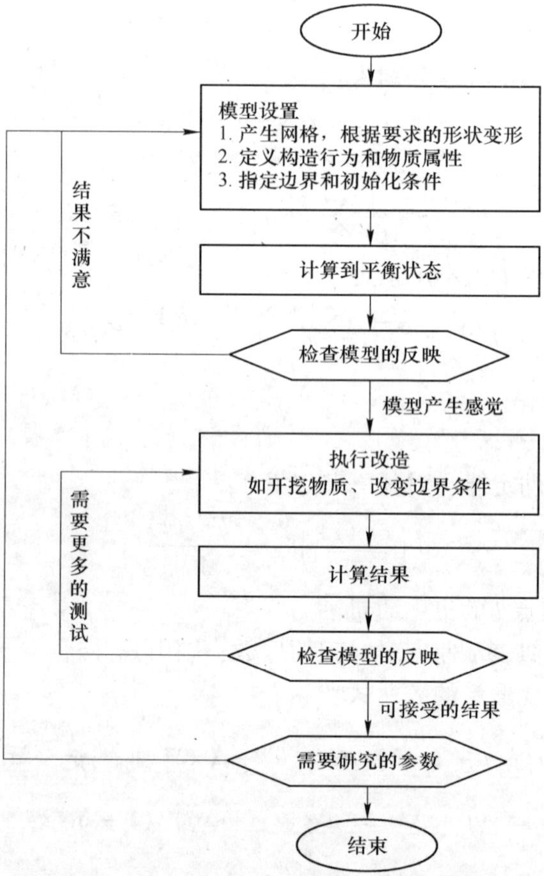

图5－1 FLAC^{3D}计算流程

5.2 桩网复合结构单元模拟

5.2.1 土工格栅

FLAC^{3D}中内嵌了土工格栅单元，土工格栅和岩土接触面上的力学特性如图5－2和图5－3所示。单元应力由有效侧限应力σ_m和总剪切应力τ组合而成，由薄膜应力来平衡，薄膜应力的合力由$\bar{N}$来表示，如图5－2所示。在土工格栅单元的节点处，用弹簧－滑块模拟土工格栅切平面力学行为，弹簧－滑块方位是基于土工格栅与围岩介质相对剪切位移u_s方向变化的，如图5－3所示。在每个节点处只有一个弹簧－滑块，使土工格栅单元的力学特性与粗糙的网孔和十字连接筋啮合相似。弹簧－滑块在土工格栅表面两侧的整个附属区域中传递总剪切力。同时，假定有效侧限应力在土工格栅两面是相等的。

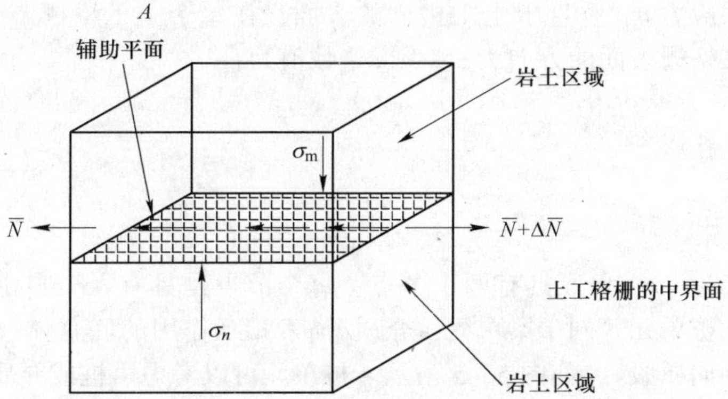

图 5 - 2 土工格栅力学模型

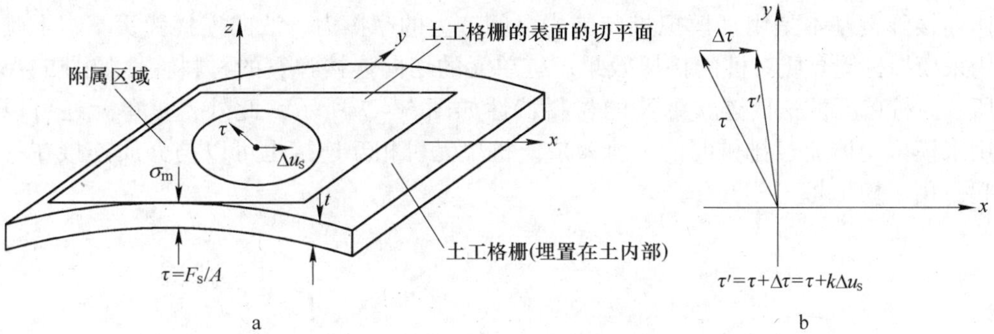

图 5 - 3 土工格栅节点的理想化的界面模型

a—土与土工格栅之间的剪应力；b—在每一步计算时剪应力的更新

在土工格栅和岩土的接触面上的法向力学特性描述如下，如图 5 - 4 所示，土工格栅和岩土接触面上的剪切力大小由黏结摩擦特性控制，即由连接弹簧参数：(1) 单位面积的刚度 k；(2) 黏结强度 c；(3) 摩擦角 ϕ 以及有效侧限应力 σ_m 来共同决定的。

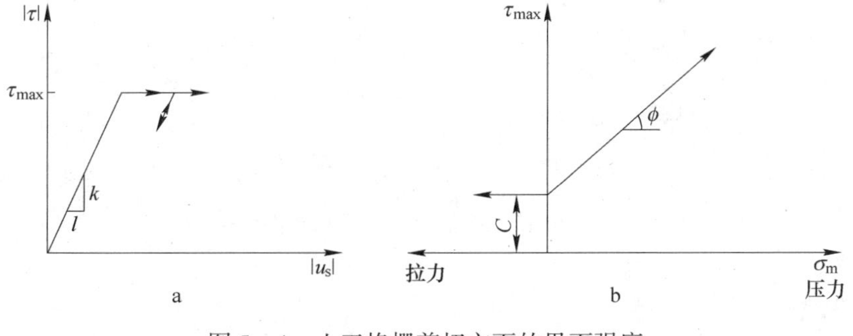

图 5 - 4 土工格栅剪切方面的界面强度

a—剪切力 - 相对位移；b—剪切强度准则

有效侧限应力 σ_m 垂直于土工格栅的表面，在每个土工格栅节点都要计算，设垂直于土工格栅表面的方向为 z，则 σ_m 数值为：

$$\sigma_m = \sigma_{zz} + p \tag{5-13}$$

式中 p——孔压。

5.2.2 桩单元

在 FLAC^{3D}中，桩单元具有两个节点，每个节点是具有六个自由度的直线型的有限单元。桩单元等同于梁单元＋介质/锚索相互作用的联合体（可以有塑性矩，但没有轴向屈服），如图 5－5 所示。桩单元可以考虑由桩或介质在法向方向的相互运动而产生的摩擦力，通过剪切和法向的连接弹簧来实现的。通过这种连接弹簧的非线性节点，使得桩单元节点与寄宿域网格点之间传递了力和运动。剪切连接弹簧基本是用来模拟桩与围岩之间产生的摩擦力。法向连接弹簧基本上是用来模拟桩周介质对桩的挤压效果。桩单元的切向连接弹簧的材料特性如图 5－6 所示。桩单元的法向连接弹簧的材料特性如图 5－7 所示。此外，桩单元还可以用来模拟土体流过排桩时的三维效应。桩单元可相互连接也可以与介质连接在一起，用于模拟桩土相互作用。

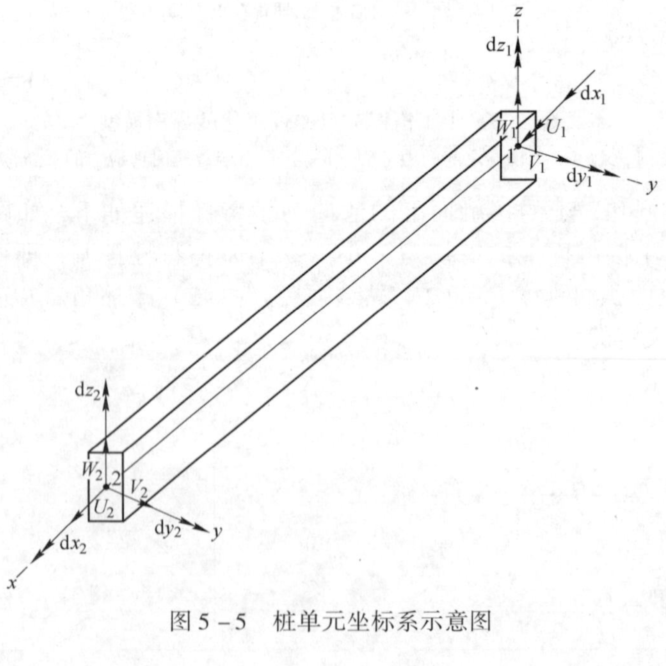

图 5－5 桩单元坐标系示意图

5.2.3 接触单元

接触单元是由三个节点组成的三角形节理单元，且无厚度。在每一个计算时

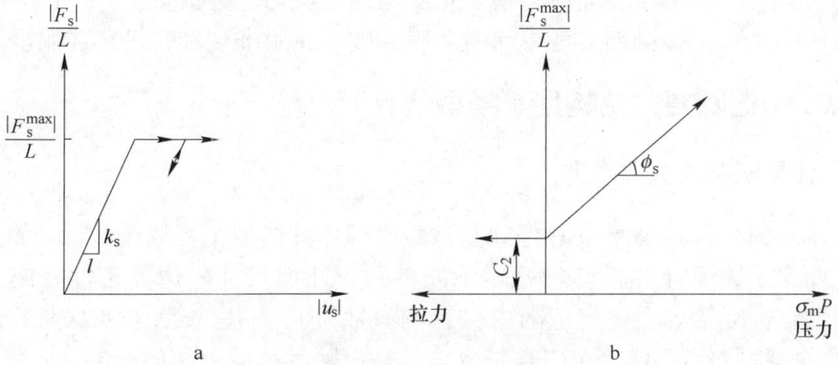

图 5－6　桩单元材料的剪切连接弹簧的强度

a—剪切力 - 相对位移；b—剪切强度准则

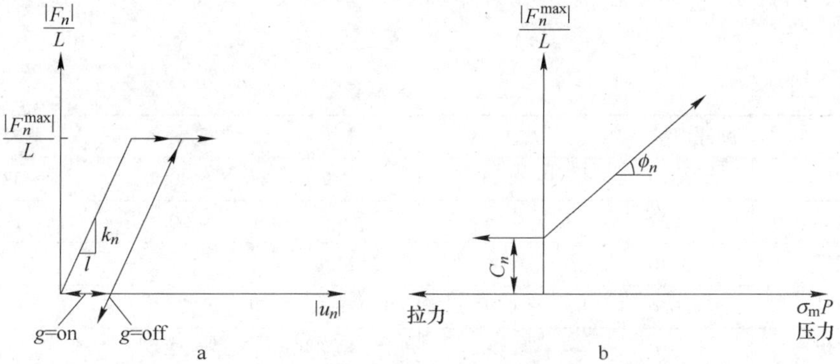

图 5－7　桩单元材料的法向连接弹簧的强度

a—法向力 - 相对位移；b—法向强度准则

步里，均需计算接触目标面和接触节点的法向绝对侵入量和切向相对速度。把这两个值带入接触面本构方程就可以算出接触面上的法向应力矢量和切向应力矢量。其法向和切向本构方程如下：

$$F_n^{(t+\Delta t)} = k_n u_n A + \sigma_n A \tag{5-14}$$

$$F_{si}^{(t+\Delta t)} = F_{si}^{(t)} + k_s \Delta u_{si}^{(t+\Delta t/2)} A + \sigma_{si} A \tag{5-15}$$

式中　$F_n^{(t+\Delta t)}$——法向应力；

$F_{si}^{(t+\Delta t)}$——剪切应力；

k_n——法向接触刚度；

k_s——切向接触刚度；

u_n——接触单元节点法向渗透位移；

Δu_{si}——相对剪切位移矢量增量；

σ_n——由于界面应力初始化，增加的法向应力；

σ_{si}——由于界面应力初始化而增加的剪切应力矢量；

A——接触面接触单元服从库仑破坏屈服准则和拉破坏屈服准则。

5.3 CFG 桩网复合结构地基模型建立

5.3.1 计算模型及参数确定

在江西德昌高速公路 D10 标软基试验段现场具体的工程概况和设计施工的基础上，确定了数值计算模型的基本地质参数、几何尺寸、边界条件及施工阶段等，并结合实际情况在一定范围内对影响参数进行调整，运用 $FLAC^{3D}$ 数值计算软件建立三维数值模型探讨 CFG 桩复合地基沉降和荷载分担的影响。

5.3.1.1 模型计算参数

依据室内实验、现场试验研究和查阅已有的文献和经验，确定的基本工况计算中地基土层、褥垫层、路堤、路面等计算参数见表 5－1，路堤边坡比均为 1∶1.5。

表 5－1 计算参数

岩性	弹性模量/MPa	泊松比	黏结力/kPa	容重/kN·m^{-3}	内摩擦角/(°)
细砂	6.70	0.36	2.9	20.7	37.3
粉质黏土	5.58	0.35	40.3	20.1	19.5
淤泥质土	3.40	0.40	20.1	17.9	17.8
褥垫层	50.0	0.31	0.0	22.0	37.0
路堤	15.0	0.28	40.8	22.0	25.2
路面	15.0	0.28	40.8	22.0	25.2

5.3.1.2 几何计算模型

为了直观全面地了解整个路基沉降和荷载分担变化规律，本章对整个路基进行了三维模拟，因路基宽 26m，地基土的计算宽度取试验段路基底部软基处理宽度 47m，模型长度取路线方向长 50m。模型共 68150 个单元、73440 个节点，桩采用 pile 单元，CFG 桩采用方形设置，粉喷桩采用三角形布置，如图 5－8 和图 5－9所示。

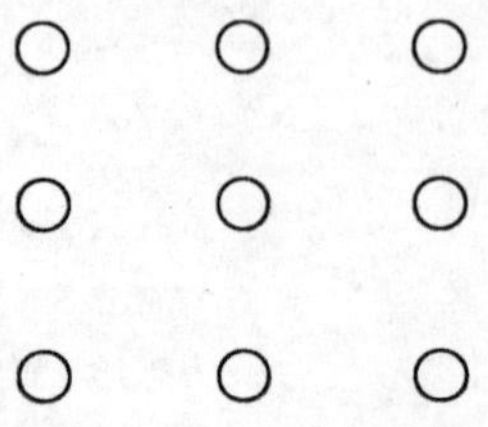

图 5－8 CFG 桩布置形式

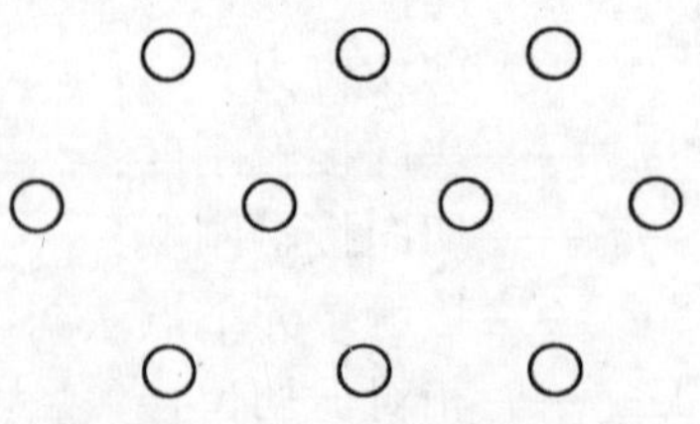

图 5－9 粉喷桩布置形式

由于模型中大量设置了桩，因此，采用 FISH 语言编制程序，循环嵌入桩单元。边界条件为，底部、侧面各约束法向位移（链杆约束），上部为自由边界，桩网复合结构地基计算模型如图 5－10 所示。

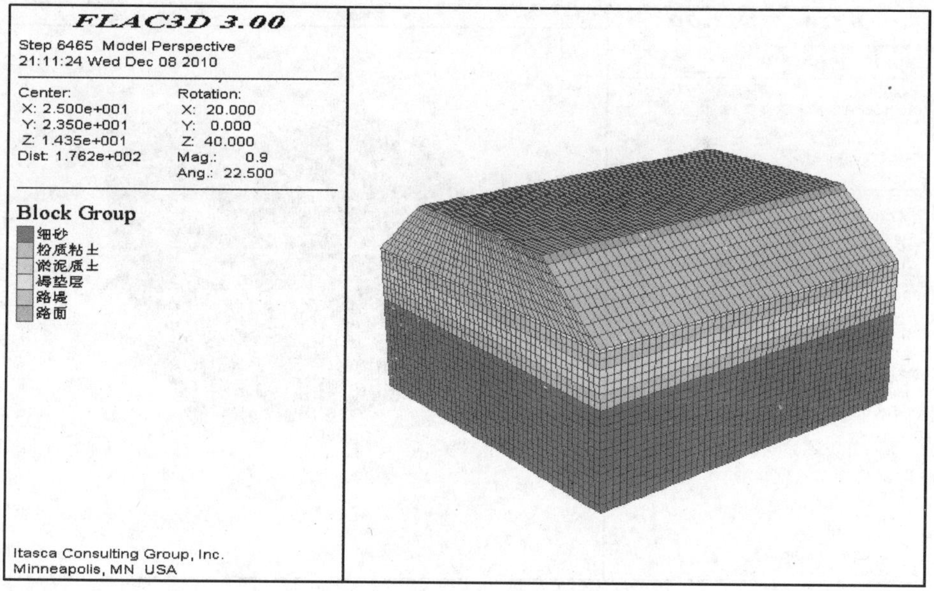

图 5－10 桩网复合地基计算模型

模拟计算时，计算收敛准则为不平衡力比率，满足 10^{-5} 的求解要求。模拟步骤为建立土体模型，计算系统平衡，然后依次加入桩单元、褥垫层、路堤、路面，计算整体模型的土体压力等。土体计算参数如下：（1）CFG 桩体参数：弹性模量为 15.0GPa，泊松比为 0.2，密度为 2.4g/cm^3，桩土界面的法向刚度和切向刚度均设置为（$K+4G/3$），其中 K 为相邻土体的体积模量，G 为相邻土体的剪切模量；（2）粉喷桩参数：弹性模量为 15.0GPa，泊松比为 0.2，密度为 2.4g/cm^3，桩土界面的法向刚度和切向刚度均设置为（$K+4G/3$），其中 K 为相邻土体的体积模量，G 为相邻土体的剪切模量；（3）土工格栅参数：弹性模量为 2.6GPa，泊松比为 0.33，切向刚度为 2.3MPa，摩擦角为 29°。

5.3.2 CFG 桩不同桩间距下的软基沉降

计算工况：褥垫层厚度设置为 40cm，桩间距设置为 1.5m、1.8m、2.0m。

设置褥垫层厚度为 40cm 不变，改变 CFG 桩的桩间距，得到原始地面的地表沉降云图切面以及三维沉降云图，如图 5－11～图 5－13 所示，图中竖直的负值表示岩土体的位移方向向下，单位为 m。从图中可以看出，土体沉降云图以路面中央为中心的圆弧形，最大沉降位于路面中央的正下方。随着桩间距的增大，土体的沉降逐渐增大。对应桩体间距 1.5m，1.8m 和 2.0m 的情况，地表最大沉降分别为：34.41cm，34.99cm，35.08cm；并且，随着桩间距的增大，路堤和路面修筑引起的大位移区域逐渐增大。

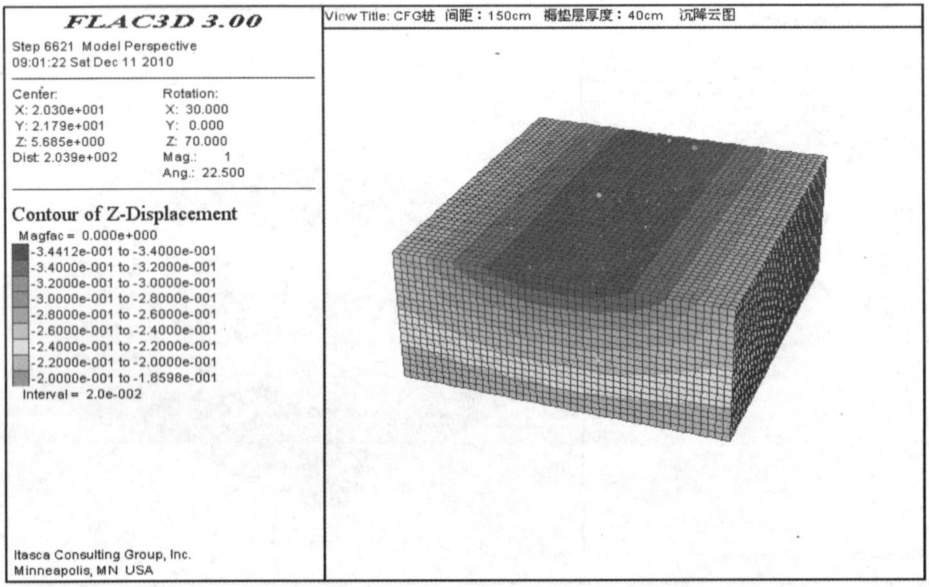

图 5-11　CFG 桩间距 1.50m 沉降云图（褥垫层厚 40cm）

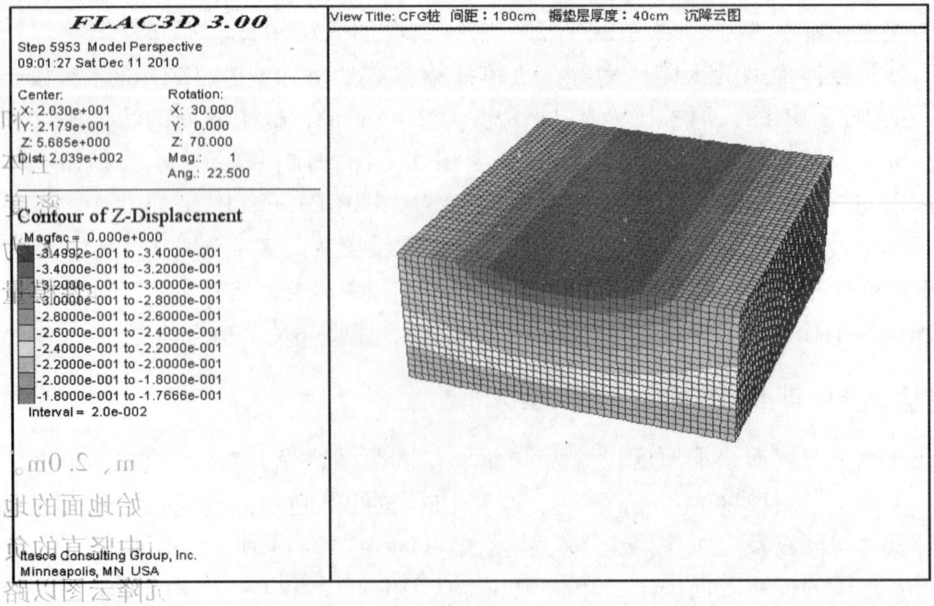

图 5-12　CFG 桩间距 1.80m 沉降云图（褥垫层厚 40cm）

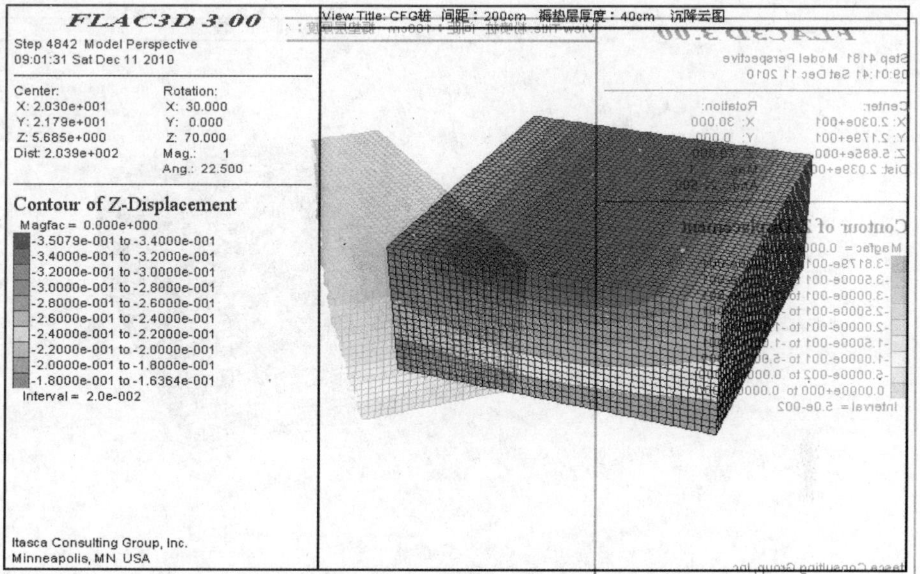

图 5-13 CFG 桩间距 2.00m 沉降云图（褥垫层厚 40cm）

5.3.3 粉喷桩不同桩间距下的软基沉降

计算工况：褥垫层厚度 40cm，桩间距 1.5m、1.8m、2.0m。

设置褥垫层厚度为 40cm 不变，改变粉喷桩的桩间距，得到原始地面的地表沉降云图切面以及三维沉降云图，如图 5-14～图 5-16 所示，图中竖直的负值

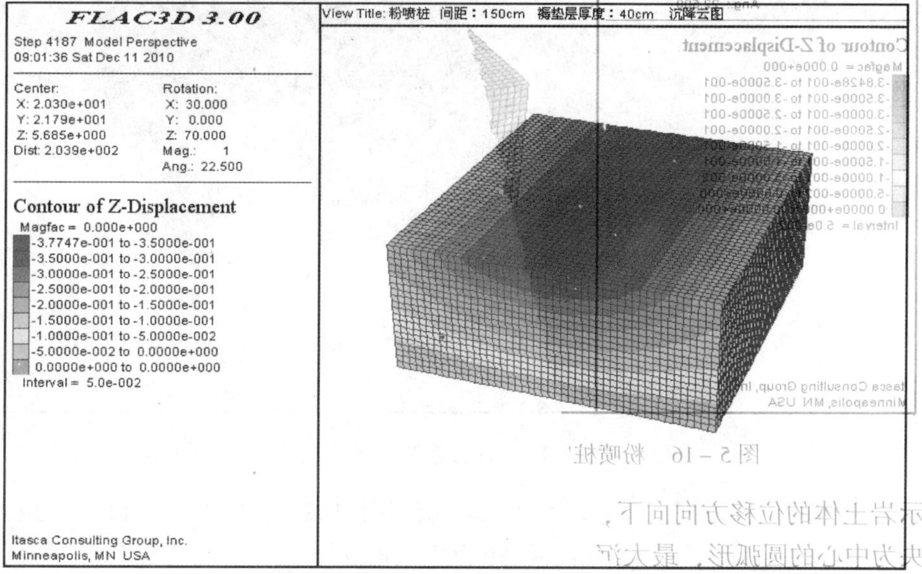

图 5-14 粉喷桩间距 1.50m 沉降云图（褥垫层厚 40cm）

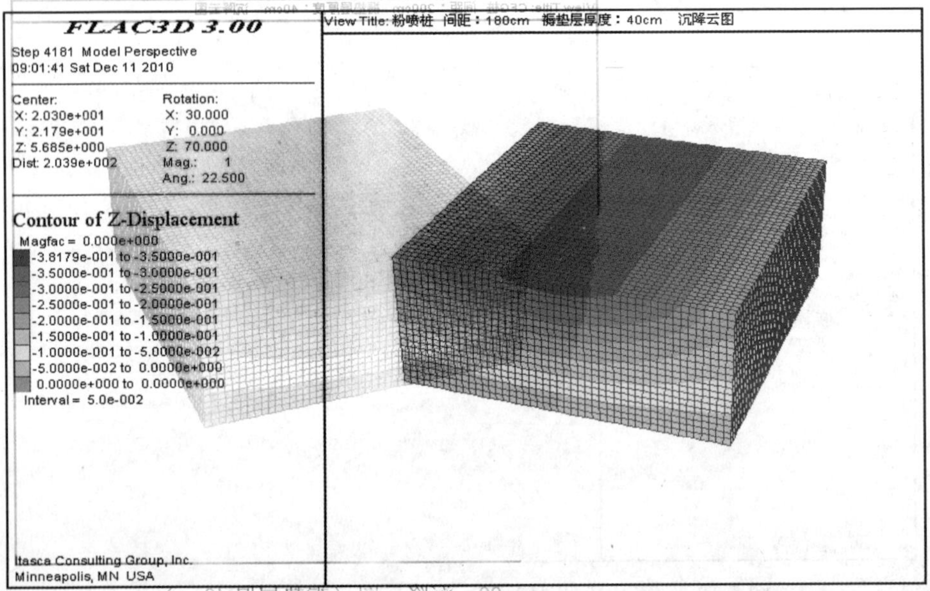

图 5－15 粉喷桩间距 1.80m 沉降云图（褥垫层厚 40cm）

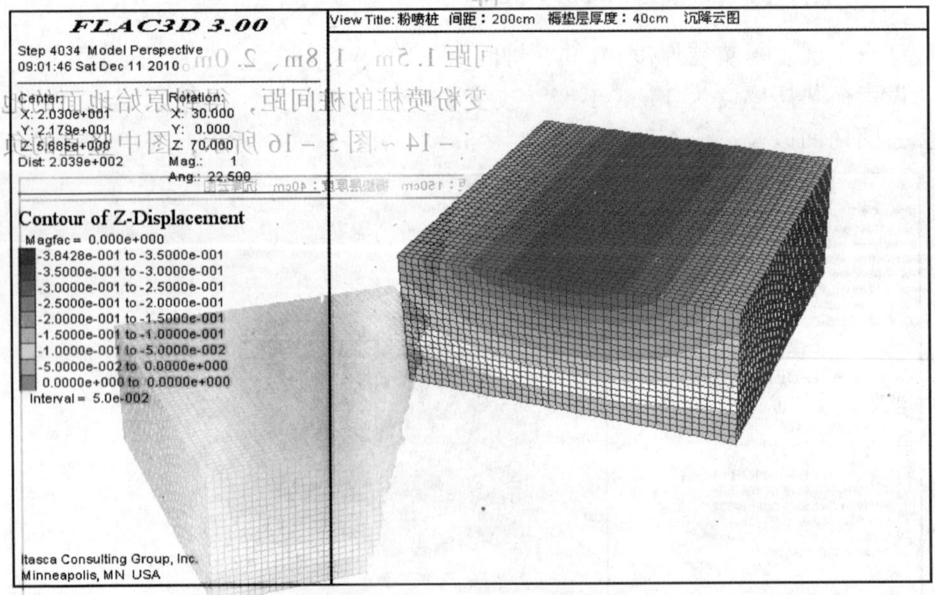

图 5－16 粉喷桩间距 2.00m 沉降云图（褥垫层厚 40cm）

表示岩土体的位移方向向下，单位为 m。从图中可以看出，土体沉降云图以路面中央为中心的圆弧形，最大沉降位于路面中央的正下方，该规律与 CFG 桩加固路基的效果相同。随着桩间距的增大，土体的沉降逐渐增大。对应桩体间距 1.5m，

1.8m 和 2.0m 的情况，地表最大沉降分别为：37.75cm、38.17cm、38.42cm。

对比上述 CFG 桩和粉喷桩加固软基沉降的计算结果可知，CFG 桩对于土体沉降的控制优于粉喷桩。

5.4 桩网复合结构地基设计参数影响分析

5.4.1 不同桩长对地基变形的影响

为研究不同桩长对地基变形的影响程度，以桩间距 2.0m、垫层厚度 0.4m、一层土工格栅的 CFG 桩网复合地基为基本模型，分别选取 21m、15m、21m 与 15m 混合（路肩之外采用桩长 15m）三种不同桩长的 CFG 桩进行数值模拟计算。堆载结束后其计算结果如图 5－17 和图 5－18 所示。

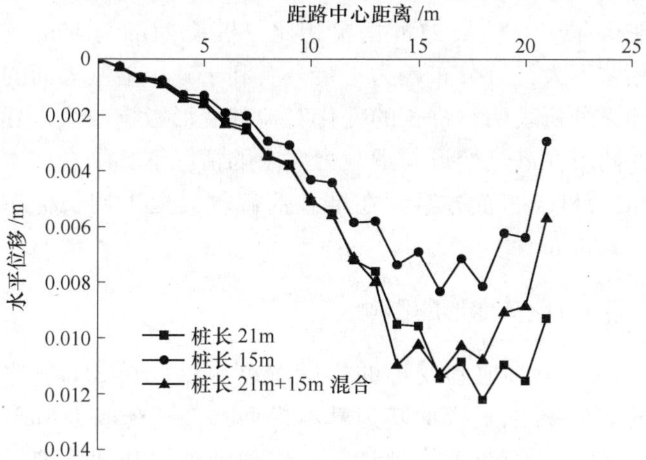

图 5－17　不同桩长与地基水平位移分布曲线

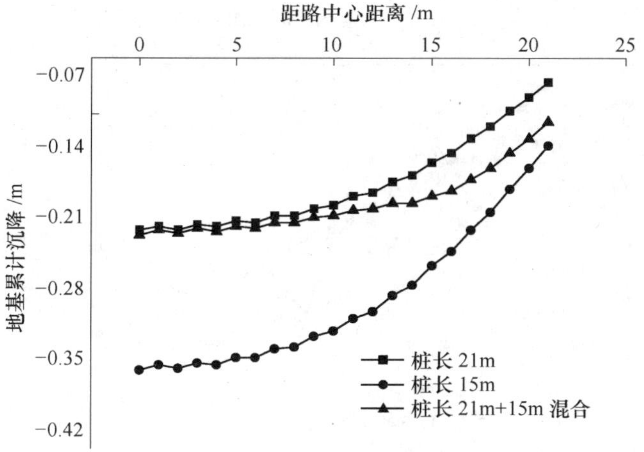

图 5－18　不同桩长与地基累积沉降分布曲线

由图5－17可知，在不同桩长情况下，地基表面水平位移随桩长的增大而减小。桩长15m情况下，最大水平位移为1.23cm，发生在距坡脚5m附近处；桩长21m情况下，最大水平位移为0.92cm，发生在距坡脚3m附近处；桩长21m与15m混合情况下，最大水平位移为1.16cm，发生在距坡脚5m附近处。这说明采用CFG桩加固软基对限制地基的侧向水平位移是有效的。与桩长15m情况相比，桩长21m情况下水平位移分布在路肩内差异较小，路肩至坡脚处差异较大。而与桩长21m与15m混合情况下相比，桩长21m情况下水平位移分布两者差异较小。

由图5－18可知，在不同桩长情况下，地基表面沉降随桩长的增大而减小。桩长分别为15m、21m与15m混合、21m情况下，地基表面沉降最大位置发生在路基中心处，最大沉降值分别为36.21cm、22.96cm、22.71cm。从桩长15m变化到21m过程中，地基最大沉降值减小了37.28%，说明桩长的增大对地基沉降具有较好的控制效果。与桩长21m情况相比，桩长21m与15m混合情况下地基沉降分布与之相差不大，且分布较为平缓，有利于减小地基表面的不均匀沉降。

通过上述计算分析表明，桩长的变化对地基变形影响较大。建议设计时桩应该打穿软土层，同时在满足变形与承载力要求的情况下，结合成本控制，可以采用21m与15m混合桩长布置方案，在堆载荷载较大处采用长桩布置，在堆载荷载较小处可采用短桩布置。

5.4.2 不同桩间距对地基变形的影响

为研究不同桩间距对地基变形的影响程度，以桩长21m、垫层厚度0.4m、一层土工格栅的CFG桩网复合地基为基本模型，分别选取1.5m、2.0m、3.0m、4.0m四种不同桩间距进行数值模拟计算。堆载结束后其计算结果如图5－19和图5－20所示。

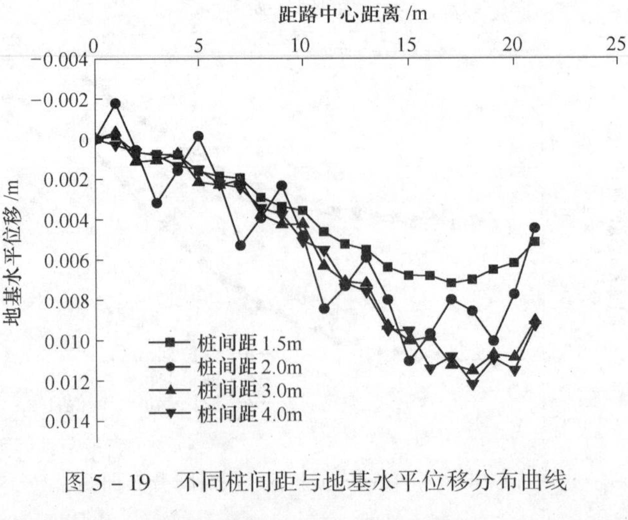

图5－19 不同桩间距与地基水平位移分布曲线

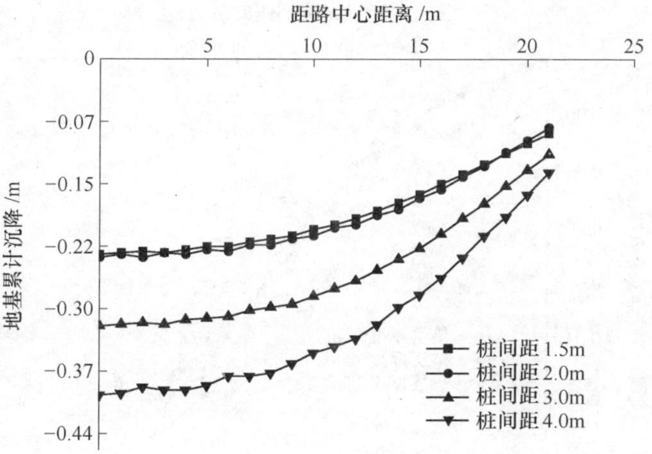

图 5－20　不同桩间距下地基表面累积沉降分布曲线

由图 5－19 可知，在不同桩间距情况下，地基表面水平位移基本随桩间距的增大而增大。桩间距为 1.5m、2.0m、3.0m、4.0m 情况下，地基表面最大水平位移分别为 0.72cm、1.04cm、1.08cm、1.25cm。在桩间距 3.0m 与 4.0m 情况下，地基表面水平位移分布曲线基本一致；桩间距 2.0m 情况下，水平位移分布曲线变化波动较大；桩间距 1.5m 情况下，水平位移分布曲线变化较为平缓。

由图 5－20 可知，在不同桩间距情况下，地基表面沉降随桩间距的增大而增大。桩间距为 1.5m、2.0m、3.0m、4.0m 情况下，地基表面最大沉降分别为 22.56cm、22.71cm、32.13cm、39.52cm。桩间距从 1.5m 变化到 4.0m 过程中，地基表面最大沉降增大 75.35%，说明不同桩间距对桩网复合地基沉降影响十分显著。在桩间距 1.5m 与 2.0m 情况下，地基表面沉降分布曲线基本一致；随着距路基中心距离的增大，各桩间距情况下的沉降差异逐渐减小。

通过上述计算分析表明，桩间距的变化对地基变形影响较大。桩间距过大，不利于地基变形的控制；桩间距过小，CFG 桩施工质量不易保证，不利于节约工程成本。

5.4.3　不同垫层厚度对地基变形的影响

为研究不同垫层厚度对地基变形的影响程度，以桩长 21m、桩间距 2.0m、一层土工格栅的 CFG 桩网复合地基为基本模型，分别选取 0m、0.3m、0.4m、0.5m 四种不同垫层厚度进行数值模拟计算。堆载结束后其计算结果如图 5－21、图 5－22 所示。

由图 5－21 可知，在不同垫层厚度情况下（垫层厚度 0m 除外），地基表面水平位移分布曲线基本一致，路基中心处水平位移基本为零，水平位移最大发生

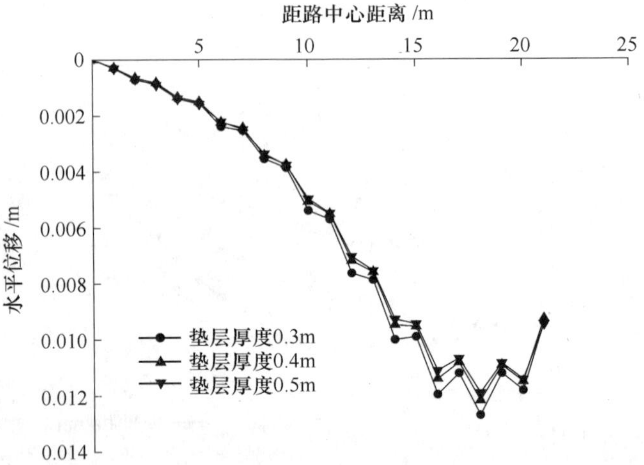

图 5-21 不同垫层厚度与地基表面水平位移分布曲线

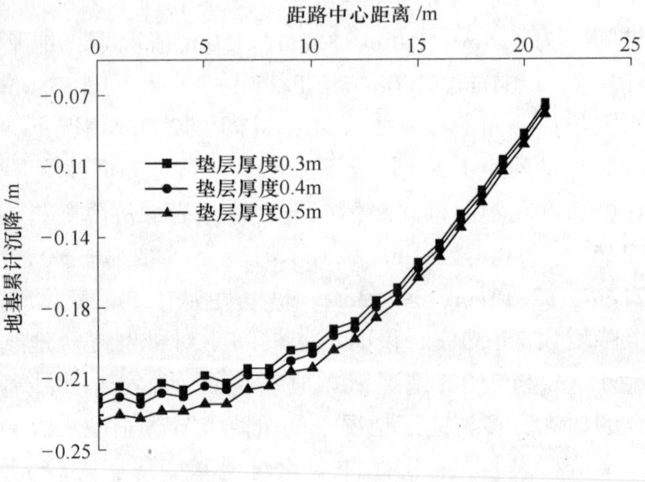

图 5-22 不同垫层厚度与地基表面累积沉降分布曲线

在距路中心约17m处。垫层厚度为0.3m、0.4m、0.5m情况下，地基表面最大水平位移分别为1.28cm、1.23cm、1.2cm，说明改变垫层厚度对减小桩网复合地基发生水平位移的作用不大。

由图5-22可知，在不同垫层厚度情况下，地基表面沉降随路基垫层厚度的增大而增大，沉降分布曲线差异随距路基中心距离增大而减小。垫层厚度为0.3m、0.4m、0.5m情况下，地基表面最大沉降分别为22.52cm、22.71cm、23.15cm。垫层厚度从0.3m变化到0.5m过程中，地基表面最大沉降增大2.79%，说明垫层厚度的变化对控制桩网复合地基沉降有一定的作用。

通过上述计算分析，垫层厚度的变化对地基水平位移影响程度较小，而对沉降有一定的影响。若针对沉降控制而言，垫层厚度越小越有利，但垫层对于桩网复合地基中“桩 - 网 - 土”三者协同作用具有较大作用，因此不能为了节约造价而过于减小垫层厚度。

5.4.4　不同土工格栅层数对地基变形的影响

为研究不同土工格栅层数对地基变形的影响程度，以桩长 21m、桩间距 2.0m、垫层厚度 0.4m 的 CFG 桩网复合地基为基本模型，分别选取无、1 层、2 层、3 层四种不同土工格栅层数进行数值模拟计算。堆载结束后其计算结果如图 5 - 23、图 5 - 24 所示。

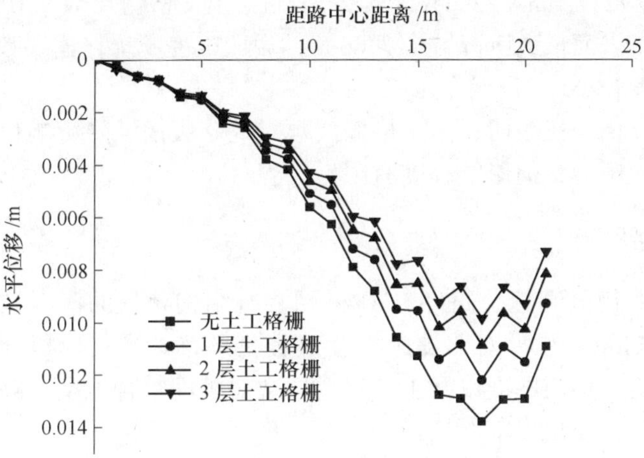

图 5 - 23　不同土工格栅层数与地基表面水平位移分布曲线

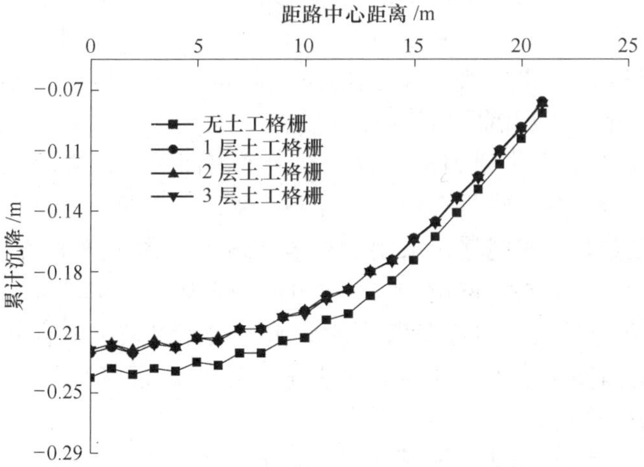

图 5 - 24　不同土工格栅层数与地基表面沉降分布曲线

由图5-23可知，不同土工格栅层数情况下，地基表面水平位移随土工格栅层数的增加而减小。在土工格栅层数分别为0层、1层、2层、3层情况下，地基表面最大水平位移分别为1.4cm、1.24cm、1.08cm、0.98cm，发生在距坡脚3m附近处。土工格栅层数从0层变化到3层过程中，地基表面最大水平位移减小42.86%，说明土工格栅能够起到横向加强的作用，土工格栅层数的变化对桩网复合地基水平位移影响程度较大。

由图5-24可知，不同土工格栅层数情况下（无土工格栅除外），地基表面沉降分布曲线基本一致；无土工格栅情况下，地基表面沉降比其他情况的沉降稍大。在土工格栅层数分别为无、1层、2层、3层情况下，地基表面最大沉降分别为24.48cm、22.72cm、22.64cm、22.61cm，土工格栅层数从0层到3层的变化过程中，地基表面最大沉降减小7.63%，说明改变土工格栅层数对桩网复合地基沉降影响程度较小。

通过上述计算分析表明，土工格栅层数对地基表面沉降影响程度很小，而对水平位移有较大影响，但影响程度有限。

5.5 本章小结

本章以江西德昌高速公路经CFG桩网复合结构处理的深厚软基试验段为研究对象，运用$FLAC^{3D}$软件对路堤施工全过程变形特性进行模拟分析，研究了不同桩长、桩间距、垫层厚度以及土工格栅层数对桩网复合地基在路堤填筑时地基变形的影响规律，得出以下结论：

（1）地基中心处实测沉降曲线与数值模拟沉降曲线基本吻合，验证了采用$FLAC^{3D}$软件研究路堤施工过程中地基变形的可行性。经桩网结构加固处理后的地基表面变形比未处理的明显小很多，说明桩网复合地基能较显著控制路堤填筑时地基变形情况。

（2）CFG桩网复合地基加固软基的总沉降量比采用粉喷桩网复合地基加固软基的沉降量要小，工后沉降所需时间要短。

（3）从桩长15m变化到21m过程中，地基表面最大沉降值减小了37.28%，说明桩长的增大对地基沉降具有较好的控制效果。在满足承载力与变形要求情况下，结合成本控制，布桩时建议采用21m与15m混合桩长布置方案。

（4）桩间距从1.5m变化到4.0m的过程中，地基表面最大沉降增大75.35%，水平位移曲线波动逐渐增大，说明桩间距对桩网复合地基变形影响十分显著。根据德昌高速公路软基的实际情况，结合疏桩原理，布桩时建议采用桩间距为2.0m较为合理。

（5）垫层厚度对地基表面水平位移影响程度较小，而对沉降有一定的影响。若针对沉降控制而言，垫层厚度越小越有利，但垫层对于桩网复合地基中“桩-

网－土”三者协同作用具有较大作用，因此不能过于减小垫层厚度。基于德昌高速公路软基的实际情况，垫层厚度建议选取0.4m较为合理。

（6）土工格栅层数从0层到3层的变化过程中，地基表面沉降变化较小，最大沉降减小了7.63%，地基表面最大水平位移减小了42.86%，说明土工格栅层数对地基表面沉降影响程度较小，而对水平位移有较大影响。基于依托工程实况，结合成本控制，建议铺设一层土工格栅即可。

6 CFG 桩施工工艺与关键技术

本章对 CFG 桩的施工方法和工艺进行了详细的阐述，对目前国内 CFG 桩复合地基的两种主要施工工艺进行了对比分析（振动沉管施工工艺和长螺旋钻孔灌注施工工艺），分析了施工中的质量控制措施；并结合德昌高速公路软基处理中的 CFG 桩复合地基施工实例，对振动沉管施工工艺的成桩质量关键技术进行了分析和总结。

6.1 CFG 桩施工技术发展概况

目前，CFG 桩复合地基技术已在全国 20 多个省、市、自治区得到应用，具有广阔的发展前景。就应用的工程类型而言，有工业与民用建筑、高耸构筑物；有多层建筑，也有高层建筑；近年来，CFG 桩复合地基技术在高等级公路和铁路工程、市政工程及堆场、机场、堤坝等土木工程建设中也得到了广泛的应用。

大量工程实践表明，CFG 桩复合地基设计，就承载力而言不会有太大问题，可能出问题的是 CFG 桩的施工。因此，有必要了解 CFG 桩施工技术的发展以及不同工艺的特点。

CFG 桩复合地基于 1988 年提出并用于工程实践，首先选用的是振动沉管 CFG 桩施工工艺，主要是由于振动沉管打桩机在国内使用广泛、拥有量也最多。该工艺属于非排土成桩工艺，主要适用于黏性土、粉土、淤泥质土、人工填土及松散沙土等地基条件，尤其适用于松散的粉土、粉细砂的加固。

该施工工艺优点有：施工操作简便、施工费用较低、对桩间土的挤密效应显著等。用该工艺施工的 CFG 桩复合地基可以提高地基承载力、减少地基变形以及消除地基液化。振动沉管 CFG 桩施工工艺为 CFG 桩复合地基的发展和推广应用起到了十分重要的作用。到目前，该工艺依然是 CFG 桩主要施工方法之一，主要应用于挤密效果好的土和可液化土的地基加固工程，空旷地区或施工场地周围没有管线、挤密设备以及不存在扰民的地基处理工程。

该施工工艺缺点有：施工时缺乏有效控制，可能会发生缩颈和断桩，且事故率高达 25%；对难以穿透的厚的硬土层，如砂层、卵石层等，必须采用引孔等措施，或者采用其他成桩工艺，给施工带来不便；振动及噪声污染严重，对施工现场周围的环境及居民正常生活产生不良影响；在临近已有建筑物施工时，振动对建筑物可能产生不良影响；在饱和黏性土中成桩，会造成地表隆起挤断已打桩，在高灵敏度土中施工可能导致桩间土强度的降低；施工时，混合料从搅拌机到桩机进料口的水平运输一般为翻斗车或人工运输，效率相对较低，对于长桩，拔管过程中尚需空中投料，操作不便。

鉴于振动沉管CFG桩施工工艺存在的问题，1997年中国建筑科学研究院等单位开始进行长螺旋钻管内泵压CFG桩施工工艺的研究，并在研究期间开展了大量工程实践，使该工艺趋于完善。该工艺具有以下优点：（1）低噪声、无泥浆污染；（2）成孔制桩时不产生振动，避免了新打桩对已打桩产生的不良影响；（3）成孔穿透能力强。可穿透硬土层，诸如砂层、圆砾层和粒径不大于60mm的卵石层；（4）施工效率高。由于具有上述优点，该工艺已成为城区或居民区内采用CFG桩复合地基施工的首选工艺。

除了以上两种常用的CFG桩施工工艺外，CFG桩施工还可根据土质情况、设备条件采用以下工艺：（1）长螺旋钻孔灌注成桩。适用于地下水位以上的黏性土、粉土和填土地基。（2）泥浆护壁钻孔灌注成桩。适用于黏性土、粉土、砂土、人工填土、砾（碎）石土及风化岩层分布的地基。（3）人工或机械洛阳铲成孔灌注成桩。适用于处理深度不大，地下水位以上的黏性土、粉土和填土地基。

在实际工程中，除采用单一的CFG桩施工工艺外，有时还需要根据地质条件或地基处理的目的采用两种施工工艺组合或两种桩型组合。

6.2 CFG桩施工工艺

6.2.1 振动沉管CFG桩施工工艺

振动沉管CFG桩施工在打桩时主要采用钢筋混凝土预制桩尖和钢制活瓣桩尖。其中，钢筋混凝土预制桩尖等桩施工完成后仍留于桩端，成为CFG桩的一部分。振动沉管灌注成桩施工工艺流程如图6－1所示。

6.2.1.1 施工中常见的问题

（1）土的强度降低。振动沉管成桩工艺与土的性质具有密切关系，就挤密性而言，可将地基土分为三大类：其一为挤密性好的土，如松散填土、粉土、砂土等；其二为可挤密性土，如塑性指数不大的松散的粉质黏土和非饱和黏性土；其三为不可挤密土，如塑性指数高的饱和软黏土和淤泥质土。土的密实度对土的挤密性影响很大，一般情况下，松散的砂土或粉土可振密；但有时密实的砂土或粉土会被振松，对于密实度较高的土，振动会使土的强度破坏，密实度降低，土的承载力反而下降。因此讨论土的挤密性时，一定要考虑地基处理前土的密实度。

（2）缩颈和断桩。在饱和软土中成桩，桩机的振动力较小，当采用连打作业时，新打桩对已打桩的作用主要表现为挤压，使得已打桩被挤成椭圆形或不规

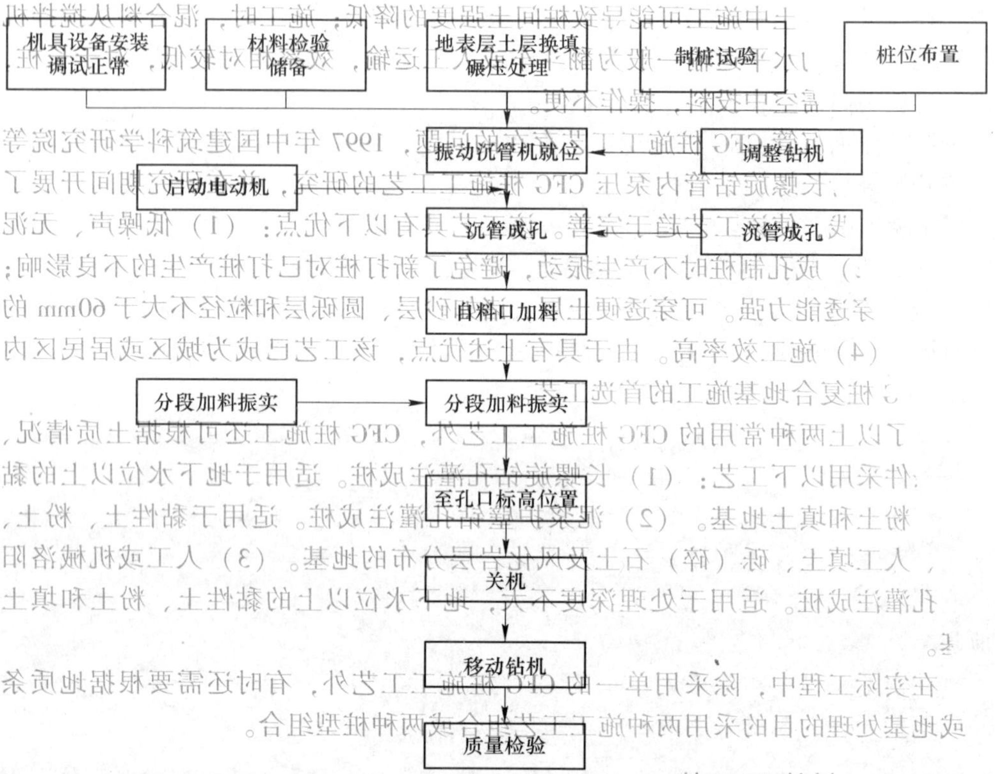

图 6－1　CFG 沉管振动桩施工工艺流程

则形，严重的会产生缩颈和断桩。在上部有较硬的土层或中间夹有硬土层的土中成桩，桩机的振动力较大，对已打桩的影响主要为振动破坏。采用隔桩跳打工艺，若已打桩结硬强度又不太高，在中间补打新桩会使已打桩振裂，且裂缝一般与水平成 0°～30°的夹角。

（3）桩体强度不均匀。若桩机卷扬系统提升沉管线速度太快时，为控制平均速度，一般采用提升一段距离，停下留振一段时间，非留振时速度太快可能会导致缩颈断桩；拔管太慢或留振时间过长，都会使得桩的端部桩体水泥含量较少，桩顶浮浆过多，而且混合料也容易产生离析，造成桩身强度不均匀。

（4）土混入桩体内。当采用活瓣桩尖成桩时，可能出现的问题是活瓣桩尖打开的宽度不够，混合料下落不充分，造成桩端与土接触不密实或桩端一段桩径较小。若采用反插法作业时，由于桩管垂直度很难保证，反插容易使土与桩体材料混合，导致桩身掺土等缺陷。

6.2.1.2　施工质量控制措施

（1）施工前的工艺试验。施工前的工艺试验主要是考查设计的施工顺序和桩距能否保证桩身质量。工艺试验也可结合工程桩施工进行，并需做如下两种观测：其一是新打桩对未结硬的已打桩的影响，在已打桩桩顶表面埋设标杆，在施打新桩时量测已打桩桩顶的上升量，以估算桩径缩小的数值，待已打桩结硬后，开挖检查其桩身质量并量测桩径；其二是新打桩对结硬的已打桩的影响，在已打桩尚未结硬时，将标杆埋置在桩顶部的混合料中，待桩体结硬后观测打新桩时已打桩桩顶的位移情况。

（2）施工信息监测。施工信息监测能及时发现施工过程中的问题。可以使施工管理人员有根据地进行决策，对保证施工质量是至关重要的。施工过程中，尤其是施工初期，应做如下的监测：其一是施工场地标高监测，施工前要测量场地的标高，注意测点应有足够的数量和代表性，打桩过程中随时测量地面是否发生隆起，因为断桩常常和隆起相联系；其二是桩顶标高的监测，施工过程中要注意已打桩桩顶标高的变化，特别是注意观测桩距最小部位的桩；其三是对桩顶上升量较大的桩或怀疑发生质量事故的桩要开挖查看。

（3）逐桩静压。对重要工程或通过施工监测发现桩顶上升量较大，且桩的数量较多时，可采用逐个桩快速静压，以消除可能出现的断桩对复合地基承载力造成的不利影响。这一技术在沿海一带被广泛采用，当地称之为“跑桩”。静压桩机就是打桩用的沉管机，在沉管机桩架上配适量压重，配重的大小按可施于桩的压力不小于 1.2 倍桩的设计荷载为准，当桩身达到一定强度后即可进行逐桩静压，每个桩的静压时间一般为 3 分钟。静压桩的目的在于将可能发生已脱开的断桩接起来，使之能正常传递垂直荷载。这一技术对保证 CFG 桩复合地基能正常承受上部荷载是很有意义的。

（4）静压振拔技术。所谓静压振拔就是沉管时不启动电动机，借助桩机自身的重量将沉管沉至预定标高，填满料后再启动电动机振动拔管。对饱和软土，特别是塑性指数较高的软土，振动将引起土体孔隙水压力上升，同时造成土的强度降低。振动时间越长，对土和已打桩的不利影响越严重。在软土地区施工时，采用静压振拔技术对保证施工质量是有益的。

6.2.2 长螺旋钻管内泵压 CFG 桩施工工艺

长螺旋钻管内泵压 CFG 桩施工工艺适用于黏性土、粉土、砂土以及对噪声或泥浆污染要求严格的场地。该施工工艺是由长螺旋钻机、混凝土泵和强制式混凝土搅拌机组成的完整的施工体系，其中长螺旋钻机是该工艺设备的核心部分，根据其成孔深度分为 12m、16m、18m、24m 和 30m 等机型，施工前应根据设计桩长确定施工所采用的设备。

6.2.2.1 长螺旋钻管内泵压 CFG 桩施工工艺流程

长螺旋钻管内泵压 CFG 桩施工工艺流程如图 6－2 所示。

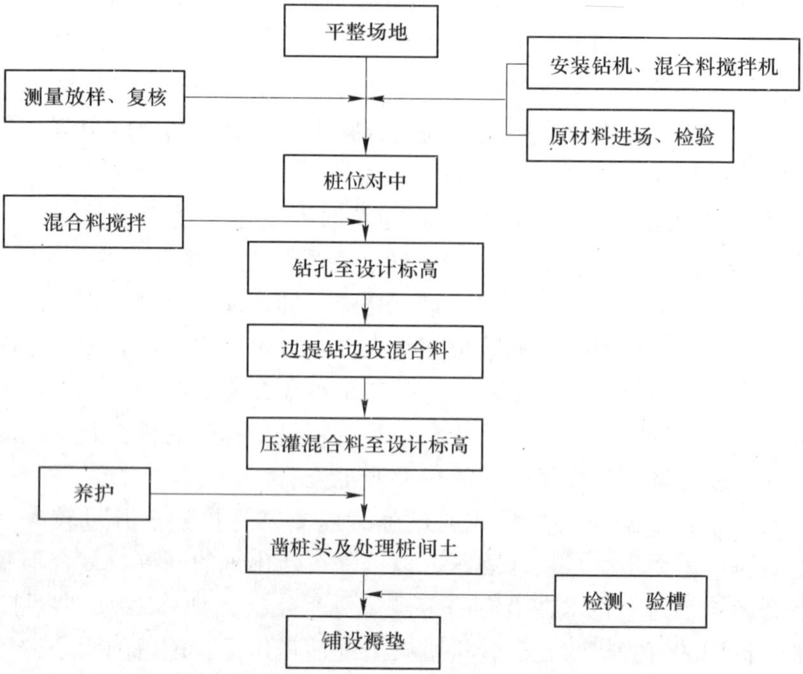

图6-2 长螺旋钻管内泵压CFG桩施工工艺流程

6.2.2.2 施工中常见的问题及质量控制

A 堵管

造成堵管的原因大致有：

(1) 混合料配合比不合理：当混合料中的细骨料和粉煤灰用量较少时，混合料和易性差，常会引起堵管。因此，混合料配合比要注意这两种材料的掺入量，尤其是粉煤灰的掺入量应为60~80kg/m^3。

(2) 混合料搅拌质量有缺陷：如混合料坍落度太大，易产生泌水、离析，在泵送管内水浮到上面，在泵压的作用下，水先流动，骨料与砂浆分离，摩擦力剧增，从而造成堵管；而当混合料坍落度太小，混合料在输送管内流动性差，也容易造成堵管。因此，施工时混合料坍落度宜控制在16~20cm。

(3) 设备缺陷：与钻杆及高强柔性管连接的弯头曲率半径不合理，会发生堵管；混合料输送管施工结束后清洗不干净，下次施工时常会发生堵管；混合料输送管接头不牢固，垫圈破损，会导致水泥砂浆流失，从而造成堵管；钻头封闭不严，在具有承压水的粉细砂中成桩时，承压水带着砂通过钻头间隙进入钻杆心管，形成砂塞，当泵入混合料后，砂塞堵住钻头阀门；在高水头下，钻头阀门进水，泵入混合料后，使混合料离析，在钻头阀门处形成碎石散体，堵塞阀门。

(4) 冬季施工防冻措施不合理，因冻结会形成堵管。

(5) 施工措施不当：若灌注满混合料后不及时提钻，混凝土泵一直泵送，在泵送压力下会使钻头处的水泥浆液挤出，使钻头阀门处产生无水泥浆的干硬混合料塞体。为避免这种情况发生，施工时应先提钻后泵料，当桩端到达持力层后，为便于打开阀门，泵送混合料前把钻杆提起30cm。

B 窜孔

在厚层淤泥质土、饱和粉土、粉细砂土层中施工常会遇到窜孔现象，刚施工完1号桩时，紧接着施工相邻的2号桩时，随着钻杆的钻进，发现已打完的1号桩桩顶突然下落，而当2号桩泵入混合料时，可见1号桩下降的桩顶开始回升，泵入2号桩的混合料足够多时，1号桩的桩顶标高恢复到原标高。在这种情况下，为避免窜孔现象发生，施工时应采取隔桩或隔排跳打的施工顺序。

C 钻头阀门打不开

(1) 钻头构造有缺陷，如阀门采用内嵌式时，会有砂粒等卡住，导致阀门无法打开。为避免这种情况发生，应注意阀门的密闭性，如发现密闭不严实，应及时处理。

(2) 当桩端位于透水性好、水头高的沙砾石层中时，阀门外除了土的侧向压力外，主要是水的侧向压力很大，当阀门内混合料的侧向压力小于阀门外的侧向压力时，会导致阀门打不开。为避免这种情况发生，应调整阀门结构形式或调整桩长，使桩端穿过透水性好、水头高的沙砾石层。

D 桩体上部存气

排气阀门不能正常排气，会使桩体存气，形成空洞。为避免这种情况发生，应避免排气阀堵塞，施工时应经常检查排气阀是否堵塞，若发现堵塞，应及时采取措施加以清洗。

6.2.3 施工工艺比较分析

在CFG桩复合地基开发和应用之前，软弱地基中的高层建筑一般采用桩基础，根据桩的形式可分为预制桩、钢桩、潜注桩和预应力管桩等。由于预制桩、钢桩施工噪声较大，在闹市区的桩基础一般采用灌注桩，按成桩方式又可分为泥浆护壁钻孔灌注桩、沉管灌注桩和干作业成孔灌注桩，灌注桩施工技术现已比较成熟，但由于其本身施工程序复杂，不仅施工速度较慢，而且施工成本较高。

在CFG桩复合地基的发展初期，施工一般采用振动沉管成桩工艺，其施工工艺主要是从沉管灌注桩的施工中借鉴过来的，那时的CFG桩施工工艺与桩基础中的沉管灌注桩类似，施工工艺方面优势不太明显。但随着长螺旋钻管内泵压成桩工艺的开发和应用，其施工速度大大加快，成桩质量也比较容易保证，而且不存在噪声和泥浆污染，因此近几年来CFG桩复合地基的应用得到了长足的发展。长螺旋钻管内泵压成桩工艺之所以具有以上优点，其主要在于长螺旋钻机的几个关键技术：

（1）钻头。长螺旋钻机的钻头设计有单向阀门，成孔时钻头具有一般螺旋钻头的钻进功能，钻进过程中单向阀门封闭，水和土不能进入钻杆内，钻至预定标高提钻时，钻头阀门打开，钻杆内的混合料能顺利通过钻头上的阀门流出。钻头的关键技术是确定钻头的合理叶片角度和设置靶齿以及单向阀门的形式和密封性。

（2）弯头。弯头是连接钻杆与高强柔性管的重要部件，若弯头水平段过长，会造成混合料沉积于此而发生堵管。弯头的关键技术是确定弯头的合理曲率半径和与钻杆的连接方式。

（3）排气阀。在施工中，当混合料从弯头进入钻杆内时，钻杆内的空气需要排出，否则混合料积存大量空气会造成桩身不完整。排气阀的主要功能是：钻杆进料时阀门处于常开状态，使钻杆内空气排出；当混合料充满钻杆芯管时排气阀关闭，保证混合料在一定压力下流出钻头，形成桩体。

除上述两种常用的CFG桩施工工艺外，CFG桩施工还可根据具体的土质情况、设备条件采用以下工艺：

（1）长螺旋钻孔灌注成桩：适用于地下水位以上的黏性土、粉土、素填土、中等密实以上的砂土。属非挤土成桩工艺，该工艺具有穿透能力强、低噪声、无泥浆污染等特点，但要求桩长范围内无地下水，以保证成孔时不塌孔。

（2）泥浆护壁钻孔灌注成桩：适用于黏性土、粉土、人工填土、砾（碎）石土及风化岩层分布的地基。

（3）人工或机械洛阳铲成孔灌注成桩：适用于处理深度不大，地下水位以上的黏性土、粉土和填土地基。

在实际工程中，除采用单一的CFG桩施工工艺外，有时还需要根据场地地质条件或地基处理的目的采用两种施工工艺组合或两种桩型组合。总之施工选用何种施工工艺和设备，需要考虑场地土质、地下水位、施工现场周边环境以及当地施工设备等具体情况综合分析确定。CFG桩复合地基与常规的桩基础相比，具有施工工艺先进、施工速度快、成桩质量容易保证等优点。

6.3 德昌高速公路软基CFG桩施工介绍

6.3.1 CFG桩成桩方法确定

确定成桩方法要综合考虑场地软土性质、设计承载力、变形控制以及拟建场地周围环境等情况。根据试验段的土层分布和软土特性，设计桩长范围内没有阻碍钻进的坚硬土层；施工区域比较空旷、平坦，便于施工机具的活动搬移；区域中心距离两边村庄较远，附近无工厂、学校及机关行政建筑，也不存在重要管线及精密设备，施工振动及噪声对周围环境的影响很小，故采用振动沉管法施工。

考虑到对饱和软土，特别是塑性指数较高的软土，振动将引起土体孔隙水压力的上升，土的强度降低，振动历时越长，对土和已打桩的不利影响越严重，因此施工时采取静压振拔技术以减少不利影响。图 6－3 为德昌高速公路 CFG 桩振动沉管施工现场。

图 6－3　德昌高速公路软基试验段 CFG 桩振动沉管施工现场

6.3.2 桩体材料及配合比

6.3.2.1　桩体材料

CFG 桩是将水泥、粉煤灰、碎石和砂加水拌和形成的混合料灌注而成，它们各自的成分含量对混合料的强度、和易性都有很大的影响[74,75]。

碎石为 CFG 桩的骨干材料，系粗骨料，其粒径约为 10～30mm；粗骨料碎石之间多为点接触，接触比表面积小，联结强度一旦达到极限，桩体就会破坏，掺入纯净的中粗砂用来填充碎石间的空隙，使其级配良好，增大比表面积，提高桩体的抗剪、抗压强度。

粉煤灰是燃煤发电厂排出的一种工业废料，主要成分为三氧化二铝、二氧化硅，粉煤灰本身不具有水硬性，但与水泥加水拌和后，水泥熟料中的矿物成分硅酸三钙、硅酸二钙、铝酸三钙以及铁铝酸四钙与水作用生成水化硅酸钙、水化铝酸钙和氢氧化钙等水化物。随后其中的氢氧化钙再与粉煤灰中大量的具有活性的三氧化二铝、二氧化硅作用生成水化硅酸钙、水化铝酸钙等水化物，即“二次反应”，于是在碱性激发剂作用下，粉煤灰产生强度，相当于低标号水泥。一般粉煤灰越细，水化及接触面增加，越容易发挥其活性。同时，粉煤灰中含有大量的玻璃微珠，在搅拌、振捣过程中能起润滑作用，可增强硅的和易性。

6.3.2.2　配合比

振动沉管 CFG 桩与素混凝土桩的不同就在于桩体配比更追求经济效益。但由于各地材料性质（如石屑粒径的大小和形状，粉煤灰的化学成分各异等）有所不同，CFG 桩混合料配合比难以采用一个统一的、精度很高的计算方法确定[74]，一般进行室内配比试验确定。首先根据不同石屑掺量对坍落度影响结果，来确定最佳石屑率，再根据不同水泥、粉煤灰掺量的配比试验，得出混合料的抗压强度与水灰比曲线。当水泥掺量一定，粉煤灰/水泥之比减小，水灰比也相应减小。

本试验段根据桩体强度和复合地基承载力的设计要求，参考广东省和浙江省高速公路的经验，提出的配合比（重量比）设计参数为：水泥: 砂子: 碎石: 粉煤灰: 水 =1. 0: 2. 6: 4. 8: 0. 2: 0. 8。水泥采用 325 号或 425 号普通硅酸盐水泥。

6. 3. 3 CFG 桩施工步骤

（1）场地平整，桩机进场，根据设计桩长、沉管入土深度确定机架高度和沉管长度，并进行设备组装。

（2）桩机就位，调整沉管与地面垂直，确保垂直度偏差不大于 1%。

（3）启动电动机，沉管到预定标高，停机。沉管过程中做好记录，激振电流每米记录一次，对土层变化处应特别说明，直至沉管至设计标高。

（4）待沉管至设计标高后尽快投料，直至管内混合料面与钢管投料口平齐；混合料应严格按设计配比配制，投入搅拌机加水拌和，拌和时间不得小于 1min，加水量由坍落度控制，坍落度为 30 ~ 50mm，碎石和石屑含杂质应小于 5%；成桩后桩顶浮浆不超过 200mm。

（5）料投完后，沉管应原地留振 10s 左右，然后边振边拔管；拔管应保持匀速，速度控制在 1. 2 ~ 1. 5m/min 左右。

（6）桩管拔出地面后，应用碎石封顶；继续下一根施工。

6. 3. 4 振动沉管工艺特点分析

振动沉管工艺属非排土成桩工艺，主要适用于黏性土、粉土、淤泥质土、人工填土及松散砂土等，具有施工操作简便、费用较低等特点。

存在的主要问题为：（1）应用于饱和软黏土地基时由于成桩过程中的振动和挤压作用，地基土内部易产生较大的超静孔压，导致深层成桩效果差，施工质量受到影响；（2）振动沉管过程中的挤土效应明显，易对已施工的相邻桩产生过大的振动挤压从而导致桩体被挤斜、震裂或挤断、震断；（3）对于高灵敏度土地基易导致桩间土强度降低；（4）难以穿透较厚的硬土层，如砂层、卵石层。

为降低深厚饱和软黏土地基中成桩时挤土的不良影响，本试验段间距 1. 5m 桩基施工采取隔桩跳打方式。

6. 4 本章小结

本章主要对 CFG 桩的施工方法和工艺进行了详细的阐述，首先通过查阅相关文献，对 CFG 桩施工技术的国内进展进行了了解；其次对目前国内 CFG 桩复合地基的两种主要施工工艺——振动沉管施工工艺和长螺旋钻孔灌注施工工艺进行了对比分析；最后，结合德昌高速公路软基处理中的 CFG 桩复合地基施工实例，对施工过程中应该注意的问题进行了具体的说明，并得到了如下结论：

(1) 拔管速率。通过具体工程实践认为，拔管的速率为 1.2 ~ 1.5m/min 是适宜的。这里说的拔管速率不是指的平均速度。除启动后留振 5 ~ 10s 之外，拔管过程中不再留振，也不得反插。

(2) 施打顺序。在设计桩的施打顺序时，主要考虑的是新打桩对已打桩的影响。采用隔桩跳打的方法，可以有效减少和避免先打的桩径发生缩小和缩径现象。同时，对于满堂布桩施工，无论桩距大小，均不宜从四周转圈向内推进施工，因为这样限制了桩间土的向外的侧向变形，容易造成大面积土体隆起，增加断桩的可能性。可以采用从中心向外推进的方案，或从一边向另一边推进的方案。

(3) 混合料坍落度。通过工程实践证明，混合料坍落度过大，桩顶浮浆过多，桩体强度也会降低。坍落度控制在 3 ~ 5cm，和易性很好，当拔管速率为 1.2 ~ 1.5m/min 时，一般桩顶的浮浆可控制在 10cm 左右，成桩质量易保证。

7 CFG 桩成桩质量检测与分析

本章对高速公路软基处理中的 CFG 桩成桩质量检测方法和内容进行探讨，主要检测内容有桩身强度检测、桩身完整性检测以及 CFG 桩单桩和复合地基承载力检测；并结合德昌高速公路实际检测的工程项目进行了成桩质量的评价。

7.1 检测的目的与内容

检测目的：（1）检验桩长以及桩身的完整性，评价成桩质量；（2）检验 CFG 桩单桩及复合地基承载力是否满足设计要求。

检测内容：（1）试块抗压强度试验；（2）现场钻孔取芯检验；（3）低应变无损检测；（4）单桩静载试验；（5）复合地基静载试验。（单桩和复合地基静载试验在第 8 章进行论述）

7.2 试块抗压强度试验

在 CFG 桩施工过程中由专业人员对拌和后的混合料进行随机取样，现场制成 150mm × 150mm × 150mm 的标准试块，试块在标准养护条件下进行养护，达到 28d 龄期后进行抗压强度试验，汇总结果见表 7－1，强度在 17～23MPa 之间，均满足 $R_{28} \geqslant 15$MPa 的设计要求。

表 7－1　试块抗压强度试验结果

成型日期	试验日期	试件数	R_{28} /MPa
2009. 10. 12	2009. 11. 10	1	17. 2
2009. 10. 14	2009. 11. 12	1	17. 8
2009. 10. 17	2009. 11. 16	2	21. 6/22. 2
2009. 10. 20	2009. 11. 18	2	22. 5/22. 9
2009. 10. 23	2009. 11. 22	2	17. 6/18. 4
2009. 10. 25	2009. 10. 23	2	21. 2/22. 4
2009. 10. 27	2009. 10. 25	3	21. 1/22. 4/22. 7

7.3 现场钻孔取芯检验

现场选取 6 根 CFG 桩取芯检验，结果统计见表 7－2，长度在 4. 8～5. 2m 之间。

表 7-2 CFG 桩取芯抽检结果统计表

桩 号	K193+850 - K193+900		K193+900 - K193+950		K193+950 - K194+000	
间距/m	2.0		1.8		1.5	
试桩数	2 根		2 根		2 根	
取芯长度/m	4.83	4.87	4.89	5.11	4.94	4.92
桩身连续性	连续、完整	连续、完整	4.4m 较连续、完整性一般	较连续、完整	3.6m 以上桩身较连续、完整	4.3m 以上桩身较连续、完整
备 注			4.4m 以下有断桩		3.6m 以下较破碎	4.3m 以下较破碎

现场截取不同桩号不同深度的 CFG 桩芯样，送试验室进行抗压强度试验，试验结果见表 7-3，桩体芯样抗压强度在 15.0～19.4MPa 之间，均满足 $R_{28} \geqslant$ 15MPa 的设计要求。

表 7-3 CFG 桩取芯抽检结果统计表

序 号	桩 间 距	试样深度/m	抗压强度/MPa
1	2.0m	4.10～4.40	17.5
2		3.50～3.80	19.4
3	1.8m	3.30～3.60	15.1
4		2.60～2.90	16.7
5	1.5m	2.20～2.50	15.6
6		1.60～1.90	17.3

7.4 低应变无损检测

7.4.1 基本原理

基桩低应变动力检测反射波法的基本原理是：在桩身顶部进行竖向激振，弹性波沿着桩身向下传播，当桩身存在明显波阻抗差异的界面（如桩底、断桩和严重离析等部位）或桩身截面面积变化（如缩径或扩径）部位，将产生反射波。

经接受放大、滤波和数据处理，可识别来自桩身不同部位的反射信息，据此计算桩身波速，以判断桩身完整性及估计混凝土强度等级。还可根据波速和桩底反射波到达时间对桩的实际长度加以核对。

本次检测使用 PIT-V 型基桩动测仪，该仪器采用的加速度型传感器，横向灵敏度低，只有锤击到一个有效脉冲时，传感器才会记录一个信号，数据传输到现场接收计算机进行储存。锤击力量太大或太小都不产生能被记录的脉冲。激振产生的波动模式单一，只含纵波，可以得到清晰的底部反射。其设备配置及流程图如图 7－1 所示。

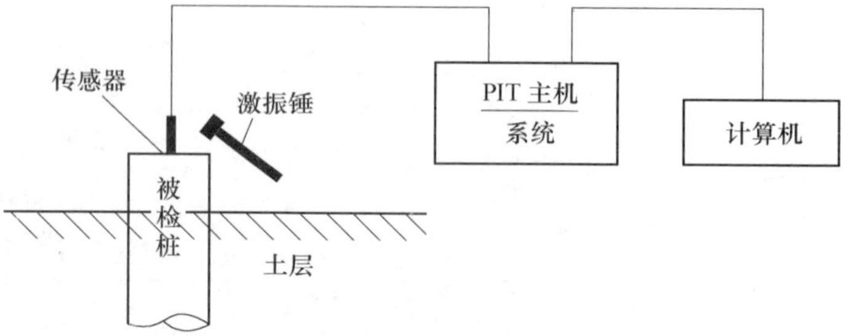

图 7－1 基桩现场检测系统设备配置流程图

7.4.2 检测方法与步骤

本次检测是用武汉岩土力学研究所生产的基桩低应变测试仪器（RSM－PRT（M））完成的。

检测步骤如下：（1）清理整平桩头；（2）调试仪器，选择适当参数；（3）将加速度传感器垂直安放在桩头的平整部位；（4）用小锤在桩头选择适当的能量激振；（5）选取较为理想的波形曲线并存储；（6）将数据传输至计算机，对记录曲线进行分析、计算，并评价桩身质量。图 7－2 所示为 CFG 桩低应变现场检测过程。

图 7－2 CFG 桩低应变检测现场

7.4.3 检测结果处理与分析

7.4.3.1 分析计算方法

将钢筋混凝土桩视为一维弹性杆，当桩顶受到一冲击力后，其应力以波动形式在桩身中传播，遇到波阻抗差异面后，产生反射波信号，通过分析，达到检查桩身质量的目的。

根据时域波形，比较入射波与反射波到达时刻及其振幅、相位、频率等特征，进行分析和计算。以完整桩的首次桩底反射时间 Δt 计算该桩的波速：

$$V_c = \frac{2L}{\Delta t} \tag{7-1}$$

式中 L ——完整桩的桩长；

Δt ——完整桩桩底反射波的传播时间。

由该工程完整桩的平均波速 V_c，计算缺陷的位置：

$$L_i = \frac{1}{2}V_c\Delta t \tag{7-2}$$

式中 L_i ——缺陷桩缺陷处反射波的传播时间。

7.4.3.2　桩身质量评定标准

建议采用时域和频域波形分析相结合的方法进行桩身完整性判定，也可根据单独的时域或频域波形进行完整性判定。在实际应用中通常是以时域分析为主，频域分析为辅。

Ⅰ类桩：时域信号特征为 $2L/V_c$ 时刻前无缺陷反射波，有桩底反射波；幅频信号特征为桩底谐振峰排列基本等间距，其相邻频差 $\Delta f \approx V_c/2L$；

Ⅱ类桩：时域信号特征为 $2L/V_c$ 时刻前出现轻微缺陷反射波，有桩底反射波；幅频信号特征为桩底谐振峰排列基本等间距，其相邻频差 $\Delta f \approx V_c/2L$，轻微缺陷产生的谐振峰与桩底谐振峰之间的频差 $\Delta f' > V_c/2L$；

Ⅲ类桩：有明显缺陷反射波，其他特征介于Ⅱ类和Ⅳ类之间；

Ⅳ类桩：时域信号特征为 $2L/V_c$ 时刻前出现严重缺陷反射波或周期性反射波，无桩底反射波；或因桩身浅部严重缺陷使波形呈现低频大振幅衰减振动，无桩底反射波；幅频信号特征为缺陷谐振峰排列基本等间距，相邻频差 $\Delta f' > V_c/2L$，无桩底谐振峰；或因桩身浅部严重缺陷只出现单一谐振峰，无桩底谐振峰。

依据实测时域或幅频信号特征进行桩身完整性判定的分类标准显然缺陷类别的判定是定性的，仅依据信号特征分析桩身完整性是不够的，需要检测分析人员结合缺陷出现的深度、测试信号衰减特性以及设计桩型、成桩工艺、地质条件、施工情况等综合分析判定。

7.4.4 检测结果评价

该工程项目共施工 CFG 桩 2241 根，从 2010 年 9 月开始施工，至 2010 年 12 月完工。按照规定，低应变检测数量不少于 CFG 桩总桩数的 10%，因此选取 10% 进行试验检测，共检测了 224 根基桩，其中：Ⅰ类桩完整桩 163 根，占检测基桩总数的 73%；Ⅱ类桩 61 根，占检测基桩总数的 27%；无Ⅲ类、Ⅳ类桩。桩长均满足设计要求，桩身质量均合格。

应用基桩低应变动力检测法检测桩基础的成桩质量简便、快捷，可以在较短的时间内完成大量而且复杂的工作，是微波电子检测技术与电子计算机技术在土建工程实际应用取得良好效果的又一典范，值得在日后工程中大力推广应用。

7.5 本章小结

本章主要对高速公路软基处理中的 CFG 桩成桩质量检测方法和内容进行介绍，并结合德昌高速公路实际检测的工程项目进行了成桩质量的评价。通过现场对 CFG 桩各项内容的检测，成桩质量满足设计要求。

8 CFG 桩与粉喷桩承载力特性现场试验

本章主要以德昌高速公路软基处理试验段为工程背景，对高速公路 CFG 桩与粉喷桩处理的复合地基进行了现场单桩及单桩复合地基静载试验，确定了 CFG 桩和粉喷桩单桩及单桩复合地基承载力特征值，通过现场测试 CFG 桩复合地基桩土应力比，研究分析了刚性承载板下的 CFG 桩桩土荷载分担的变化规律，为揭示 CFG 桩在路堤荷载下不同桩间距、桩长、褥垫层厚度与复合地基变形沉降规律，以及路堤荷载下 CFG 桩复合地基工后沉降预测计算提供承载力和变形设计参数。

8.1 试验场地概况

CFG 桩和粉喷桩静载试验场地设在 D10 标软基试验路段施工现场，路线里程桩号为 K193 + 700 ~ K194 + 000，试验段路基宽 50m，路基填砂高度在 6 ~ 8m，设计上采用粉喷桩加固软基，软基平均深度 5m，粉喷桩按原施工图设计参数进行试验，桩径 50cm，桩距为 150cm，呈等腰三角形布设，水泥掺量为 12% ~15%。

为了在江西高速公路软基施工中推广 CFG 桩，在 K193 + 850 ~ K194 + 000 处设计了 CFG 桩加固软基，CFG 桩根据现场地质情况和处理深度，设计参数取桩直径 40cm，桩距按三种进行布设：150cm、180cm、200cm，各分别设计 50m 路线长，正方形布置，桩长和粉喷桩一样，褥垫层取 40cm 进行布设，褥垫层材料用粗砂，CFG 桩身强度 C15。

8.2 试验目的与内容

8.2.1 试验目的

为了进一步了解路堤荷载下粉喷桩与 CFG 桩复合地基的承载力和竖向承载特性以及在环鄱阳湖地区处理软土地基的适应性，为环鄱阳湖地区修建高速公路软基处理方案选择提供科学依据；同时，为揭示 CFG 桩在路堤荷载下不同桩间距、桩长、褥垫层厚度与复合地基变形沉降规律，为路堤荷载下 CFG 桩复合地基工后沉降预测计算提供承载力和变形设计参数。

8.2.2 试验内容

本荷载试验的主要内容包括以下几个部分：

（1）天然地基承载力测试。通过轻型动力触探方法，在试验现场分别测试软土地基施工前和施工后的地基承载力，用于对 CFG 桩和粉喷桩处理后的试验对比研究。

（2）CFG 桩与粉喷桩承载力测试。通过现场载荷试验，获得粉喷桩与 CFG 单桩、单桩复合地基 $P-S$ 曲线，由此来确定粉喷桩和 CFG 桩各项承载力特征值。

（3）桩土应力比测试。在 CFG 桩桩顶和桩间土表面埋设土压力盒，通过现场静载测试，获取刚性承载板下 CFG 桩复合地基桩土应力比，分析 CFG 桩复合地基中桩土荷载分担规律，研究褥垫层的作用机理。

8.3 天然地基承载力测试与结果分析

8.3.1 天然地基承载力现场测试

2009 年 9 月 20 日，课题组组织人员对软基试验段原状土进行天然地基承载力试验，试验采用轻型动力触探仪对未施工的粉喷桩和 CFG 桩试验段原状土进行试验，试验结果见表 8－1。2009 年 12 月 20～25 日期间，课题组组织人员对已经施工完的粉喷桩和 CFG 桩的桩间土进行动力触探试验，试验结果见表 8－2～表 8－3。图 8－1 所示为课题组人员现场测试天然地基承载力。

表 8－1 软基原状土体动力触探试验结果

断面	检测点数	检测项目	锥入深度						
			30cm	30cm	30cm	30cm	30cm	30cm	30cm
K193+950～K194+000	1	锤击数/N	6	8	7	12	11	16	19
		承载力/kPa	28	44	36	76	68	108	132
	2	锤击数/N	8	10	12	9	13	16	18
		承载力/kPa	44	60	76	52	84	108	124
	3	锤击数/N	11	9	8	7	12	14	17
		承载力/kPa	68	52	44	36	76	92	116
	4	锤击数/N	5	8	7	10	12	17	21
		承载力/kPa	20	44	36	60	76	116	148
	5	锤击数/N	7	9	11	8	12	14	16
		承载力/kPa	36	52	68	44	76	92	108

表 8－2 CFG 桩施工后桩间土动力触探试验结果

检测断面	检测点数	检测项目	锥入深度						
			30cm	30cm	30cm	30cm	30cm	30cm	30cm
断面 6（K193＋985－－K194＋000）	1	锤击数/N	17	18	20	20	22	24	26
		承载力/kPa	116	124	140	140	156	172	188
	2	锤击数/N	20	21	22	23	24	21	28
		承载力/kPa	140	148	156	164	172	148	204
	3	锤击数/N	17	18	24	26	23	27	29
		承载力/kPa	116	124	172	188	164	196	212
	4	锤击数/N	17	19	21	20	23	22	24
		承载力/kPa	116	132	148	140	164	156	172
	5	锤击数/N	19	23	21	21	23	25	28
		承载力/kPa	132	164	148	148	164	180	204
断面 5（K193＋970－－K193＋985）	6	锤击数/N	16	15	23	22	22	25	31
		承载力/kPa	108	100	164	156	156	180	228
	7	锤击数/N	16	18	18	21	22	23	25
		承载力/kPa	108	124	124	148	156	164	180
	8	锤击数/N	20	21	21	22	25	26	27
		承载力/kPa	140	148	148	156	180	188	196
	9	锤击数/N	14	16	18	20	18	23	25
		承载力/kPa	92	108	124	140	124	164	180
	10	锤击数/N	15	16	19	22	21	25	29
		承载力/kPa	100	108	132	156	148	180	212
断面 4（K193＋950－－K193＋970）	11	锤击数/N	14	15	18	20	22	23	24
		承载力/kPa	92	100	124	140	156	164	172
	12	锤击数/N	15	17	18	19	21	23	23
		承载力/kPa	100	116	124	132	148	164	164
	13	锤击数/N	13	15	17	21	21	22	24
		承载力/kPa	84	100	116	148	148	156	172
	14	锤击数/N	14	16	17	19	21	23	23
		承载力/kPa	92	108	116	132	148	164	164
	15	锤击数/N	16	17	15	19	20	21	26
		承载力/kPa	108	116	100	132	140	148	188

表 8－3 粉喷桩施工后桩间土动力触探试验结果

检测断面	检测点数	检测项目	锥入深度						
			30cm	30cm	30cm	30cm	30cm	30cm	30cm
断面 3（K193 +900 －－K193 +950）	1	锤击数/N	13	15	16	16	17	21	25
		承载力/kPa	84	100	108	108	116	148	180
	2	锤击数/N	13	16	16	17	19	20	22
		承载力/kPa	84	108	108	116	132	140	156
	3	锤击数/N	15	17	20	16	17	21	22
		承载力/kPa	100	116	140	108	116	148	156
	4	锤击数/N	13	16	15	16	18	21	17
		承载力/kPa	84	108	100	108	124	148	116
断面 2（K193 +850 －－K193 +900）	5	锤击数/N	14	13	15	12	16	17	21
		承载力/kPa	92	84	100	76	108	116	148
	6	锤击数/N	15	14	15	14	16	19	17
		承载力/kPa	100	92	100	92	108	132	116
	7	锤击数/N	12	15	16	17	15	20	19
		承载力/kPa	76	100	108	116	100	140	132
	8	锤击数/N	16	14	12	16	17	21	23
		承载力/kPa	108	92	76	108	116	148	164
	9	锤击数/N	13	14	16	12	18	19	23
		承载力/kPa	84	92	108	76	124	132	164
	10	锤击数/N	14	12	16	18	21	23	22
		承载力/kPa	92	76	108	124	148	164	156

a

b

图 8-1 天然地基承载力轻型动力测试现场

a—施工前测试；b—施工后测试

8.3.2 测试结果分析

对试验数据分析后发现，软基处理后地基承载力有较大改变，通过计算，原地基天然土体的承载力平均约为 71kPa，粉喷桩处理后的地基土承载力平均约为 115kPa，CFG 桩处理后的地基土承载力为：断面 4 桩间距为 2.0m，平均约为 133kPa；断面 5 桩间距 1.8m，平均约为 149kPa，断面 6 桩间距 1.5m，平均约为 157kPa。

因此，从表 8-1 至表 8-3 中和计算可知，天然地基通过 CFG 桩和粉喷桩加固处理后的地基承载力都有很大程度的提高，其中就桩距 1.5m 来分析，CFG 桩处理后桩间土承载力提高幅度为 106.6%，粉喷桩处理后桩间土承载力提高幅度为 62.1%，CFG 桩较粉喷桩处理后桩间土承载力提高要明显（测试深度 2.1m 范围内），处理效果比粉喷桩明显。

8.4 CFG 桩与粉喷桩单桩承载力试验与结果分析

8.4.1 试验现场布置

该现场试验共布置 4 根粉喷桩单桩、4 根 CFG 单桩、4 组粉喷桩单桩复合地基、4 组 CFG 单桩复合地基（埋设压力盒和应力计）进行荷载试验，同时还用轻型动力触探仪器对 CFG 桩和粉喷桩施工前后原状土进行承载力试验。

8.4.2 试验方法

（1）加载装置。采用砂袋堆载、钢梁反力系统，用千斤顶、油泵进行加载，用机械百分表位移计测量沉降。试验装置如图 8-2 所示。图 8-3 和图 8-4 所示为加载试验现场情况。

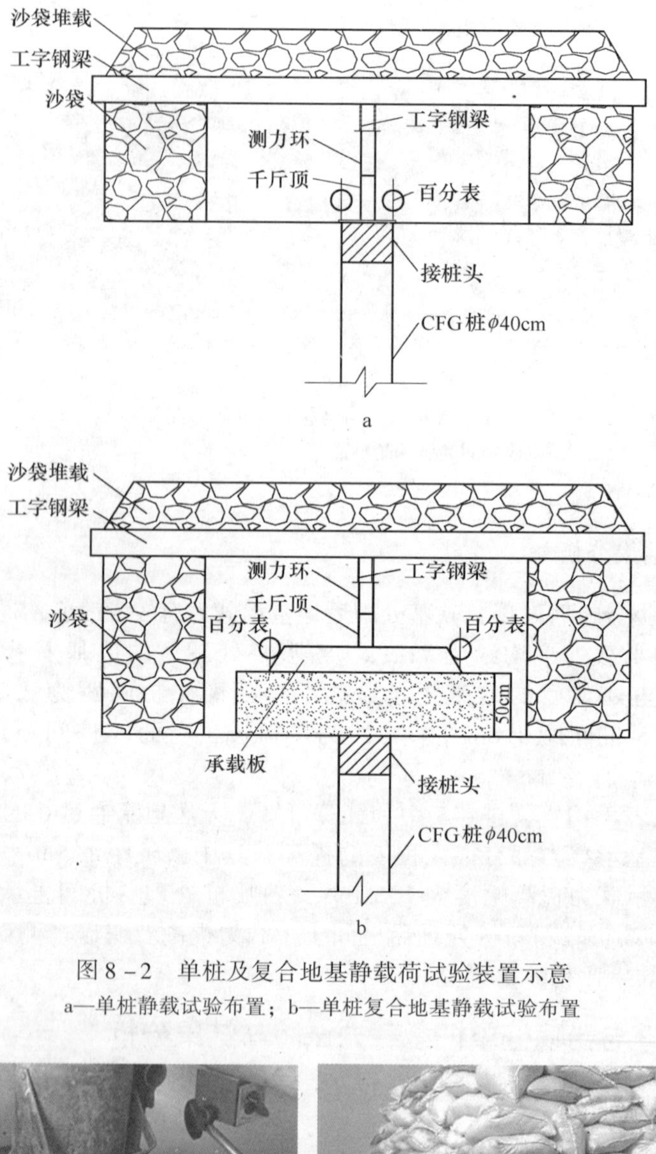

图8-2 单桩及复合地基静载荷试验装置示意
a—单桩静载试验布置；b—单桩复合地基静载试验布置

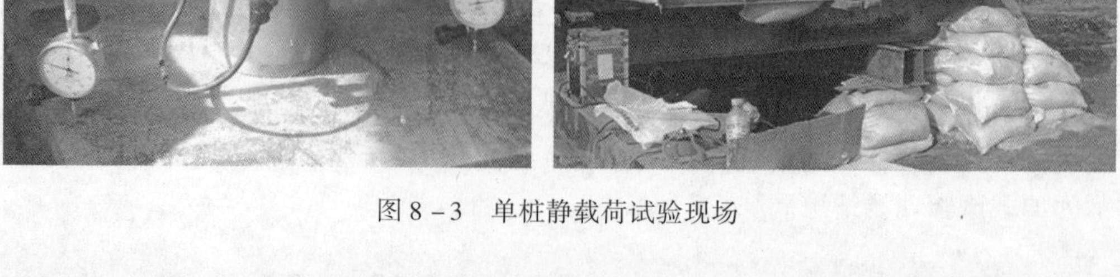

图8-3 单桩静载荷试验现场

图 8－4 单桩复合地基静载荷试验现场

（2）承载板设计。承载板采用 2cm 厚的双层钢板进行加工，如图 8－5 所示。粉喷桩复合地基承载板设计成圆形，承载板面积为单根粉喷桩所加固的面积，设计上粉喷桩桩间距为 1.5m，正三角形布置，所以承载板直径为 1.5m；CFG 桩试验段设计了三种桩间距：1.5m、1.8m、2.0m，呈正方形布置，因此，承载板设计成 1.5m×1.5m、1.8m×1.8m、2.0m×2.0m 三种。

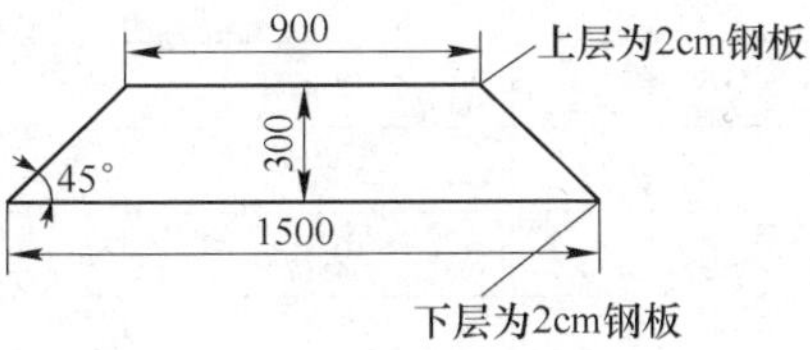

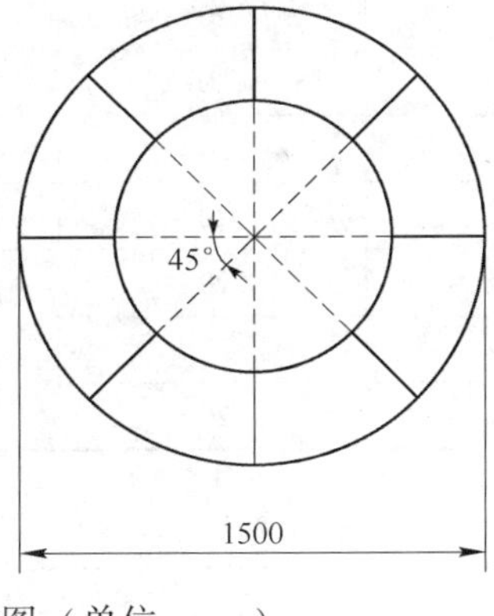

图 8－5 承载板设计示意图（单位：mm）

（3）试验加载方式。采用慢速维持荷载法，即逐级加载，每级荷载达到相对稳定后加下一级荷载，直到破坏或达到设计要求，然后分级卸载至零。

8.4.3 加载与最大加载量

（1）加载分级：每级加载为设计荷载（预估极限荷载）的加荷 1/10，第一级可按 2 倍分级。

（2）对于每个试验最大加载量均为设计荷载的 2 倍，且都未达到极限荷载。

8.4.4 沉降观测及终止条件

（1）沉降观测：每级加载后 5min、10min、15min 时各测读一次，以后每隔

15min 读一次，累计 1h 后每隔 0.5h 读一次。当连续 2h 内，每小时的沉降量小于 0.1mm 时，则认为已趋于稳定，可加下一级荷载。

（2）当出现下列情况之一时，可以终止加载：

1）荷载－沉降（$Q \sim s$）曲线上有可判定极限承载力的陡降段，且桩顶沉降量超过 40mm；

2）在某级荷载下，$\frac{\Delta s_{n+1}}{\Delta s_n} \geqslant 2$，且经 24h 内沉降速率不能达到稳定；$\Delta s_n$ 为第 n 级荷载的沉降增量，Δs_{n+1} 为第 $n+1$ 级荷载的沉降增量。

CFG 桩和粉喷桩单桩竖向静载荷试验结果见表 8－4～表 8－11。

表 8－4　1 号 CFG 桩单桩静载试验记录表

加载级数	加载吨位 Q/kN		承载板累计变形 s/mm	
	每级加载	累计加载	左侧	右侧
第一级	40	40	1.56	0.78
第二级	20	60	3.25	1.64
第三级	20	80	5.27	4.35
第四级	20	100	7.62	8.26
第五级	20	120	11.63	13.37
第六级	20	140	16.54	18.44
第七级	20	160	22.61	25.06
第八级	20	180	30.69	33.15
第九级	20	200	39.43	43.29
第十级	20	220	51.65	55.68

表 8－5　2 号 CFG 桩单桩静载试验记录表

加载级数	加载吨位 Q/kN		承载板累计变形 s/mm	
	每级加载	累计加载	左侧	右侧
第一级	40	40	1.44	0.58
第二级	20	60	3.15	1.04
第三级	20	80	5.31	2.57
第四级	20	100	8.32	3.81
第五级	20	120	11.89	6.72
第六级	20	140	16.53	10.23
第七级	20	160	22.61	14.62
第八级	20	180	35.57	26.04
第九级	20	200	42.44	37.11
第十级	20	220	53.75	46.54

表 8-6 3号CFG桩单桩静载试验记录表

加载级数	加载吨位 Q/kN		承载板累计变形 s/mm	
	每级加载	累计加载	左侧	右侧
第一级	40	40	2.85	0.89
第二级	20	60	6.23	2.31
第三级	20	80	11.02	5.04
第四级	20	100	16.64	8.33
第五级	20	120	22.7	13.5
第六级	20	140	29.05	20.02
第七级	20	160	36.62	27.05
第八级	20	180	44.53	34.63
第九级	20	200	54.07	44.67
第十级	20	220	63.65	57.78

表 8-7 4号CFG桩单桩静载试验记录表

加载级数	加载吨位 Q/kN		承载板累计变形 s/mm	
	每级加载	累计加载	左侧	右侧
第一级	40	40	0.93	1.70
第二级	20	60	2.31	3.02
第三级	20	80	4.53	6.41
第四级	20	100	8.33	10.17
第五级	20	120	12.03	14.83
第六级	20	140	17.49	20.45
第七级	20	160	24.39	28.40
第八级	20	180	33.32	38.46
第九级	20	200	47.04	52.42
第十级	20	220	63.15	67.64

表 8-8 1号粉喷桩单桩静载试验记录表

加载级数	加载吨位 Q/kN		承载板累计变形 s/mm	
	每级加载	累计加载	左侧	右侧
第一级	20	20	0.30	1.69
第二级	10	30	2.31	4.29
第三级	10	40	5.02	6.73
第四级	10	50	7.60	10.51

续表 8－8

加载级数	加载吨位 Q/kN		承载板累计变形 s/mm	
	每级加载	累计加载	左侧	右侧
第五级	10	60	10.62	14.89
第六级	10	70	15.61	21.27
第七级	10	80	22.93	32.92
第八级	10	90	33.51	47.12
第九级	10	100	50.53	63.10
第十级	10	110	94.04	103.29

表 8－9 2号粉喷桩单桩静载试验记录表

加载级数	加载吨位 Q/kN		承载板累计变形 s/mm	
	每级加载	累计加载	左侧	右侧
第一级	20	20	1.86	1.05
第二级	10	30	3.48	1.64
第三级	10	40	5.36	2.70
第四级	10	50	7.72	4.42
第五级	10	60	11.51	7.41
第六级	10	70	17.53	12.83
第七级	10	80	28.31	21.96
第八级	10	90	39.39	31.89
第九级	10	100	73.14	64.13
第十级	10	110	100.36	97.03

表 8－10 3号粉喷桩单桩静载试验记录表

加载级数	加载吨位 Q/kN		承载板累计变形 s/mm	
	每级加载	累计加载	左侧	右侧
第一级	20	20	1.13	0.70
第二级	10	30	2.01	1.29
第三级	10	40	3.71	1.88
第四级	10	50	6.32	3.71
第五级	10	60	10.03	5.99
第六级	10	70	14.98	9.08
第七级	10	80	20.59	14.02
第八级	10	90	27.51	22.97

续表 8 - 10

加载级数	加载吨位 Q/kN		承载板累计变形 s/mm	
	每级加载	累计加载	左侧	右侧
第九级	10	100	43. 83	42. 97
第十级	10	110	62. 72	71. 38

表 8 - 11　4 号粉喷桩单桩静载试验记录表

加载级数	加载吨位 Q/kN		承载板累计变形 s/mm	
	每级加载	累计加载	左侧	右侧
第一级	20	20	1. 27	1. 51
第二级	10	30	1. 97	2. 59
第三级	10	40	3. 41	4. 91
第四级	10	50	5. 60	7. 79
第五级	10	60	8. 29	11. 58
第六级	10	70	13. 51	17. 99
第七级	10	80	25. 48	31. 51
第八级	10	90	38. 31	46. 89
第九级	10	100	65. 00	77. 21
第十级	10	110	99. 20	121. 25

终止加载条件对于不同试验分别按《建筑地基基础设计规范》（GB 5007—2011）、《建筑桩基技术规范》（JGJ 94—2008），《建筑地基处理技术规范》（JGJ 79—2002）的规定执行。

8. 4. 5　卸载观测

每级卸载值为加荷载值的 2 倍，卸载后隔 15min 测读 1 次，读 2 次后，隔 0. 5h 再读 1 次，即可卸下一级载荷。全部卸载后，隔 3 ~ 4h 再测读 1 次。

8. 4. 6　承载力特征值的确定

（1）根据各级荷载和沉降可作 $Q \sim s$ 曲线和其他辅助分析所需的曲线；

（2）当陡降段明显时，取相应于陡降段起点的荷载值；

（3）当出现 $\frac{\Delta s_{n+1}}{\Delta s_n} \geqslant 2$，且经 24h 内沉降速率不能达到稳定时，取前一级荷载值；

(4) $Q \sim s$ 曲线呈缓变形时，取桩顶总沉降量 s = 40mm 所对应的荷载值；

(5) 将单桩竖向极限承载力除以安全系数2，为单桩竖向承载力特征值 R_a。

CFG 桩和粉喷桩单桩 $Q \sim s$ 曲线如图 8－6～图 8－13 所示。

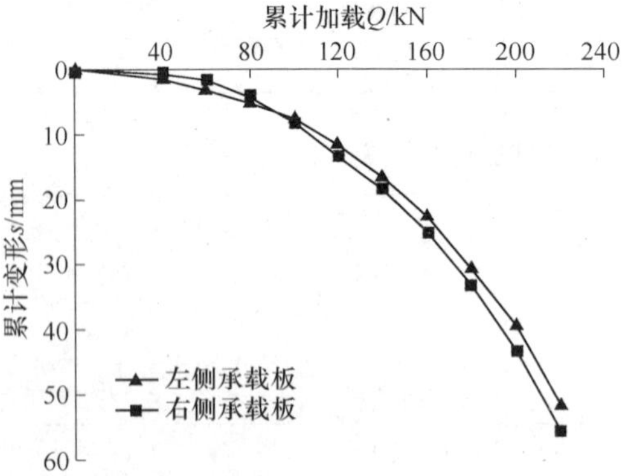

图 8－6　1 号 CFG 桩单桩荷载－沉降曲线

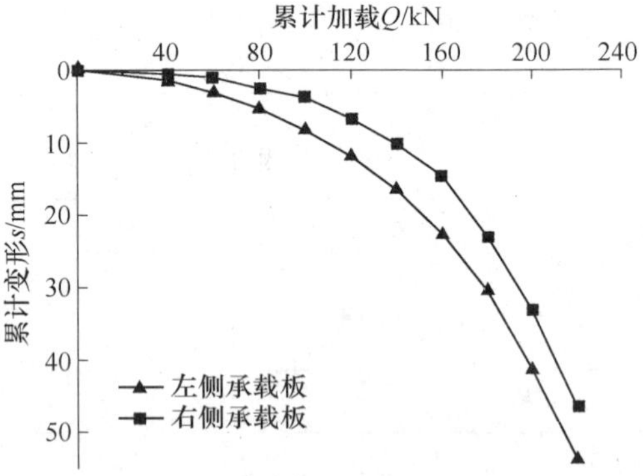

图 8－7　2 号 CFG 桩单桩荷载－沉降曲线

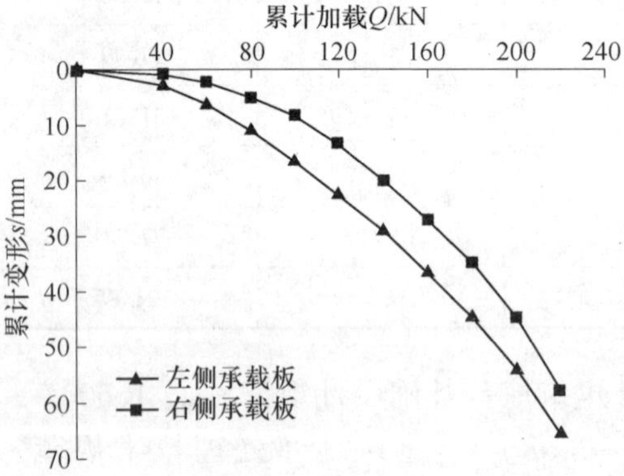

图 8－8　3 号 CFG 桩单桩荷载－沉降曲线

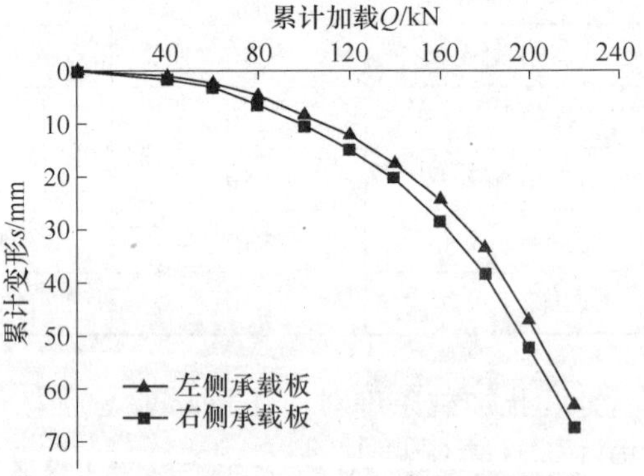

图 8－9　4 号 CFG 桩单桩荷载－沉降曲线

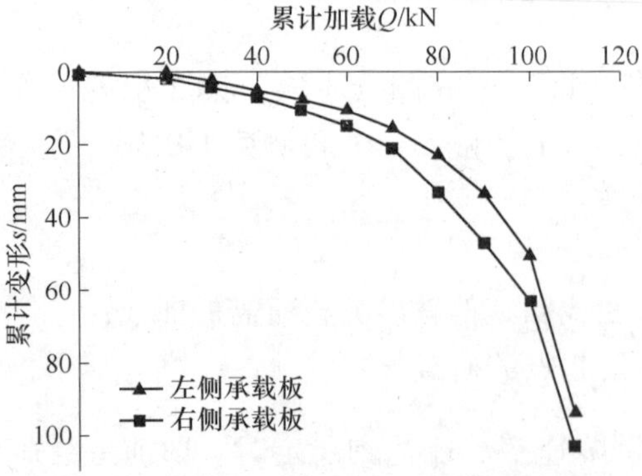

图 8－10　1 号粉喷桩单桩荷载－沉降曲线

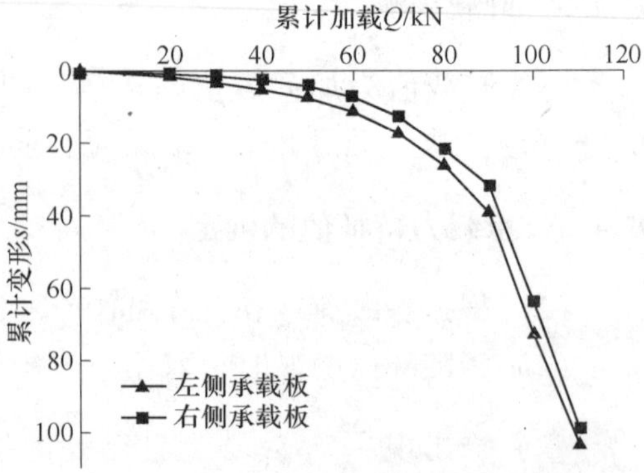

图 8－11　2 号粉喷桩单桩荷载－沉降曲线

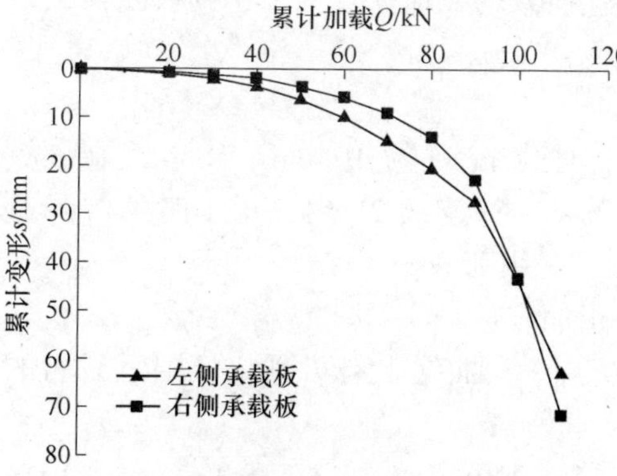

图 8-12 3 号粉喷桩单桩荷载-沉降曲线

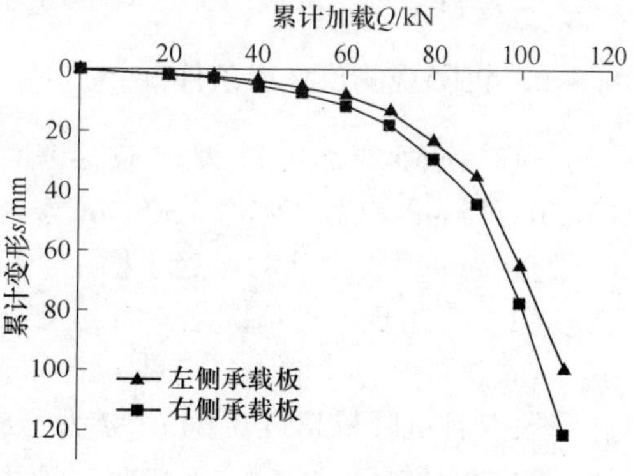

图 8-13 4 号粉喷桩单桩荷载-沉降曲线

CFG 桩按照 $Q \sim s$ 曲线呈缓变形时，取桩顶总沉降量 $s = 40\text{mm}$ 所对应的荷载值为其特征值，粉喷桩按照 $Q \sim s$ 曲线陡降段明显时，取相应于陡降段起点的荷载值作为其特征值，CFG 桩和粉喷桩试桩承载力特征值见表 8-12。

表 8-12 CFG 桩和粉喷桩单桩承载力特征值

试桩号	承载力特征值/kN	备 注
1 号 CFG 桩	190	桩顶总沉降量 $s = 40\text{mm}$ 所对应的荷载值
2 号 CFG 桩	190	桩顶总沉降量 $s = 40\text{mm}$ 所对应的荷载值
3 号 CFG 桩	170	桩顶总沉降量 $s = 40\text{mm}$ 所对应的荷载值
4 号 CFG 桩	180	桩顶总沉降量 $s = 40\text{mm}$ 所对应的荷载值
1 号粉喷桩	100	曲线陡降段明显时，相应于陡降段起点的荷载值
2 号粉喷桩	90	曲线陡降段明显时，相应于陡降段起点的荷载值
3 号粉喷桩	90	曲线陡降段明显时，相应于陡降段起点的荷载值
4 号粉喷桩	90	曲线陡降段明显时，相应于陡降段起点的荷载值

从图 8-6～图 8-13 和表 8-12 中可以看出，CFG 桩单桩 $Q \sim s$ 曲线变化比较平缓，没有出现明显的拐点，主要是因为加载试验不是破坏性试验，因此 CFG 桩单桩承载力特征值可以按照桩顶总沉降量 $s = 40\text{mm}$ 所对应的荷载值，最大为 190kN；粉喷桩单桩 $Q \sim s$ 曲线变化由于出现了明显的陡降段，因此，粉喷桩单桩承载力特征值取相应于陡降段起点的荷载值，最大为 100kN。

8.5 CFG 桩与粉喷桩单桩复合地基静载荷试验与结果分析

8.5.1 加载与最大加载量

（1）加载分级：每级加载为设计荷载（预估极限荷载）的加荷 1/10，第一级可按 2 倍分级。

（2）对于每个试验最大加载量均为设计荷载的 2 倍，且都未达到极限荷载。

8.5.2 沉降观测及终止条件

（1）沉降观测：每级加载后第一小时内按间隔 10min、10min、10min、15min、15min，以后为每隔 30min 读一次沉降。当连续 2h 内，每小时的沉降量小于 0.1mm 时，则认为已趋于稳定，可加下一级荷载。

（2）当出现下列情况之一时，可以终止加载：

1）沉降 s 急骤增大，荷载～沉降（$Q \sim s$）曲线上有可判定极限承载力的陡降段，且沉降量超过 $0.04d$（d 为承载板直径）；

2）在某级荷载下，24h 内沉降速率不能达到稳定；

3）本级沉降量大于前一级沉降量的 5 倍；

4）当持力层土层坚硬，沉降量很小时，最大加载量不小于设计要求的 2 倍。

CFG 桩和粉喷桩单桩复合地基静载荷试验结果见表 8－13～表 8－20。荷载～沉降（$Q \sim s$）曲线如图 8－14～图 8－21 所示。

表 8－13 5 号 CFG 单桩复合地基静载试验记录表

加载级数	加载吨位 Q/kN		承载板累计变形 s/mm	
	每级加载	累计加载	左侧	右侧
第一级	40	40	0.85	0.85
第二级	20	60	1.61	2.85
第三级	20	80	2.52	4.71
第四级	20	100	4.07	7.32
第五级	20	120	6.24	10.24
第六级	20	140	9.03	14.06
第七级	20	160	12.81	18.67
第八级	20	180	18.54	24.65
第九级	20	200	26.52	31.51
第十级	20	220	36.35	39.33

表 8－14 6 号 CFG 单桩复合地基静载试验记录表

加载级数	加载吨位 Q/kN		承载板累计变形 s/mm	
	每级加载	累计加载	左侧	右侧
第一级	40	40	0.36	0.45
第二级	20	60	1.22	0.81
第三级	20	80	2.35	1.56
第四级	20	100	3.74	2.37

续表 8-14

加载级数	加载吨位 Q/kN		承载板累计变形 s/mm	
	每级加载	累计加载	左侧	右侧
第五级	20	120	5.42	3.48
第六级	20	140	8.87	4.59
第七级	20	160	13.4	6.27
第八级	20	180	17.62	9.43
第九级	20	200	22.76	14.05
第十级	20	220	28.65	22.36

表 8-15 7号 CFG 单桩复合地基静载试验记录表

加载级数	加载吨位 Q/kN		承载板累计变形 s/mm	
	每级加载	累计加载	左侧	右侧
第一级	40	40	0.94	0.84
第二级	20	60	1.86	2.52
第三级	20	80	3.52	4.68
第四级	20	100	5.07	7.03
第五级	20	120	7.24	10.23
第六级	20	140	10.03	14.05
第七级	20	160	13.81	18.68
第八级	20	180	19.54	25.44
第九级	20	200	29.52	34.05
第十级	20	220	42.74	45.27

表 8-16 8号 CFG 单桩复合地基静载试验记录表

加载级数	加载吨位 Q/kN		承载板累计变形 s/mm	
	每级加载	累计加载	左侧	右侧
第一级	40	40	0.85	0.77
第二级	20	60	1.96	1.39
第三级	20	80	2.62	2.38
第四级	20	100	4.37	3.57
第五级	20	120	6.44	5.63
第六级	20	140	9.23	8.74
第七级	20	160	12.64	13.29
第八级	20	180	18.38	20.68
第九级	20	200	26.52	29.51
第十级	20	220	35.82	38.88

表 8-17 5 号粉喷桩单桩复合地基静载试验记录表

加载级数	加载吨位 Q/kN		承载板累计变形 s/mm	
	每级加载	累计加载	左侧	右侧
第一级	20	20	0.13	0.19
第二级	10	30	0.59	0.48
第三级	10	40	1.19	1.12
第四级	10	50	2.47	2.40
第五级	10	60	4.46	4.55
第六级	10	70	6.79	7.02
第七级	10	80	9.60	9.89
第八级	10	90	12.62	13.08
第九级	10	100	16.18	16.26
第十级	10	110	20.65	19.41

表 8-18 6 号粉喷桩单桩复合地基静载试验记录表

加载级数	加载吨位 Q/kN		承载板累计变形 s/mm	
	每级加载	累计加载	左侧	右侧
第一级	20	20	0.13	0.24
第二级	10	30	0.85	1.25
第三级	10	40	2.01	2.35
第四级	10	50	3.62	3.81
第五级	10	60	5.77	5.47
第六级	10	70	8.04	7.34
第七级	10	80	10.62	9.62
第八级	10	90	13.23	12.05
第九级	10	100	16.05	14.95
第十级	10	110	18.91	18.01

表 8-19 7 号粉喷桩单桩复合地基静载试验记录表

加载级数	加载吨位 Q/kN		承载板累计变形 s/mm	
	每级加载	累计加载	左侧	右侧
第一级	20	20	0.13	0.24
第二级	10	30	0.59	0.56
第三级	10	40	1.19	1.27
第四级	10	50	1.93	2.71

续表 8－19

加载级数	加载吨位 Q/kN		承载板累计变形 s/mm	
	每级加载	累计加载	左侧	右侧
第五级	10	60	2.74	4.54
第六级	10	70	4.07	7.01
第七级	10	80	6.15	9.88
第八级	10	90	8.74	13.07
第九级	10	100	11.63	16.25
第十级	10	110	15.11	19.04

表 8－20　8 号粉喷桩单桩复合地基静载试验记录表

加载级数	加载吨位 Q/kN		承载板累计变形 s/mm	
	每级加载	累计加载	左侧	右侧
第一级	20	20	0.43	0.16
第二级	10	30	0.79	0.48
第三级	10	40	1.34	0.96
第四级	10	50	2.23	1.91
第五级	10	60	3.35	3.51
第六级	10	70	4.54	5.34
第七级	10	80	6.29	7.89
第八级	10	90	8.51	10.60
第九级	10	100	11.39	13.86
第十级	10	110	16.33	18.73

终止加载条件对于不同试验分别按《建筑地基基础设计规范》（GB 5007—2011）、《建筑桩基技术规范》（JGJ 94—2008），《建筑地基处理技术规范》（JGJ 79—2012）的规定执行。

8.5.3 单桩复合地基承载力特征值的确定

根据各级荷载和沉降可获得 $Q \sim s$ 曲线，如图 8－14～图 8－21 所示。并按下列规定确定承载力特征值。

（1）当 $Q \sim s$ 曲线上有比例界限时，取该比例界限所对应的荷载值；

（2）满足前三条终止加载条件之一时，其对应的前一级荷载定为极限荷载，当该值小于对应比例界限的荷载值的 2 倍时，取极限荷载的一半；

（3）当无法按上述二条规定时，可取 $s/d = 0.01 \sim 0.015$ 所对应的荷载，但其值不应大于最大加荷量的一半。对于 CFG 桩复合地基承载力的确定，可取 $s/d = 0.01$ 所对应的荷载值，但必须根据现场埋设的压力传感器的读数来修正。

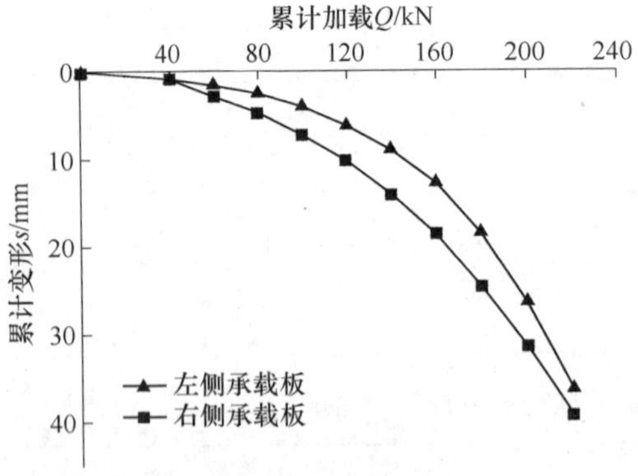

图 8－14　5 号 CFG 单桩复合地基 $Q \sim s$ 曲线

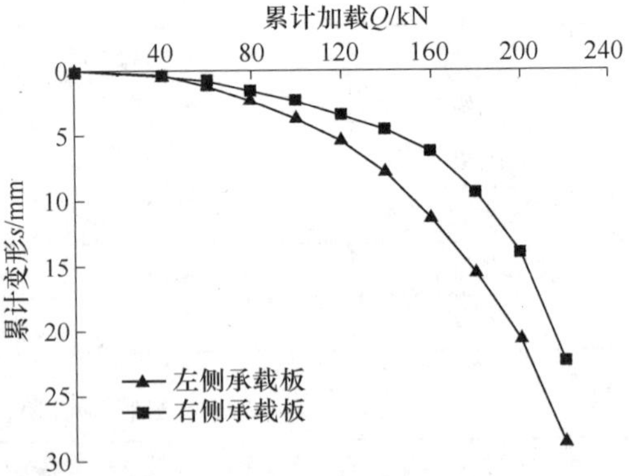

图 8－15　6 号 CFG 单桩复合地基 $Q \sim s$ 曲线

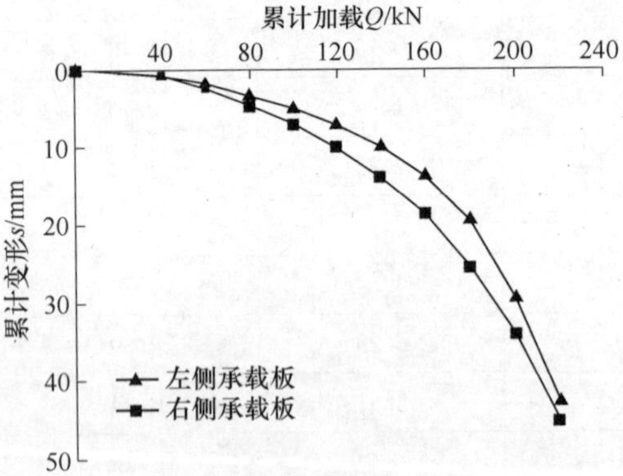

图 8－16　7 号 CFG 单桩复合地基 $Q \sim s$ 曲线

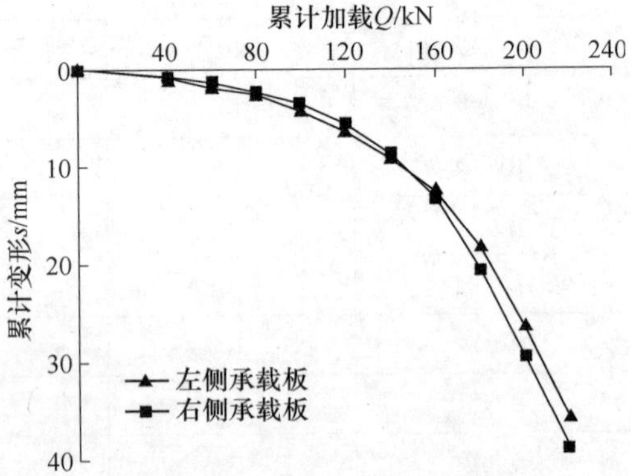

图 8－17　8 号 CFG 单桩复合地基 $Q \sim s$ 曲线

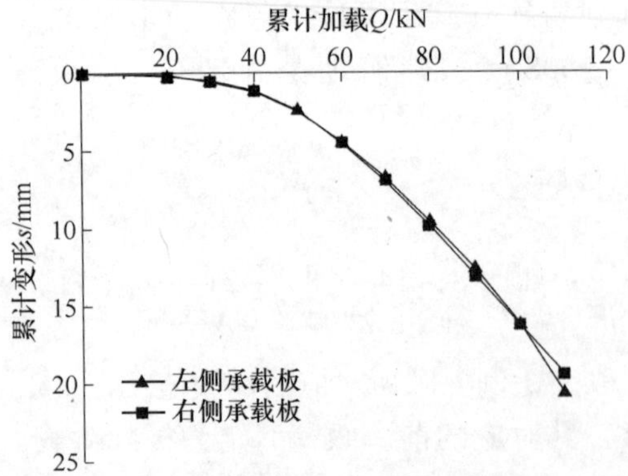

图 8－18　5 号粉喷桩单桩复合地基 $Q \sim s$ 曲线

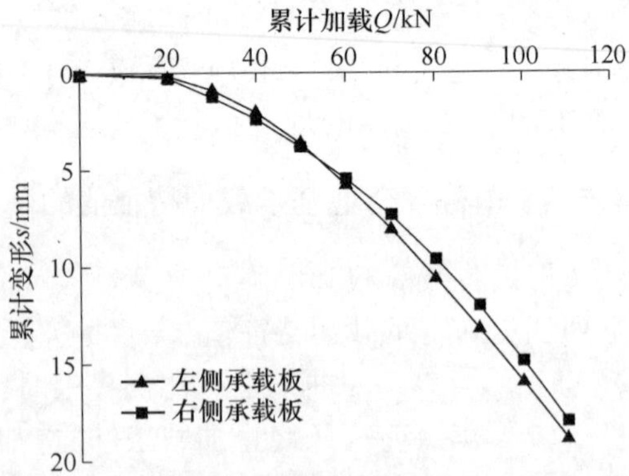

图 8－19　6 号粉喷桩单桩复合地基 $Q \sim s$ 曲线

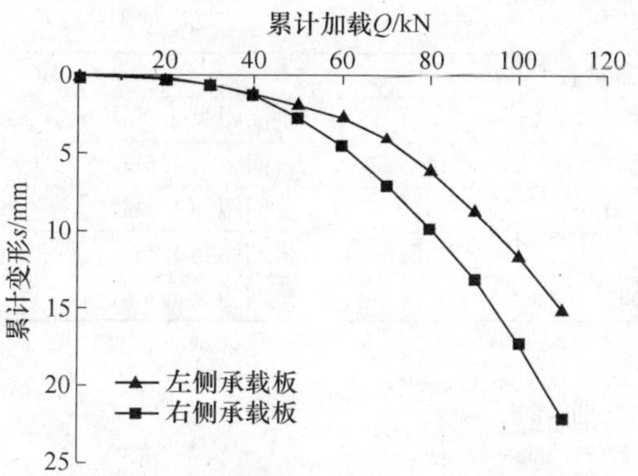

图8-20 7号粉喷桩单桩复合地基 $Q \sim s$ 曲线

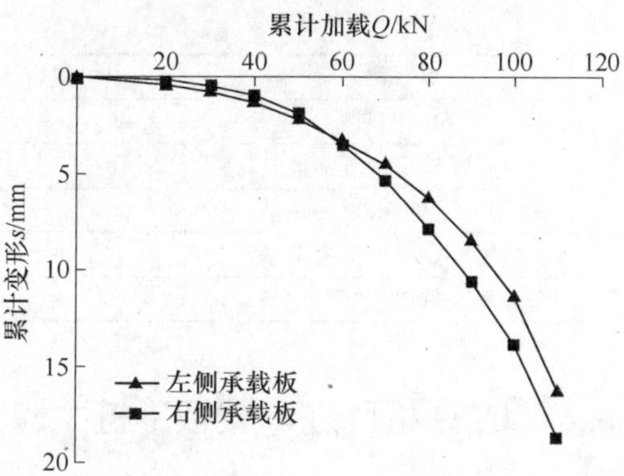

图8-21 8号粉喷桩单桩复合地基 $Q \sim s$ 曲线

表8-21为现场实际测试的地基压应力，表8-22为CFG桩和粉喷桩试桩单桩复合地基承载力汇总表。从上述试验图表可以看出，复合地基 $Q \sim s$ 曲线变化比较平缓，没有出现明显的拐点，因此，根据 $Q \sim s$ 曲线取 $s/d = 0.01$ 所对应的荷载值作为CFG桩和粉喷桩的单桩复合地基承载力特征值：CFG单桩复合地基承载力特征值最大为554kPa，随着桩间距的增大，复合地基随之减少；粉喷桩复合地基承载力特征值最大为332kPa，因此CFG桩单桩复合地基的承载力特征值要比粉喷桩单桩复合地基承载力特征值大许多。

表8-21 5号CFG桩复合地基桩顶及桩间土应力测试

仪器编号	初始读数	加载吨位							
		50kN		110kN		150kN		200kN	
		读数	应力/MPa	读数	应力/MPa	读数	应力/MPa	读数	应力/MPa
20216	1466.2	1474.9	0.020342	1483.9	0.041523	1492.5	0.061878	1508.2	0.099340
20212	1458.2	1463.4	0.012078	1465.6	0.017205	1471.3	0.030517	1478.9	0.048347
20211	1492.2	1522.9	0.073588	1510.9	0.044657	1515.4	0.055486	1524.7	0.077969
20214	1471.5	1483.0	0.027012	1503.6	0.075942	1512.9	0.098250	1525.5	0.128694
20219	1452.1	1459.9	0.018057	1466.9	0.034354	1469.9	0.041360	1472.8	0.048146
20217	1404.1	1409.0	0.010958	1415.0	0.024435	1420.3	0.036385	1427.0	0.051555
20221	1471.3	1485.0	0.032199	1496.0	0.058282	1521.5	0.119470	1542.0	0.169410
20215	1456.5	1480.2	0.055332	1551.0	0.226003	1602.3	0.354638	1659.0	0.501683
20210	1438.9	1473.1	0.079174	1554.3	0.274674	1598.4	0.385234	1663.8	0.554888
20220	1452.4	1459.0	0.015276	1458.3	0.013656	1459.6	0.016672	1460.8	0.019459

表8-22 CFG桩和粉喷桩单桩复合地基承载力汇总

试桩编号	单桩复合地基承载力/kPa	备 注
5号CFG桩单桩复合地基	459	桩间距为2.0m
6号CFG桩单桩复合地基	468	桩间距为1.8m
7号CFG桩单桩复合地基	554	桩间距为1.5m

续表 8－22

试桩编号	单桩复合地基承载力/kPa	备　注
8 号 CFG 桩单桩复合地基	432	桩间距为 2.0m
5 号粉喷桩单桩复合地基	303	桩间距为 1.5m
6 号粉喷桩单桩复合地基	300	桩间距为 1.5m
7 号粉喷桩单桩复合地基	310	桩间距为 1.5m
8 号粉喷桩单桩复合地基	332	桩间距为 1.5m

8.6 CFG 桩刚性承载板下桩土应力测试

8.6.1 试验方案与仪器埋设

为了得到静载试验条件下 CFG 桩在刚性承载板桩土应力分担随荷载的变化规律，以便和路堤荷载下的桩土应力分担情况进行对比，选取试验段一根 CFG 桩进行单桩复合地基静载试验，在褥垫层上下相同位置的桩顶和两桩之间、四桩之间各埋设一组土压力盒，具体埋设位置如图 8－22 和图 8－23 所示，图中给出了各土压力盒的编号和相对位置。

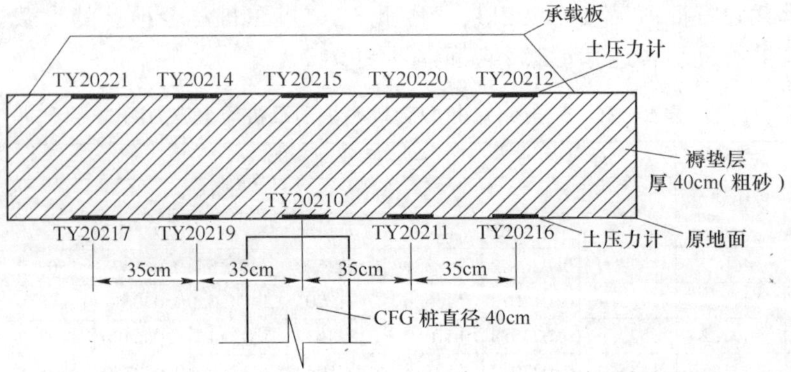

图 8－22　CFG 桩复合地基桩顶及桩间土压应力仪器埋设

图 8－23　桩顶及桩间土压应力仪器埋设现场

8.6.2 测试结果分析

试验采用慢速维持荷载法，即逐级加载，每级荷载达到相对稳定后加下一级荷载，直到破坏或达到设计要求，然后分级卸载至零。桩土应力测试安排在 35 排 5 号单桩复合地基静载试验进行。加载荷载为 50kN、110kN、150kN、200kN 时进行测试，测试结果见表 8－23。

表 8－23 静载试验桩顶及桩间土应力测试结果 (MPa)

仪器编号	加载级别			
	50kN	110kN	150kN	200kN
20221	0.024	0.045	0.055	0.078
20214	0.027	0.076	0.098	0.129
20215	0.055	0.226	0.355	0.502
20220	0.015	0.017	0.018	0.021
20212	0.012	0.017	0.031	0.048
20217	0.011	0.024	0.036	0.052
20219	0.018	0.034	0.041	0.048
20210	0.079	0.275	0.385	0.555
20221	0.032	0.058	0.119	0.169
20216	0.020	0.042	0.062	0.099

图 8－24 给出了 CFG 桩单桩复合地基静载试验桩、土应力随荷载变化关系曲线，从图中可以看出：当单桩复合地基受静载荷作用后，其桩身、桩间土表现为不同的承载特性。在加载初期，桩顶应力曲线和桩间土应力曲线接近。随着加载级别的增大，桩顶、桩间土应力曲线逐渐分开，桩顶应力的增长幅度较大，而桩间土应力增长缓慢，说明桩间土的应力逐渐向桩顶集中。

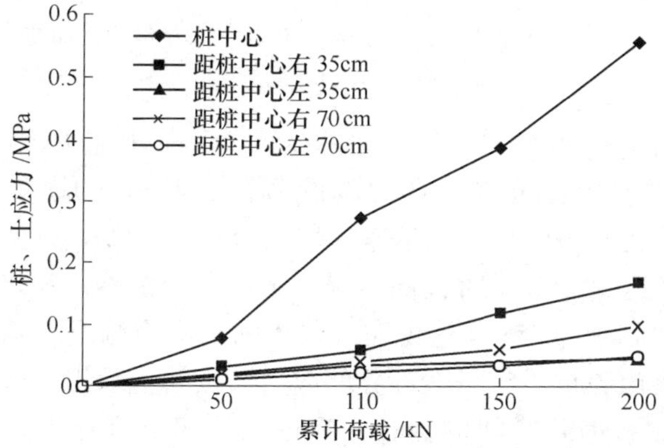

图 8－24 静载试验桩土应力与荷载变化曲线

图 8－25 给出了 CFG 桩单桩复合地基静载试验承载板底桩土应力分布变化曲线，从图 8－25 中可以看出：距离桩中心不同位置处的桩间土应力沿桩径方向呈非线性分布。当荷载较小时，板中和板边应力差异较小，基底应力基本保持着天然地基时的马鞍形分布。随着荷载的增加，板边土体应力达到塑性状态的范围增大，应力逐渐向板中转移，板边和板中的应力差异也就增大，应力逐渐向桩顶集中并加剧，载荷板底应力基本都呈钟形分布。褥垫层下的桩顶应力要比承载板底下的应力大些。

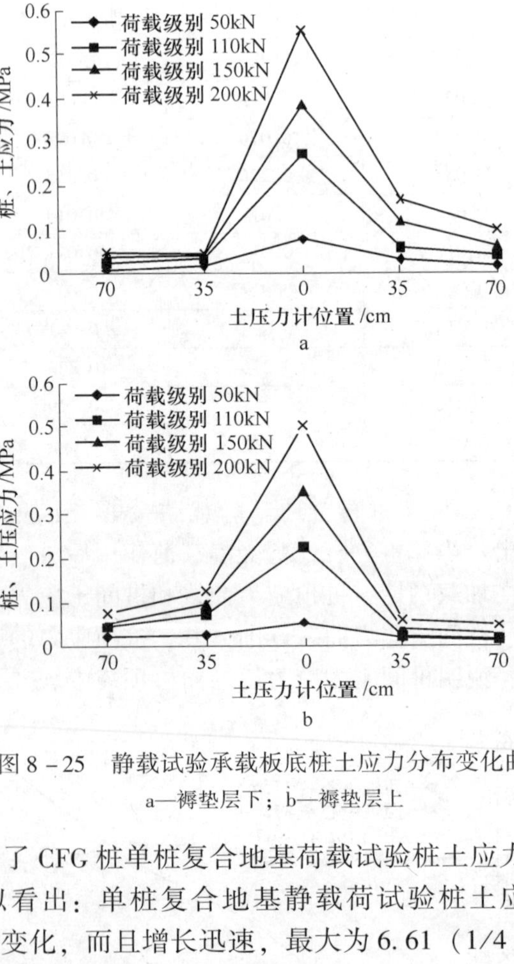

图 8－25　静载试验承载板底桩土应力分布变化曲线

a—褥垫层下；b—褥垫层上

图 8－26 给出了 CFG 桩单桩复合地基荷载试验桩土应力比随荷载变化曲线，从图 8－26 中可以看出：单桩复合地基静载荷试验桩土应力比 n 在荷载到达 110kN 前呈现线性变化，而且增长迅速，最大为 6.61（1/4 桩间距处桩土应力比为 4.71），当荷载超过 110kN 时，桩土应力比 n 逐渐变小，并趋于 5.58（1/4 桩间距处桩土应力比趋于 3.22）。这说明桩与桩间土应力分配在荷载施加前期，桩顶出现应力集中现象，桩承担了大部分的应力，桩间土承担了较少的应力，随着荷载水平不断增加和加载时间的延长，因桩和桩间土沉降不一，桩顶刺入褥垫层，在褥垫层的调整下，使得桩顶应力集中现象得到缓和，桩顶应力下降，桩间

土承载力逐渐发挥，桩土应力比 n 减小，并趋于某个常数。

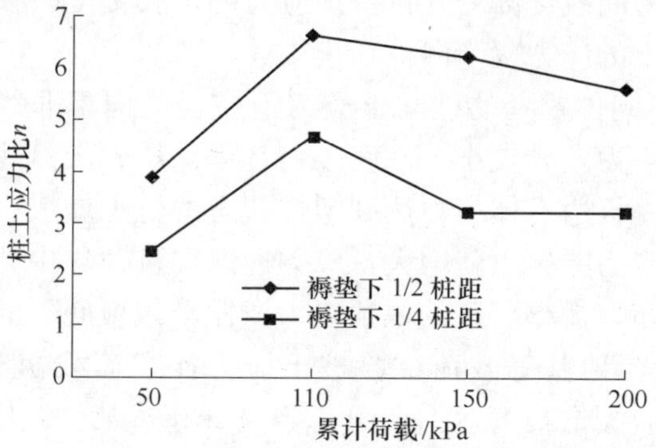

图 8－26　荷载试验桩土应力比－荷载变化曲线

8.7　本章小结

本章主要对德昌高速公路 CFG 桩与粉喷桩处理的复合地基进行了现场单桩及单桩复合地基静载试验，确定了 CFG 桩和粉喷桩单桩及单桩复合地基承载力特征值，通过现场测试 CFG 桩复合地基桩土应力比，深入研究分析了刚性承载板下的 CFG 桩桩土荷载分担的变化规律，得到了以下结论：

（1）天然地基通过 CFG 桩和粉喷桩加固处理后的地基承载力都有很大程度的提高，通过现场测试原地基天然土体的承载力平均约为 71kPa，粉喷桩处理后的地基土承载力平均约为 115kPa，CFG 桩处理后的地基土承载力平均约为 157kPa。CFG 桩处理后桩间土承载力提高幅度为 106.6%，粉喷桩处理后桩间土承载力提高幅度为 62.1%，CFG 桩比粉喷桩处理后桩间土承载力提高要明显，处理效果优于粉喷桩。

（2）CFG 桩单桩 $Q \sim s$ 曲线变化比较平缓，没有出现明显的拐点，主要是因为加载试验不是破坏性试验，因此 CFG 桩单桩承载力特征值可以按照桩顶总沉降量 $s = 40$mm 所对应的荷载值，最大为 190kN；粉喷桩单桩 $Q \sim s$ 曲线变化由于出现了明显的陡降段，因此，粉喷桩单桩承载力特征值取相应于陡降段起点的荷载值，最大为 100kN。

（3）CFG 桩和粉喷桩复合地基 $Q \sim s$ 曲线变化都比较平缓，没有出现明显的拐点，根据 $Q \sim s$ 曲线取 $s/d = 0.01$ 所对应的荷载值作为 CFG 桩和粉喷桩的单桩复合地基承载力特征值：CFG 单桩复合地基承载力特征值最大为 554kPa，粉喷桩复合地基承载力特征值最大为 332kPa，因此，从现场加载试验结果可知，CFG 桩单桩复合地基的承载力特征值要比粉喷桩单桩复合地基承载力特征值大许多。

（4）通过 CFG 桩单桩复合地基静载试验桩、土应力测试发现，当单桩复合地基受静载荷作用后，其桩身、桩间土表现出不同的承载特性：

1）在加载初期，桩顶应力曲线和桩间土应力曲线接近，随着加载级别的增大，桩顶、桩间土应力曲线逐渐分开，桩顶应力的增长幅度较大，而桩间土应力增长缓慢，说明桩间土的应力逐渐向桩顶集中。

2）距离桩中心不同位置处的桩间土应力沿桩径方向呈非线性分布。当荷载较小时，板中和板边应力差异较小，基底应力基本保持着天然地基时的马鞍形分布。随着荷载的增加，板边土体应力达到塑性状态的范围增大，应力逐渐向板中转移，板边和板中的应力差异也就增大，应力逐渐向桩顶集中并加剧，载荷板底应力基本都呈钟形分布。褥垫层下的桩顶应力要比承载板底下的应力大些。

（5）CFG 单桩复合地基静载荷试验桩土应力比在荷载初期呈现线性变化，而且增长迅速，本试验测试最大达到6.61；当荷载超过某一级位时，桩土应力比逐渐变小，并趋于某一常数（本试验测试结果为5.58）。这说明桩与桩间土应力分配极为复杂：在荷载施加前期，桩顶出现应力集中现象，桩承担了大部分的应力，桩间土承担了较少的应力，随着荷载水平不断增加和加载时间的延长，因桩和桩间土沉降不一，桩顶刺入褥垫层，在褥垫层的调整下，使得桩顶应力集中现象得到缓和，桩间土承载力逐渐发挥，桩土应力比减小，并随着时间的延长不再变化。

9 工程物探检测 CFG 桩加固软基效果

本章对高密度电阻率法应用于高速公路软基检测效果进行了现场试验研究，并通过高密度电法正演模拟及数据反演，定性分析了软基加固的效果。高密度电法常用于岩溶地区、煤矿采空区、滑坡区中，也用于隧道壁后注浆的质量的检测、地下水流速流向的探测、土石坝渗漏的诊断等方面[86~88]。但在软基处理效果的检测方面报道的不多，本项目尝试将高密度电法用于德昌高速公路软基 CFG 桩和粉喷桩处理效果的检测。

9.1 高密度电法发展简介

电法勘探的研究始于 19 世纪初期，1815 年首先在英国康瓦尔铜矿上观察到了由矿产生的天然电流场，但当时仅限于科学研究，还没有实际应用。到了 20 世纪为了适应工业发展的需要，随着矿产资源的开发和科学技术的进步，促使电法勘探方法产生并应用到生产实际中。

电法勘探是地球物理勘探中的重要方法之一，它以岩矿石的电性差异为物理基础。电法勘探从产生至今日得到了广泛的应用，并且经过 80 余年的实践和创新，已经成为一个理论比较完善、方法多样的地球物理勘探的重要技术手段。

但是，通过常规电法获得的信息量很少，所提供的地电断面的结构特征的地质信息极为贫乏，无法对其进行统计处理和解释。近年来随着数理方法的不断进步和计算机技术的发展，使处理大量的数据进行反演成为可能，电法勘探的专家们不断探索新的方法，来解决更加复杂的电法勘探的问题。高密度电法的提出和付诸实施使电法勘探也可以和地震勘探一样，采用覆盖方式，更快、更准确地采集信息，更高精度地进行多维反演，使电法解释资料更加直观、明了，可以说这一新技术的出现是电法勘探的一大进步。

20 世纪 80 年代后期，我国地矿部系统率先开展了高密度电阻率法及其应用技术研究，从理论与实际结合的角度，进一步探讨并完善了理论及有关技术问题。近年来该方法先后在重大场地的工程地质调查、坝址及桥墩选址、采空区、岩溶区及地裂缝探测等众多工程勘查领域取得了明显的效果。

高密度电阻率法同常规电阻率剖面法、测深法相比，既能提供探测地质体在某一深度沿水平方向的电性的变化趋势，也能反映地质体沿垂直方向不同深度电性的变化情况，该方法能从二维水平上反映出探测地质体的电性畸变特征。高密度电阻率法主要有如下优点：

（1）电极布设是一次完成，测量过程中无须更换电极，可以防止因电极设置引起的故障和干扰。

（2）能有效地进行多种电极排列方式的参数测定，可以获得较丰富的关于地电结构的信息。

（3）数据的采集和收录实现了自动化（或半自动化），不仅采集速度快，而且可避免人工操作引起的误差和错误。

（4）可以实现资料的现场实时处理或脱机处理，可以根据需要自动绘制和打印各种成果图件，大大提高了电阻率法的智能化程度。

（5）与传统的电阻率法相比，成本低、效率高、信息量丰富，解释能力方面显著提高。

但是，高密度电法是一种较新的物探方法，需要通过实践应用和总结归纳对该方法进一步完善。

9.2 高密度电法的基本原理

高密度电法以研究地下各介质电性差异为目标，利用程控式多路电极转换器和多功能电测仪，对测线实现连续快速滚动扫描测量、采集及储存数据，并应用专业作图软件绘制出地下视电阻率剖面图，通过对剖面的综合解释得到地下实际地质情况。

高密度电法工作系统包括数据的采集和资料处理两个方面，野外实际测量时，将所需要的电极埋设在一定间隔的测点上，测点密度较常规电法勘探大很多。电极转换开关可以根据野外实际工作需要自动进行电极装置形式、极距及测点的转换。测量信号由电极转换开关送入高密度电法测量主机并将数据存储，测量完毕后把数据导入计算机即可用软件对数据进行处理。高密度电阻率法勘探系统示意图及高密度电法线路连接图分别如图 9－1 和图 9－2 所示。

高密度电阻率法在求解简单地电条件的电场分布时，通常采用解析法，也就是根据给定的边界条件来解拉普拉氏方程：

$$\nabla^2 U = 0 \tag{9-1}$$

它概括了稳定电流场所满足的基本试验规律，反映了稳定电流场的内在规律。但由于解析法能够计算的地电模型非常有限，在研究复杂地电结构的异常分布时，无法求得拉氏方程的解析解时，主要还是采用各种数值模拟方法。如二维地电模型使用点源二维有限元法，三维地电模型使用有限差分法等来解决上述问题。

高密度电阻率法在实际工作中是通过给 AB 极供电，利用 MN 极测量获得电位差 ΔV，再通过公式 $\rho = K\frac{\Delta V}{I}$，求得测点 X 处的视电阻率值。公式中装置系数 K 满足下列关系式：

$$K = \frac{2\pi}{\frac{1}{AM} - \frac{1}{AN} - \frac{1}{BM} + \frac{1}{BN}} \tag{9-2}$$

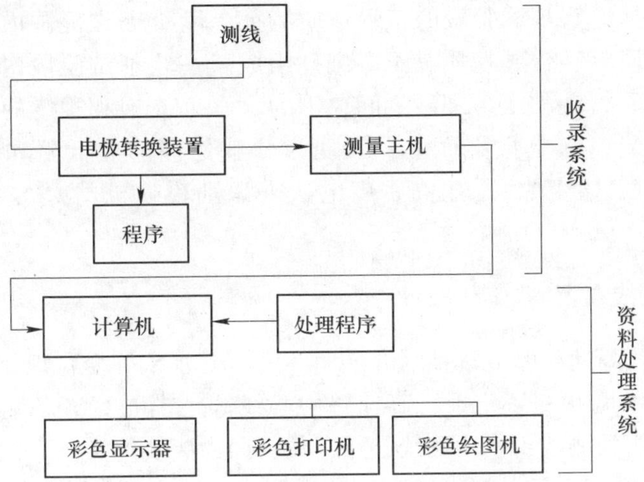

图 9-1　高密度电法勘查系统示意图

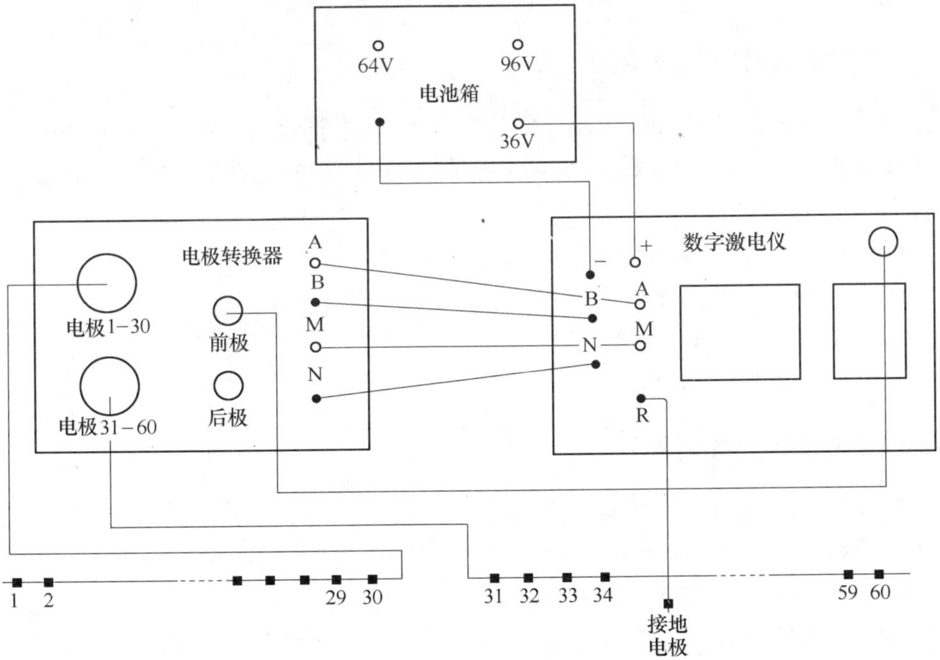

图 9-2　高密度电法线路连接

9.3 软基加固效果检测应用

9.3.1 物探方法的选取

根据德昌高速软基试验段的工程地质特征，勘查工作范围内地层主要由粉质黏土、淤泥质土、含砂粉质黏土、细砂组成。在软基试验段内分布的淤泥质粉质黏土与含砂粉质黏土、细砂之间，因为含水率或饱和程度的不同存在较明显的电阻率差异，在电性剖面上，表现为软基处理前后低阻和高阻特征。因此，根据此特性，该项目采用高密度电法来识别粉喷桩与 CFG 桩处理软基的效果是可行的。

9.3.2 勘探测线布置

为了解德昌高速软基处理前后介质密实度、含水率等变化规律，现场物探测线按照“井”字网状布置，平行高速路中心线等距离布置五条测线，垂直高速路中心线布置四条测线，①为测线起点，㉚、60为测线终点。本次勘查共完成高密度电法剖面 20 条、测线总长度 2640m，测点 960 个。具体的测线布置情况详见图 9－3 。本次物探勘查外业工作从 2009 年 09 月 25 日开始进场，于 2009 年 12 月 30 日结束。野外实际完成工作量及测线布置见表 9－1。图 9－4 所示为工程测试现场。

9.3.3 高密度电法仪器及工作参数

本次高密度电法勘查作业使用中装集团重庆地质仪器厂生产的 DUK－2A 型高密度电法测量系统，如图 9－5 所示。本次高密度电法勘探野外数据采集参数设置如下：

（1）测量装置：温纳－施伦贝尔装置；

（2）点距：2.5 ~5.5；

（3）电极数量：60 个；

（4）供电电压：180V。

9.3.4 数据处理与解释原理

先将仪器内的测量数据通过传输软件传输到计算机中，运用 RES2DINV 高密度电法反演软件进行坏点删除、地形校正、格式转换及反演计算等操作，直接绘制电阻率等值线图。在等值线图上根据电阻率值的变化特征，结合钻探、地质调查资料作出地质解释，最后利用绘图软件 AutoCAD 绘制出物探成果解释图，数据处理流程如图 9－6 所示。

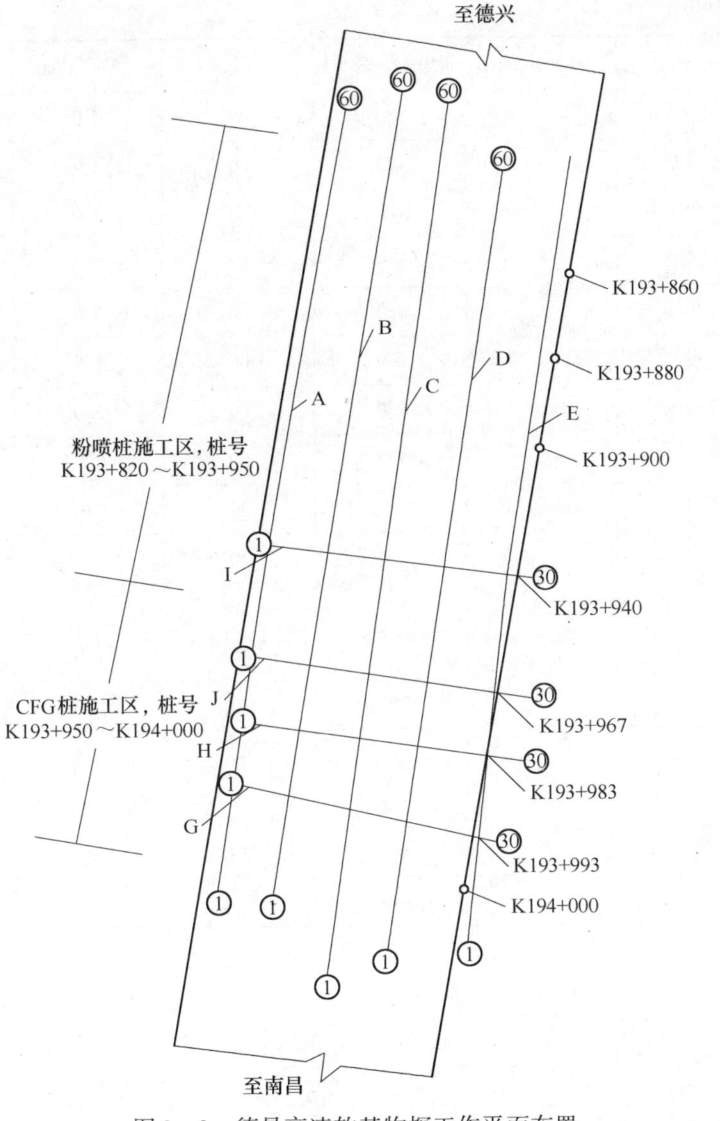

图9－3 德昌高速软基物探工作平面布置

表9－1 工作量统计及测线布置

序号	测线编号	工作方法	测线长度/m	测点数/个	测点距/m	备 注
1	A2403	高密度电法	186	60	3.1	
2	A2905		180	60	3.0	
3	A3008		186	60	3.1	
4	B2904		180	60	3.0	

续表 9－1

序号	测线编号	工作方法	测线长度/m	测点数/个	测点距/m	备　注
5	B3009	高密度电法	180	60	3.0	
6	C2903		179	60	2.9	
7	C3010		180	60	3.0	
8	D2902		179	60	2.9	
9	D3011		180	60	3.0	
10	E2901		179	60	2.9	
11	E3012		180	60	3.0	
12	E2401		177	60	2.9	
13	G2406		60	30	2.0	
14	G3006		57	30	1.9	
15	H2405		60	30	2.0	
16	H3005		57	30	1.9	
17	I2407		60	30	2.0	
18	I3001		63	30	2.1	
19	J2404		60	30	2.0	
20	J3002		57	30	1.9	
小计			2640	960	—	

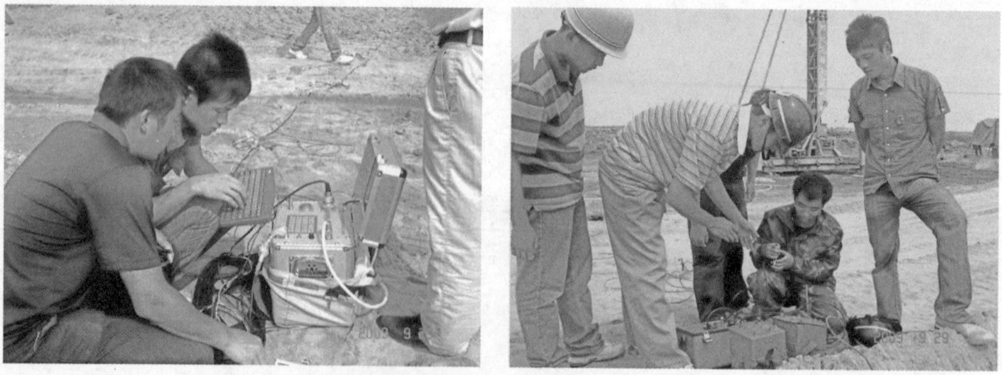

a　　　　b

图 9－4　德昌高速公路 CFG 桩处理效果物探勘查现场

a—面波检测；b—高密度电法检测

图 9－5　DUK－2A 型高密度电法仪

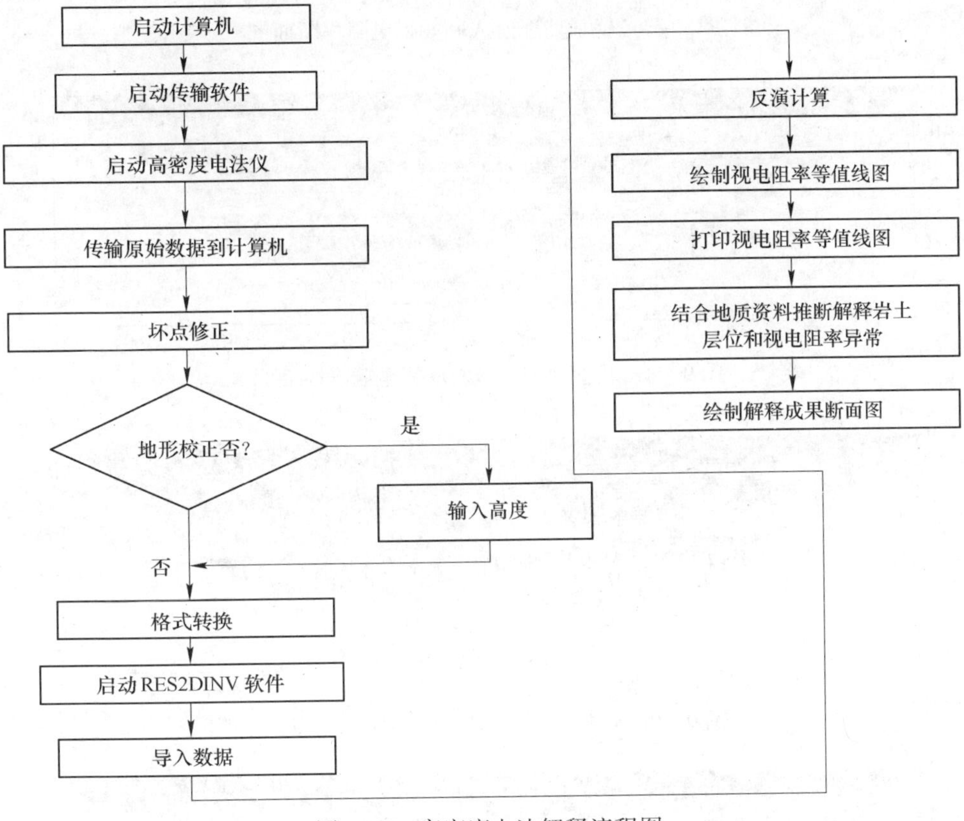

图 9－6　高密度电法解释流程图

9.3.5　测试结果分析

9.3.5.1　平行高速路中心线物探测线解译

A　A3008、B3009、C3010、D3011、E3012 测线

以上五条测线分别平行高速路中心线，均为软基处理前高密度电法勘查测

线，从测线视电阻率图显示，软基处理前岩土体质地较松软，无不良地质结构面，层面平行有规律；测线范围内 180m 含水率偏大，地下水位较高，视电阻率较大。测试解析结果如图 9-7 ~ 图 9-11 所示。

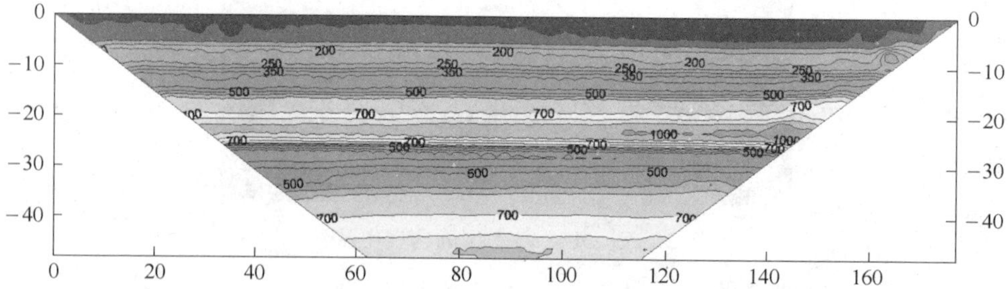

图 9-7 软基处理前 A3008 视电阻率断面图

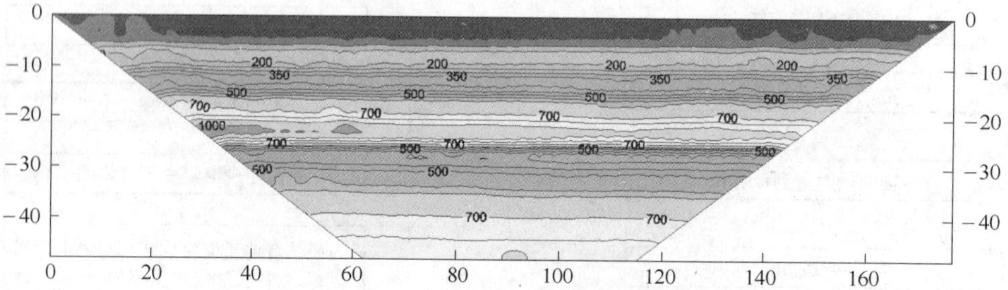

图 9-8 软基处理前 B3009 视电阻率断面图

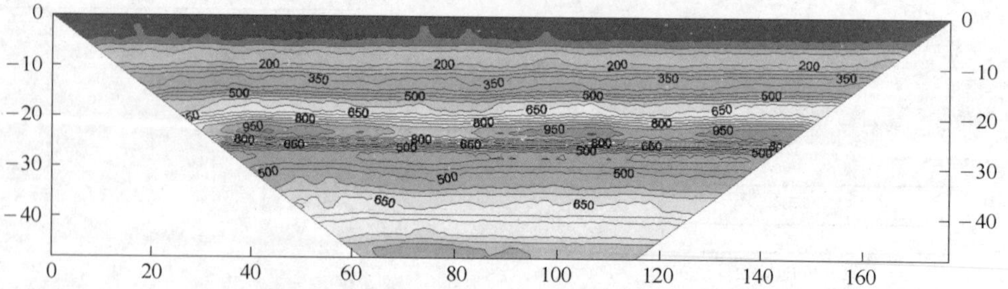

图 9-9 软基处理前 C3010 视电阻率断面图

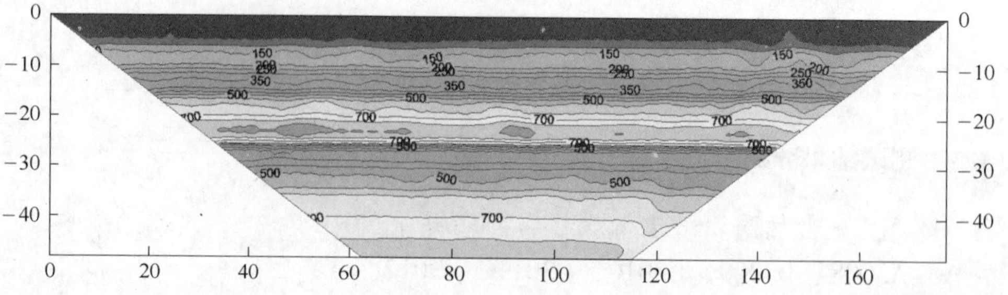

图 9-10 软基处理前 D3011 视电阻率断面图

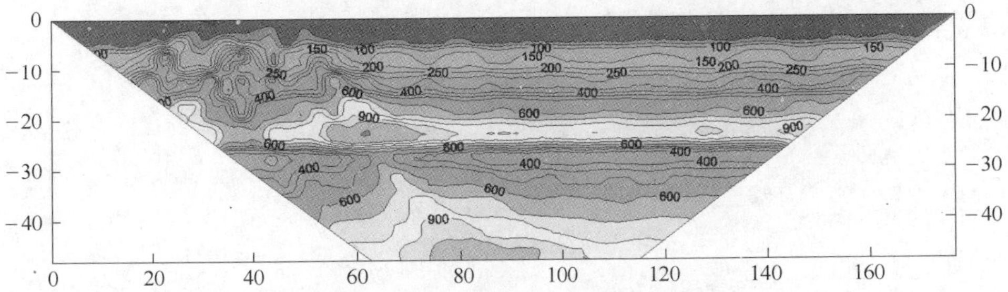

图 9-11 软基处理前 E3012 视电阻率断面图

B A2905、B2904、C2903、D2902、E2901 测线

以上五条测线分别平行高速路中心线，均为软基处理后高密度电法勘查测线，从测线视电阻率图显示，视电阻率变小，说明软基处理后岩土体质地较处理前密实，由于软基处理层面有波浪形变化；测线范围内 180m 含水率变小，密实度增加，软基处理效果明显。如图 9-12 ~ 图 9-16 所示。

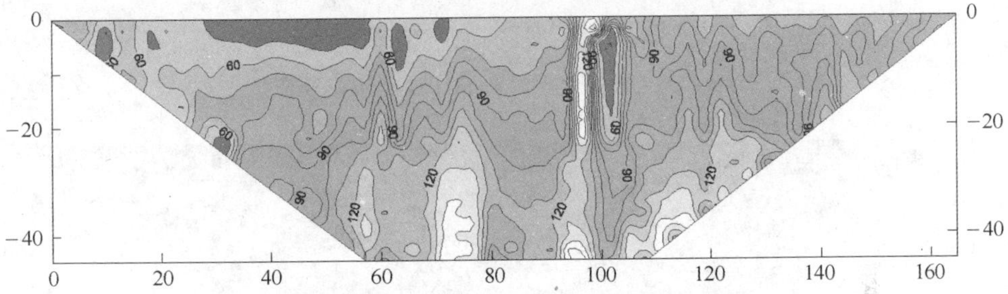

图 9-12 软基处理后 A2905 视电阻率断面图

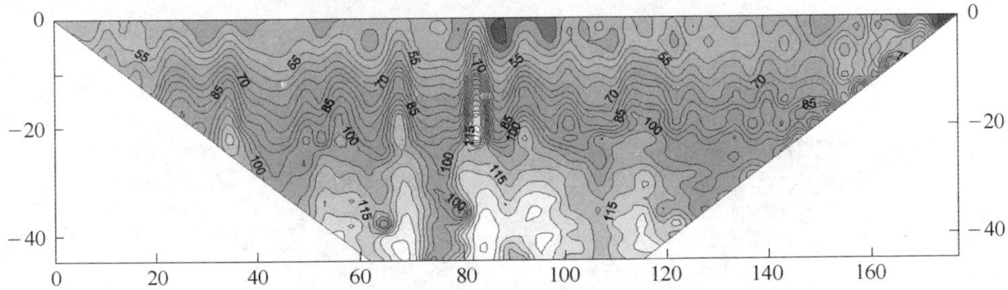

图 9-13 软基处理后 B2904 视电阻率断面图

9.3.5.2 垂直高速路中心线物探测线解译

A G3006、H3005、I3001、J3002 测线

G3006、H3005、I3001、J3002 四条测线分别垂直高速路中心线，均为软基处理前高密度电法勘查测线，从测线视电阻率图显示，软基处理前岩土体质地较松软，无不良地质结构面，层面平行有规律；测线范围内 60m 含水率偏大，地下水位较高，视电阻率较大；如图 9-17 ~ 图 9-20 所示。

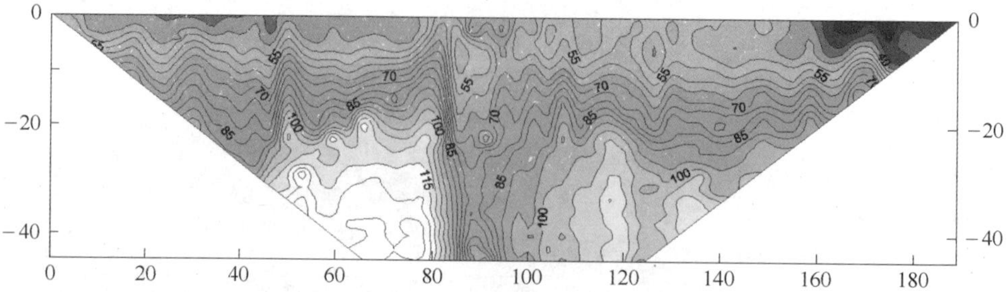

图 9－14　软基处理后 C2903 视电阻率断面图

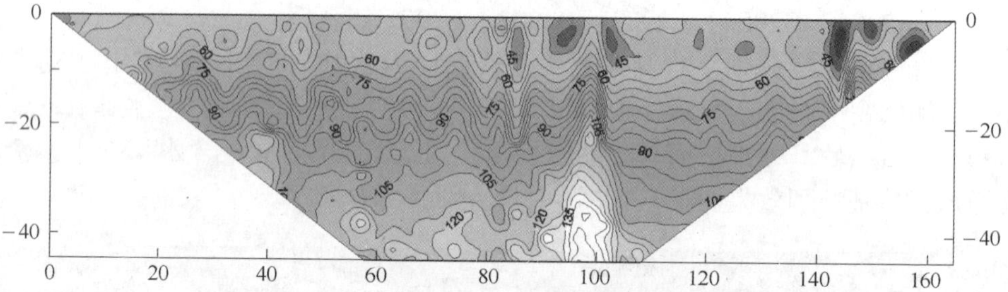

图 9－15　软基处理后 D2902 视电阻率断面图

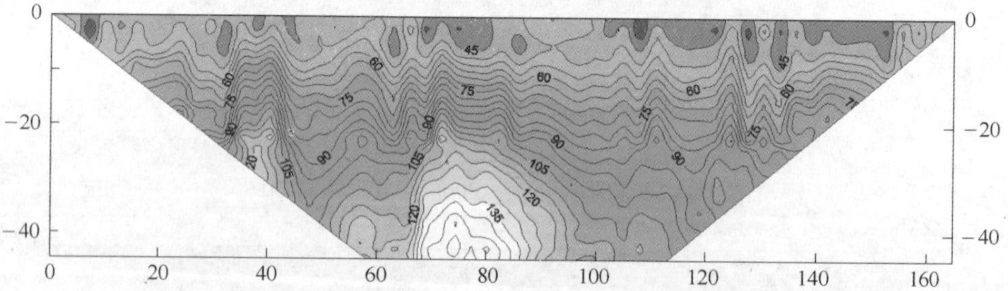

图 9－16　软基处理后 E2901 视电阻率断面图

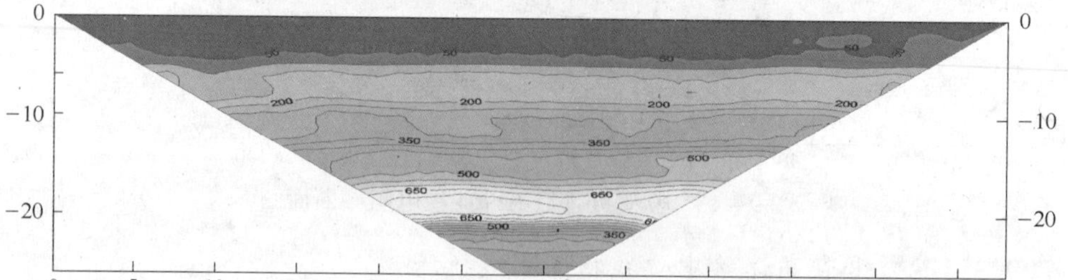

图 9－17　软基处理前 G3006 视电阻率断面图

B　G2406、H2405、I2407、J2404 测线

G2406、H2405、I2407、J2404 四条测线分别垂直高速路中心线，均为软基处理后高密度电法勘查测线，从测线视电阻率图显示，软基处理后视电阻率变

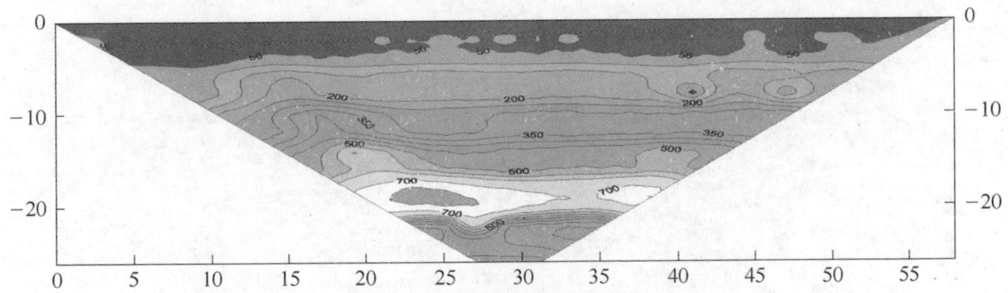

图 9 - 18　软基处理前 H3005 视电阻率断面图

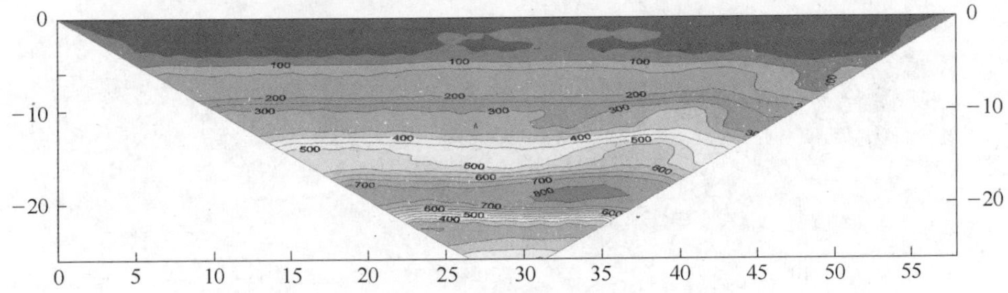

图 9 - 19　软基处理前 I3001 视电阻率断面图

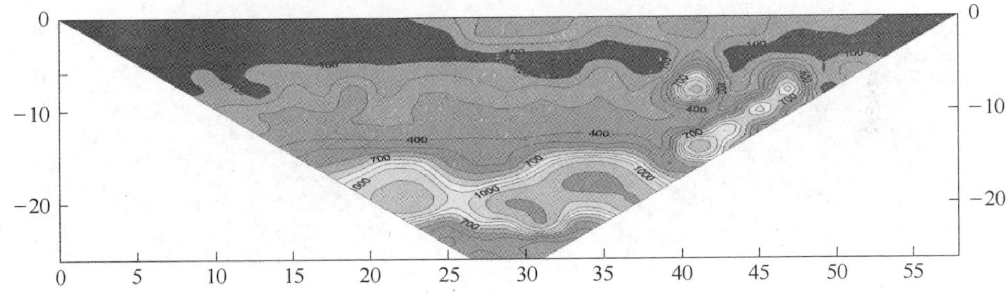

图 9 - 20　软基处理前 J3002 视电阻率断面图

小，说明软基处理后岩土体质地较处理前密实；测线范围内 60m 含水率变小，密实度增加，软基处理效果明显，如图 9 - 21 ~ 图 9 - 24 所示。

图 9 - 21　软基处理后 G2406 视电阻率断面图

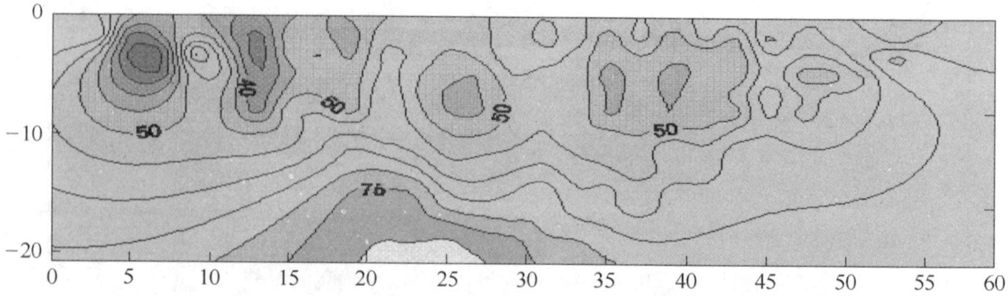

图 9－22 软基处理后 H2405 视电阻率断面图

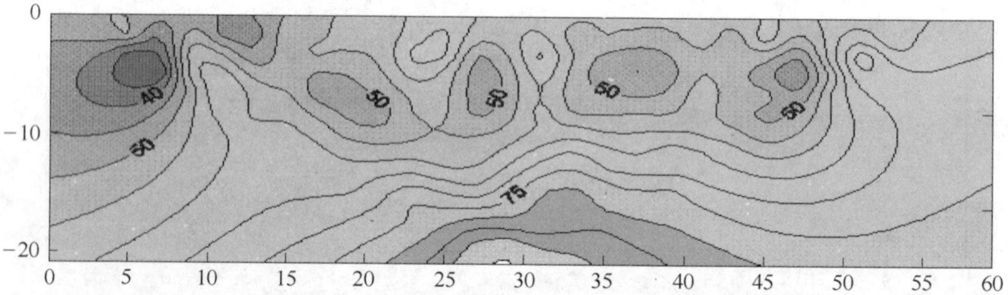

图 9－23 软基处理后 I2407 视电阻率断面图

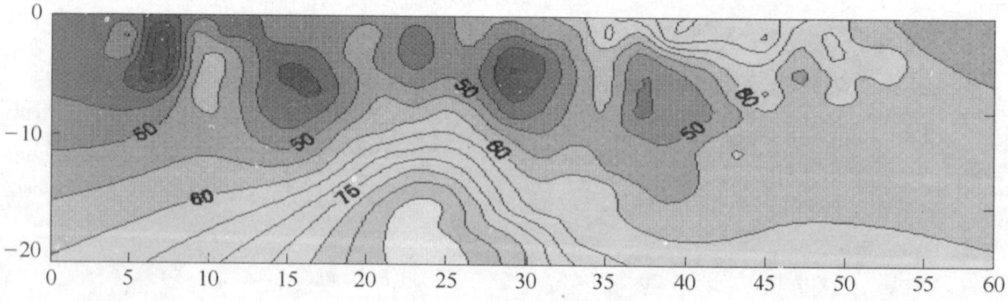

图 9－24 软基处理后 J2404 视电阻率断面图

9.4 本章小结

本章主要对高密度电阻率法的基本原理、数据处理与解释方法进行了讨论和分析，通过采用高密度电法对德昌高速公路软基 CFG 桩和粉喷桩处理效果进行了现场检测研究，利用有限差分法进行正演模拟，利用最小二乘法对检测数据进行反演，定性分析了软基加固的效果，并得出如下结论：

（1）在本次软土地基高密度电法测试研究中，由于软基在处理前和处理后土体介质的变化，使土体存在明显的电性差异，因此电阻率色谱图反映明显：在处理前，土体含水率大，测线范围内视电阻率较小，层面平行；土体经 CFG 桩和粉喷桩处理后，视电阻率变大，电阻率局部出现明显扭曲，出现高阻变化，说明软基处理后土体质地较处理前密实，测线范围内含水率变小，密实度增加，软基处理效果明显。

（2）通过本项目的现场研究证明，运用高密度电法配合静载荷试验来综合检测软基处理效果是可行的，点面结合，评价结果比较全面、科学。高密度电法在检测软基处理效果方面只是做了定性的评价，在定量评价方面须进一步深入研究。

参考文献

[1] 龚晓南．高速公路地基处理理论与实践［M］．北京：人民交通出版社，2005.

[2] 殷宗泽，龚晓南．地基处理工程实例［M］．北京：中国水利水电出版社，2000.

[3] 王强．塑料板排水预压法加固软基机理及沉降计算方法研究［D］．南京：河海大学，2004.

[4] 吴春勇．真空联合堆载预压软土路基稳定控制与沉降预测［D］．长春：吉林大学，2007.

[5] 吴跃东，殷宗泽，郭纪中．真空联合堆载预压法加固水工建筑物软基效果检验［J］．岩土力学，2007（4）：738～742.

[6] 白宝玉，戴文亭，陈兆华．粉喷桩加固软土地基施工质量控制［J］．公路交通科技，2000，17（5）：6～8.

[7] 杨为民，李占强，王晖，等．水泥粉喷桩复合地基的工程特性［J］．北京科技大学学报，2002，24（1）：1～4.

[8] 连峰，宋双阳，楼昕．桩网复合地基承载机理及设计方法［M］．北京：中国建材工业出版社，2014.

[9] 张建勋，陈福全，简洪钰．桩承土工织物加筋地基的研究与工程应用综述［J］．福建工程学院学报，2003，1（3）：10～15.

[10] Li Y, Aubeny C, Briaud J. Geosynthetic reinforced pile supported embankments［C］//. Draft submitted to FHWA, Texas A&M University, College Station, 2002.

[11] Alzamora D, Wayne M H, Han J. Performance of SRW supported by geogrids and jet Grout columns［C］//. Proc., ASCE Specialty Conference on Performance Confirmation of Constructed Geotechnical Facilities, Geotechnical Special Publication, 2002, 94: 456～466.

[12] Kuo C L, Heung W, Tejidor F J, Roberts J. A case study of timber pile in－situ soil reinforcement［C］//. Proceedings of the conference american society of civil engineers, boston, massachusetts, geotechnical special publication No. 81, ASCE, 1998: 177～189.

[13] Reid W M, Buchanan N W. Bridge approach support piling［M］. Piling and Ground Treatment, Thomas Telford Ltd., London, 1984: 267～274.

[14] Lin K Q, Wong I H. Use of deep cement mixing to reduce settlements at bridge Approaches［J］. J Geotech Geoenviron Eng, 1999, 125（4）: 309～320.

[15] 饶为国．桩－网复合地基原理及实践［M］．北京：中国水利水电出版社，2004.

[16] 孙献国，张思峰，陈文．粉喷桩与土工格栅联合加固技术的现场试验研究［J］．山东大学学报（工学版），2004，34（5）：72～75.

[17] 唐彤芝．CFG桩复合地基加固深厚软基理论研究与工程应用［D］．南京：南京水利科学研究院，2009.

[18] 陈仁朋，许峰，陈云敏，等．软土地基上刚性桩－路堤共同作用分析［J］．中国公路学报，2005，18（3）：7～14.

[19] 徐世强，折学森，李培林，等．桩－网复合基础在公路盐渍土地基处理中的应用［J］．西安工程科技学院学报，2006，23（5）：587～589.

[20] 杨瑞，闫澎旺．碎石桩与土工格栅联合加固高原湿地软路基机理研究［J］．公路交通科技，2006，23（6）：36～39.

[21] 张栋梁．深厚层软土路基桩网复合结构地基沉降机理及计算方法研究［D］．上海：同济大学，2007.

[22] 连峰．桩网复合地基承载机理及设计方法［D］．杭州：浙江大学，2009.

[23] 丁国玺，王旭．桩承式路堤在铁路软土地基处理工程中的应用［J］．水利与建筑工程学报，2006，4（1）：61～63.

[24] 黄建国．预应力管桩桩网结构加固软基施工控制技术［J］．铁道标准设计，2006（9）：12～15.

[25] 厚美瑛，陆坤权．奇异的颗粒物质［J］．新材料产业，2001，53（2）：26～28.

[26] Terzaghi K. Theoretical Soilmechanics［M］. New Youk：John Wiley & Sons，1943.

[27] Low.B K，Tang S K，Choa V. Arching in piled embankments［J］. Journal of Geotechnical Engineering，ASCE，1993，120（11）：1917～1938.

[28] Hewlett W J，Randolphm F. Analysis of Piled embankments［J］. Ground Engineering，1988，21（3）：12～18.

[29] Vanell，Howell D，Behringer C. Memories in sand：experimental tests of construction history on stress distribution under sand piles［J］. Physical Review E，1999，60（5）：5040～5042.

[30] Lawrence. The mechanism of load transfer in granular materials utilizing tactile pressure Sensor［D］. Massachusetts Lowell：University of Massachusetts Lowell，2002.

[31] 夏元友，芮瑞．刚性桩加固软土路基竖向土拱效应的试验分析［J］．岩土工程学报，2006，28（3）：327～331.

[32] 曹卫平，陈仁朋，陈云敏．桩承式加筋路堤土拱效应试验研究［J］．岩土工程学报，2007，29（3）：436～441.

[33] 陈云敏，贾宁，陈仁朋．桩承式路堤土拱效应分析［J］．中国公路学报，2004，17（4）：16.

[34] 周德培，肖世国，夏雄．边坡工程中抗滑桩合理桩间距的探讨［J］．岩土工程学报，2004，26（1）：132～135.

[35] 张建勋，陈福全，简洪钰．被动桩中土拱效应问题的数值分析［J］．岩土力学，2004，25（2）：174～184.

[36] 许峰，陈仁朋，陈云敏．桩承式路堤的工作性状分析［J］．浙江大学学报（工学版），2005，39（9）：1393～1399.

[37] 费康，刘汉龙，高玉峰．路堤下现浇薄壁管桩复合地基工作特性分析［J］．岩土力学，2004，25（9）：1390～1396.

[38] Fujinio to K Y J J J. Effect of anisotropy of gegrid stiffness on load tranfer mechanism of pile－geogrid combined methods［J］. Geosynthetics Engineering Joural，2010，25：65～70.

[39] Vegameyer R. Geogrid－reinforced and pile－supported roadway embankment［C］//Contemporary Issues in Foundation Engerring，ASCE，2014.

[40] 马学宁，杨有海，梁波．土工格栅砂垫层与碎石桩复合地基承载试验研究［J］．兰州交通大学学报，2005，24（4）：24～27.

[41] 陈艳平，赵明华，陈吕富，等．土工格室碎石垫层－碎石桩复合地基相似模型试验［J］．中国公路学报，2006，19（1）：17～22.

[42] Han J, Gabr M A. Numerical analysis of Geosynthetic – reinforced and pile – supported earth-platforms over soft soil［J］. J of Geotechnical and Geoenvironmental Engineering, ASCE. 2002, 128（1）：44～53.

[43] Jones C J F P, Lawson C R, Ayres D J. Geotextile reinforced piled embankments［C］// Proc 4th Int Conf on Geotextiles：Geomembranes and related products, 1990, Roterdam：Balkema, 155～160.

[44] 贾宁，高文龙．桩承式加筋路堤格栅分析［J］．岩土工程技术，2006，20（2）：103～106.

[45] 李宁，韩煊．褥垫层对复合地基承载机理的影响［J］．土木工程学报，2001，34（2）：68～73.

[46] 饶为国，赵成刚．桩－网复合地基应力比分析与计算［J］．土木工程学报，2002，35（2）：74～80.

[47] 晏莉，阳军生，韩杰．桩承土工合成材料加筋垫层复合地基作用原理及应用［J］．岩土力学，2005，26（5）：821～826.

[48] 何结兵，洪宝宁，丘国锋．高速公路 CFG 桩复合地基褥垫层作用机理研究［J］．岩土力学，2004，25（10）：1663～1666.

[49] Chow Y K. Settlement Analysis of Sand Compaction Pile［J］. Soils and Foundations, 1996, 36（1）：111～113.

[50] 金波，李志飘，顾尧章．层状地基中的单桩沉降分析［J］．岩土工程学报，1997，19（5）：35～42.

[51] 高绍武，王建华，毛娜．层状地基中单桩负摩擦问题积分方程解法［J］．岩土力学，2005，26（9）：1456～1460.

[52] 高绍武，王建华，王恺敏．考虑固结和流变的土－单桩－筏共同作用研究［J］．岩石力学与工程学报，2005，24（11）：1954～1959.

[53] 陆建飞，王建华，沈为平．考虑固结和流变的层状地基中的水平单桩的理论分析［J］．岩石力学与工程学报，2001，20（3）：386～390.

[54] 袁灯平，黄宏伟，马金荣．软土地基桩侧表面负摩阻力解析模型［J］．上海交通大学学报，2005，39（5）：731～735.

[55] 杨爱文，罗丽娟，李伟平．桩土相互作用及单桩承载力确定模拟研究［J］．地质灾害与环护，2004，15（4）：41～44.

[56] 雷金波，徐泽中，姜弘道．PTC 型控沉疏桩复合地基试验研究［J］．岩土工程学报，2005，27（6）：652～656.

[57] 王炳龙，杨龙才，周顺华，等．CFG 桩控制深厚层软土地基沉降的试验研究［J］．铁道学报，2006，28（6）：112～116.

[58] 何良德，陈志芳，徐泽中．带帽 PTC 单桩和复合地基承载特性试验研究［J］．岩土力学，2006，27（3）435～440.

[59] 白顺果，侯永峰，张鸿儒．循环荷载作用下水泥土桩复合地基的临界循环应力比和永久变形分析［J］．岩土工程学报，2006，28（1）：84～87.

[60] 饶为国，赵成刚．复合地基工后沉降的薄板变形模拟［J］．应用力学，2002，19（2）：133～136.

[61] 陈仁朋，徐正中，陈云敏．桩承式加筋路堤关键问题研究［J］．中国公路学报，2007，20（2）：7～12.

[62] 芮瑞，夏元友．桩－网复合地基与桩承式路堤的对比数值模拟［J］．岩土工程学报，2007，29（5）：769～772.

[63] 宋修广．水泥粉喷桩的理论研究与分析［D］．南京：河海大学，2000.

[64] 刘利民，陈有亮．计算复合地基沉降的位移协调法［J］．上海大学学报，1996，2（6）：608～613.

[65] 李静文．联合应用 Boussinesq 和 Mindin 求解桩土复合地基中的应力及其沉降．地基处理，1993，4（4）：15～21.

[66] 李增选，张莹，刘利民．柔性桩复合地基的计算［C］//复合地基理论与实践学术讨论会论文集，杭州：浙江大学出版社，1996：76～81.

[67] Geddes D. Stress in Foundation Soils Due to Vertical Subsurface Loading［J］. Geotechnique, 1966，16（3）：231.

[68] Priebe H. Estimation Settlement in a Gravel Column Consolidated Sop［M］. DieBautechnik, 1976：160～162.

[69] 张定．碎石桩复合地基的作用机理分析及沉降计算［J］．岩土力学，1999，20（2）：81～86.

[70] 郭蔚东，钱鸿络．饱和黄土碎石桩地基沉降计算［J］. 土木工程学报，1989（2）：13～21.

[71] Goughnom R R. Settlement of vertically loaded stone columns in soft ground［C］//Proc 8th European Conference on Soil Mechanics and Foundation Engineering，1983，1：235～240.

[72] Alamgir M，Miura N，Proorooshasb H B，et al. Deformation Analysis of soft ground reinforced by columnar Inclusion［J］. Computers and Geotechnies，1996，15（4）：267～289.

[73] 池跃君，宋二祥，陈雄元．刚性桩复合地基竖向承载特性分析［J］工程力学，2003，20（4）：9～14.

[74] 费勤发，马海龙，洪毓康．分层总和法在有承台单桩非线性分析中的应用——变形总和法［J］．力学季刊，1995（3）：206～212.

[75] 楼晓明，洪毓康，陈强华．群桩基础地基中的竖向附加应力性状研究［J］．岩土工程学报，1996，18（4）：20～26.

[76] 马海龙，杨敏，洪毓康．变形总和法对群桩分析的适用性［J］．同济大学学报（自然科学版），2000，28（4）：413～417.

[77] 曹汉志．桩的轴向荷载传递及荷载－沉降曲线的数值计算方法［J］．岩土工程学报，1986，8（6）：37～49.

[78] 潘时声．用分层积分法分析桩的荷载传递［J］．建筑结构学报，1991，12（5）：68～79.

[79] 沈伟，池跃君，宋二祥．考虑桩－土－垫层协同作用的刚性桩复合地基沉降计算方法［J］．工程力学，2003，20（2）：36～42.

[80] 陈龙珠，梁国钱，朱金颖．桩轴向荷载－沉降曲线的一种解析算法［J］．岩土工程学报，1994，16（6）：30～38.

[81] 黄炳权，黄海松．复合地基桩土应力比的计算［J］．工程设计与建设，2005，37（3）：1～4.

[82] 聂更新，陈枫．单桩轴向荷载沉降曲线广义剪切位移解析算法［J］．中南大学学报（自然科学版），2005，36（1）：163～168.

[83] 赵明华，邹丹，邹新军．基于荷载传递法的高承台桩基沉降计算方法研究［J］．岩石力学与工程学报，2005，24（13）：2310～2314.

[84] 陈仁朋，许峰，陈云敏，等．软土地基上刚性桩－路堤共同作用分析［J］．中国公路学报，2005，18（3）：7～13.

[85] 陆培炎．桩基设计方法［J］．岩石力学与工程学报，1994，13（11）：375～388.

[86] 宋学东，王晖，王少杰，等．高密度电法在土坝安全鉴定中的应用［J］．山东农业大学学报，2008，39（5）：295～297.

[87] 陈洁金，朱自强，戴亦军，等．堤坝隐患综合物探方法研究及应用［J］．地质灾害与环境保护，2005，16（1）：101～104.

[88] 阮珏，高才坤，李文尧，等．高密度电法在玉溪市九龙池公园西侧山体地质灾害调查中的应用［J］．工程地球物理学报，2008，5（4）：475～479.